赵汀阳，中国社会科学院哲学研究所研究员，中国社会科学院学部委员。主要代表作有《论可能生活》（1994）、《天下体系：世界制度哲学导论》（2005）、《坏世界研究：作为第一哲学的政治哲学》（2009）、《第一哲学的支点》（2013）、《天下的当代性：世界秩序的实践与想象》（2016）、《惠此中国：作为一个神性概念的中国》（2016）、《四种分叉》（2017）、《历史·山水·渔樵》（2019）等。

第一哲学的支点

赵汀阳 著

生活·讀書·新知三联书店

Copyright © 2017 by SDX Joint Publishing Company.
All Rights Reserved.

本作品版权由生活·读书·新知三联书店所有。
未经许可,不得翻印。

图书在版编目(CIP)数据

第一哲学的支点/赵汀阳著.—北京:生活·读书·新知三联书店,2017.5 (2024.1 重印)
(当代学术)
ISBN 978 - 7 - 108 - 05883 - 6

Ⅰ.①第… Ⅱ.①赵… Ⅲ.①哲学-研究 Ⅳ.① B0

中国版本图书馆 CIP 数据核字(2017)第 013796 号

责任编辑		冯金红
装帧设计		宁成春
责任印制		董 欢
出版发行		生活·讀書·新知 三联书店
		(北京市东城区美术馆东街 22 号 100010)
网 址		www.sdxjpc.com
经 销		新华书店
印 刷		北京隆昌伟业印刷有限公司
版 次		2017 年 5 月北京第 1 版
		2024 年 1 月北京第 4 次印刷
开 本		635 毫米 × 965 毫米 1/16 印张 18
字 数		263 千字
印 数		12,001 - 15,000 册
定 价		68.00 元

(印装查询:01064002715;邮购查询:01084010542)

当代学术

总　序

生活·读书·新知三联书店从1986年恢复独立建制以来，就与当代中国知识界同感共生，全力参与当代学术思想传统的重建和发展。三十年来，我们一方面整理出版了陈寅恪、钱锺书等重要学者的代表性学术论著，强调学术传统的积累与传承；另一方面也积极出版当代中青年学人的原创、新锐之作，力求推动中国学术思想的创造发展。在知识界的大力支持下，通过多年的努力，我们已出版众多引领学术前沿、对知识界影响广泛的论著，形成了三联书店特有的当代学术出版风貌。

为了较为系统地呈现中国当代学术的发展和成果，我们以上世纪八十年代以来刊行的学术成果为主，遴选其中若干著作重予刊行，其中以人文学科为主，兼及社会科学；以国内学人的作品为主，兼及海外学人的论著。

我们相信，随着当代中国社会的繁荣发展，中国学术传统正逐渐走向成熟，从而为百余年来中国学人共同的目标——文化自主与学术独立，奠定坚实的基础。三联书店愿为此竭尽绵薄。谨序。

生活·读书·新知三联书店

2017年3月

目 录

前言：可能所以困惑 1

导言：第一哲学何以第一？ 1

第一部分：人们言说世界而世界如其所是 1

1. 物的世界有什么 2
2. 从事物转向意识 9
3. 方法决定解释 14
4. 意识有什么世界就有什么 34
5. 怀疑论是挥之不去的影子 48
6. 形而上学被逐后化装归来 59
7. 语言并不能为事实做主 71
8. 一种对存在不惑的形而上学 84

第二部分：从世界之谜到生活之惑 97

1. 没有答案的问题仍然是问题 98
2. 到底哪些东西是超越的？ 110
3. 存在论问题只出现在超越者之间 117
4. 如果给每人一个世界 127
5. 互为超越性：报复与报答 144

6. 初始状态与演化状态　151

7. 求助伦理还是求助政治？　173

8. 标准的丧失　187

第三部分：事的世界之创世论　195

1. 物的世界与事的世界　196

2. 存在论换位　211

3. 作为创世论的存在论　219

4. Facio ergo sum　228

5. 共在先于存在　235

6. 共在的初始状态　240

7. 关系理性，策略模仿与存在论报应　247

8. 存在的高贵化　262

前言：可能所以困惑

本书思考与每个人存在相关的形而上问题。思考自然的伟大秘密也许需要天才，但反思人的渺小秘密仅仅需要诚实，因为生活的秘密无处隐藏，在我们的生活中明显可见，除非视而不见或者明知而拒之。

我忘了维特根斯坦在哪里说过：别人走远了，我就待在原地。这句话令人感动，我因此胡思乱想，想到的未必是维特根斯坦的意思。人们的思想从某些假定开始，然后很快就按照推理或知识之路走远了，而思想所凭借的那些假定早已被抛之脑后，成为潜意识或不加证明的前提。尽管人们总是互相觉得别人的观点是错误的，但事实上大多数人的思想运算很少有严重错误（微小失误在所难免），即使不够严格，也无伤大雅。如果有的观点确实是错误的，肯定错在思想开始的地方。错误思想是一开始就想错了，不是后来算错的，就是说，人们不会算错，只会选错。这就是思想需要反思的理由。哲学就是思想的反思，所以哲学可以不走远，就在思想的起点或原地那里。可是我们凭什么知道哪些基本观念是对或错的？反思似乎是在原地踏步。维特根斯坦一定体会到了这种原地踏步的难处，他说：哲学就像无药可治的痒处，虽然挠痒无法彻底止痒，也只好不断去挠痒，要说哲学有所进步，那就像在不断挠痒。

只有反思所想之事才是思想。人人都想事，但未必都思想。对于哲学反思什么，人们有不同理解。许多人试图发现万物存在之理，许多人试图澄清概念或语言，而我认同这样的哲学工作：哲学研究可能性。理由大概是这样的：万物之理是必然规律，只有科学才有能力研究必然性（尽管未必总能成功），而哲学研究必然性却是徒劳，霍金就嘲笑过哲学的此种不自量力；概念之义是约定的，或有混乱之处，哲学分析对概念之义虽有澄清之效，但思想的困惑并没有因为概念的澄清而消失，因此，维特根斯坦所倡导的概念研究只是反思的辅助性工作；思想的一切困惑皆因人为之事总是有着多种可能性，只要一件事情之未来有着两种以上可能性，而我们又必须选择其一，令人困惑的问题就形成了。由于不可能预知未来，却又必须做出选择，而选择可能性就是选择了永远的问题和困惑，所以，唯有可能性之惑才是哲学之谜。一切需要反思的哲学问题都具有这样的格式：我们有何理由选择此种而不是那种可能性？令人困惑之处在于，选择未来的可能性永远没有事先的可信理由。关于可能性的研究就是我理解的哲学工作。

本书的主要线索是从反思物的世界（the world of things）转向反思事的世界（the world of facts），从 cogito（思）问题转向 facio（行）问题，因为事的世界是人创作出来的，所以，如果一种存在论是有足够反思能力的，它必须同时是一种创世论。笛卡尔相信他为哲学找到了一个坚不可摧的支点，那就是 cogito，而我相信，哲学至少还需要另一个支点，那就是 facio（行事）。

关于事的世界和行为问题的哲学是儒道法诸家的显著传统，不过我还愿意提到维柯独力开创的事功理论，其思想与先秦诸子之学虽不尽相同，却也有异曲同工之妙。我对 facio 问题的反思无疑受惠于孔子与维柯，但我希望对问题的解法做出实质性的推进。我相信只有在作为创世论的存在论之中去分析生活问题，才能够理解人的存在论困惑，也就是人的创世困惑，这是先于伦理、法律、政治和历史思维的奠基问题。

正如思想的有效原则是简单而显然的，行为的有效原则也是简单而显然的，不过，困惑却不会因此消失。苏格拉底相信"无人自愿犯错"，理由是没有人傻到故意选择错误。可是事实似乎并非如此，人类不断经历的危机或人祸表明，即使人们是理性的，仍然忍不住冒险妄为。因此，我有一个与苏格拉底配套的问题：人们为何明知故犯？在书中我试图给出某种反思，但仍然不充分，因此我把它看作是一个开放未解的问题。

大概如此。

赵汀阳

2012 – 05 – 29

导言：第一哲学何以第一？

各种思想中当属哲学最不正常。人们思考蔬菜和粮食，思考得失荣辱，思考物理或伦理，这些都很正常，此类格物致知皆有直接理由，都与生存之所需直接相关，这是最强的正常理由。当人们试图思考如何思考一切问题，就不正常了。但这种不正常的思维却有一个似乎正常的理由：既然所有事物都是可以思考的对象，那么就应该能够被思考清楚。这个合理要求相当于康德的主体性原则：思想必须为自然立法。主体性原则虽是现代观念，却表达了人类的一个潜意识：既然能够思想，就必须思想尽收眼底的一切事物。可问题是，对万物的何种思考才是正确的？因此，对万物的思考也必须被思考。这种关于思想的思想被称为反思，也就是哲学。

只有人这种不正常的存在者才反思。假如能够窥探狮子的心灵，可以想象，狮子不反思，狮子遵循自然法则，角马是可吃的，石头是不能吃的，关于这些问题，只有一个答案，并无其他可能性；假如能够窥探造物主的心灵，也不难想象，造物主不反思，造物主全能，可以自由地为世界立法而不用担心是否正确或正当，因此无须反思。反思所以反常，是因为反思使思想自陷于无依无靠、无根无据。这种思想的不安很快就将思想自身逼疯，因为思想无法把握所思是否正确可信。思想如何才能相信自身？如何才能自证？思想是否能够找到绝对可靠的基础？这个思想的"奠基问题"迫使思想对自身进行审问。如果不是因为思想对自身无法放心，就无须如此自我折磨。思考与反思的区别在于：思考可以无限地接近事物而不断丰富，可是反思却不断抛弃不可信任的观念，于是思想越来越简单，而真理却未见得越来越近。老子曰："为学日益，为道日损"，实乃真知灼见。

　　思想的奠基问题产生了第一哲学。"第一哲学"这个概念因为不谦虚而动人心魄。这个词汇本身就蕴含着统领思想的雄心，它试图将其他哲学研究降格为派生的"第二哲学"。亚里士多德发明第一哲学一词，原指形而上学，但两千年来轮流坐庄的各种第一哲学，比如意识哲学、伦理学和政治哲学，却未必符合亚里士多德的初衷，但仍然属于家族相似，都是对思想观念的深刻反思。诸种可能的第一哲学都在寻找最可靠的（最好是唯一可靠的）哲学支点，从而能够普遍有效地思考任何问题。第一哲学的第一性就在于寻求思想支点。思想的奠基问题可以分解为两个问题：（1）基础性问题：以什么为支点去思考一切哲学问题？（2）反思性问题：何以证明能够以此支点去思考一切哲学问题？或者说，如何自证这就是正确的支点？只要试图反思其中的一个问题就是第一哲学，但只有能够同时反思这两个问题，并且使这两个问题合二为一，才是完美的第一哲学。其中理由有二：（1）假如作为思考一切问题的思想支点不能同时自证其合理性，那么这个思想支点就不得不依靠在它之外的依据，这意味着这个支点并非真正的基础，因此，基础性原则必须同时能够满足反思性原则；（2）假如能够自证其合理性的思想支点不足以思考一切哲学问题，那么，这个支点就不是最优支点。这又意味着，反思性原则也必须同时满足基础性原则。由此可以想象笛卡尔在找到我思（cogito）作为哲学支点时的得意，这确实是个美妙的发现，尽管并不像笛卡尔想象的那么完美，但它引发了更多后继的推进，这是后话。

　　哲学之初，心胸广大而乐观自豪的希腊人愿意并敢于讨论任何能够提得出来的问题，对自然世界和实践世界的一切问题都乐此不疲，形而上学、知识论和伦理学的各种问题在希腊哲学中几乎同样重要，难分高下。如果从当时的思想焦点去看，苏格拉底和柏拉图强调的"德性之知"似乎最为夺目（它是伦理学和知识论的混合问题），可是为什么亚里士多德会认为形而上学才是第一哲学？这很可能与他的逻辑学研究有关。在人人自以为都能说出 logos（至理之论）的希腊时代，为了使思想争论变得清楚可判，亚里士多德寄希望于逻辑，他为概念建立了金字塔式的种属体系，形成了大概念统辖小概念的家族系统（这一体系至今沿用），这个逻辑方法论可能形成了一种思想暗示，即在规模上或尺度上"最大的"问题就应该是最重要的问题（其实并非如此）。万物都存在，由此，亚里士多德把"存在"看作第一哲学的研究对象也就顺理成章了。显然，如果破解了存在之谜，万物的秘密将一览无遗，思想也因此清澈见底。由此看来，第一哲学的最初定位与知识体系的逻辑结构有关，人们试图为世界建立一个完整的知识体系，以大问题去统率各种问题。这个想法颇具雄心。

与亚里士多德想象的形而上学不同，先秦思想家从一开始就在追求一种兼顾自然和道德的广义形而上学，即关于道的研究。按照周易和老子的理解，道涵盖包括天道和人道在内的一切根本道理。道与存在处处同在，因此是与存在同等级别的概念，但着眼点有所不同。道意味着一切存在的有效运作方式，其焦点落在"运作"而不在"事物"上，关注的是可能性而不是实存性。在这个意义上，道的形而上学与其说是存在论或知识论，还不如说是方法论。道的研究更接近人的生存问题，而关于存在的研究更像属于神的问题——人凭什么研究存在呢？人有何德何能研究存在？世界存在是给定的，并非人的选项，人不能选择另一个世界，这个世界无可比较，而且不可理喻，对于存在，人无话可说，无事可做。不过，存在之道虽向人敞开，但正如老子所指出的，道所传达的消息也是"惟恍惟惚"。

古典形而上学所思考的问题具有极大的覆盖力，因此具有充分的基础性，却未经充分反思，因此往往形成独断体系，虽然貌似对世界做出了全面解释，但却是基于未经证明假设的一厢情愿的演绎。现代以来的哲学，无论经验论还是先验论，都不承认那些可疑的形而上学。胡塞尔就明确拒绝按照亚里士多德的原本所指的形而上学，而宁愿从直截了当的"字面意义"去理解第一哲学，他不喜欢"使人胡乱想起从前形形色色的形而上学体系"的传统理解。胡塞尔相信，就字面而言，第一哲学直接意味着"在价值和地位上位列第一"或者说"先行于其他一切哲学学科，并从方法上和理论上为其他一切哲学学科奠定基础"[1]。胡塞尔的雄心甚至不止于此，他乐意想象第一哲学是一切人类知识的奠基科学。这个雄壮的想象似乎夸大其词了，但在那个年代或更早，许多哲学家都是这样想的。

按照胡塞尔式的理解，一方面，第一哲学是哲学的根基部分，是思想的奠基工作，它试图确定哲学问题、分析框架、展开问题的道路，尤其是一切哲学观念的"无法动摇的支点"（immovable point），这是源于笛卡尔的梦想，就像阿基米得支点那样[2]；另一方面，第一哲学涉及对哲学自身性质和工作方式的反思，是一种自相关的反思工作，它试图检查并论证什么样的哲学道路才是最好的道路（"最好的道路"是我的温和说法，要是按照胡塞尔的高要求，则是"绝对严格的科学"，但这个要求恐怕太高了）。在这个意义上，选择了什么样的第一哲学就是选择了什么样的哲学。这种理解与亚里士多德的原初意义确实有些不同，但不至于构成矛盾。古典形而上学试图研究一切存在的基本问题和原理，但这种思想的基础性并没有被强化为思想的反思性，因此可以说，现代所理解的第一哲学有着更强劲的"第一性"。

思想研究事物的各种可能性，而哲学作为思想的思想，则研究思想的各种可能性。按其本性来说，哲学本来就是反思，是以思想为对象的思想。反思总要追求彻底的反思，因此不能容忍无穷倒退的反思，不能总是留出下一个问题，这一点注定了哲学的彻底作风，反思必须进行到底，必须走到最后的反思，即**到此为止**的最终反思，而如果思想能够成功奠基，思想就踏实了。这种高度理性其实是一种疯狂：反思虽然是理性的，彻底反思却是疯狂的诉求。充满创造动态的思想如何能够在自身中找到一个恒定的基础？思想又如何能够限定自身的创造性工作？通过反思而在思想中找到思想基础，这种理性的疯狂有几分类似逻辑主义试图把全部数学还原为逻辑的努力，而且比逻辑主义要疯狂得多。逻辑主义的努力至少"几乎"成功，因为数学的创造毕竟是逻辑所允许的，可是思想却显然不可能

---

[1] 胡塞尔：《第一哲学》上卷，王炳文译，商务印书馆，2006，p. 34。
[2] 笛卡尔：《第一哲学沉思集》，"第二沉思"，九州出版社，英汉对照版，2007。

还原为知识，而知识也不可能还原为某种"严格科学"，因此，试图化思想为科学的理性主义无法成功。通过反思去寻找思想支点并非错误，但思想不可能为自身奠基，思想的支点很可能在思想之外。

有一个问题不应该被忽略。终结思想的种种疑惑并非只有哲学反思一途。难道别无他途可以彻底解决思想疑惑？当然有，如果信仰也算作一种解决方式的话。在解决思想的困惑上，宗教甚至比哲学更有力（但绝非更有效）。哲学试图彻底反思，而宗教声称不需要反思，只要相信**这种**宗教，就直接解决了**全部**问题，因为没有事情需要追问了。宗教这种彻底的独断性使宗教更有魅力。也许宗教是非理性的，但非理性并非疯狂，至少不如彻底反思的理性那么疯狂。不过，信仰对思想困惑的解决并非在思想上的解决，而是反思想的解决，宗教以第一信念取代了第一哲学。可是，信仰与思想有什么关系呢？难道不是两件不同的事情？的确，本来是两件事情，但是当信仰成为对思想问题的解决，就变成了一个思想问题。准确地说，信仰不可能解决思想问题，不可能对思想问题给出普遍必然的思想答案，但是信仰对思想问题给出了精神答案。这个答非所问的解决揭示了存在的另一个基本问题，即人的存在需要精神。

想想看，如果不把精神问题考虑在内，人的存在就没有特异之处，与万物无异，那又何必反思？又有什么值得反思的呢？即使造物主或者更高智慧的外星人光临，也看不出没有精神的人类有什么可以反思的，动物比较简单地追求生存（比如说直接吃能吃的东西），人类比较复杂地追求生存（比如说通过金融衍生品谋求巨大利益），如此而已，无非都是遵循生存规律，比如规避风险或者利益最大化这样的经济学规律。尽管规避风险之类的生存规律是最基本的，但如果仅此而已，问题就已经清楚了，没有什么需要反思的了。由此可以体会苏格拉底在哲学初兴之时就直接追问德性之知的深刻见识，很显然，生存的技艺、谋略和规则需要思考，却不需要反思，因为生存的需要就是最终根据，这是人人本来就知道的。需要反思的是德性：什么是好的？什么是卓越的人？什么是卓越的生活？这是人们所不知道的，而且不知道价值的根据落在何处，不知道到哪里寻找答案。苏格拉底以为通过反思就能够找到关于价值的知识，但是苏格拉底的努力失败了。正如后来休谟指出的：由存在推不出价值。这意味着，即使反思清楚了知识的基础，也仍然对生活无所解释。这是维特根斯坦的觉悟。

基督教取代希腊思想成为观念主导不仅是一个划时代的历史事件，而且是一个哲学事件，这个事件不仅是一个欧洲故事，而且是一个理论事件，它摆明了思想无能为力的精神问题。思想言说事物，反过来说，事物是能够被思想的。可是，当引入造物主，思想就遇到了不能承受的负担，造物主太大太重了。假设造物主存在（is），可是造物主是一个超越了世界的纯在（being），造物主不是世界中的一个事物，但也不能说在世界之外，总之不能在某处，因此造物主是无物（nothing），也就无法转换成一种描述，甚至无法形成一种想象，因此，造物主无法被思考，不是思想的可能对象。在此，思想再无用武之地，除了加强信念，精神无须其他努力。宗教的精神状态就是复述性的，而复述不是思想，而且拒绝思想。宗教的"去思想状态"反而成就了信仰这种无理而有力的精神形式。信仰（I believe in that）完全不是日常意义上的相信（I believe that），而是既无须理性也无须经验的相信。按照德尔图良的说法，正因其不可理喻（absurdum）而信之。这种不可理喻的相信只需要决意相信，就信了，这样，信仰就不由分说地胜过了思想。决意相信是一种精神选择，与盲目轻信完全不同，轻信出于心理需要或因为心理弱点，迷信才是轻信，而决意相信则出于精神需要或精神追求。思想虽然具有强大的理性说服力（通常胜过迷信），但一遇到精神，思想的说服力往往失效，思想终究难以胜过意志。因此，一种精神即使极其荒谬也是难以战胜的，各种意识形态也有类似的无理力量。无理的宗教或意识形态胜过合理的思想，这个令人失望的情况正是因为理性思想缺乏精神性（例如经验主义、实证主义、逻辑主义和科学主义等就不同程度地缺乏精神性），而生活终究需要精神来证明其意义。知识决定知道什么是正确的事情，而精神决定什么是有价值的事情。

反思想的信念既不能被思想或经验所证明，也无法证明自身的正当性。信仰必定陷入这样一个悖论：既然相信什么决定了什么是正确的，那么每一种信念都能够成为正确的，也就无法保证任何一个信念是可信的。

信念无法自证专一性和必然性，因此，任何一个信念都可以被其他信念所解构，人们有理由见异思迁，可以说，反思想的信念难免走向对信念的不信任。既然缺乏必然性，信念就内在地具有辩证性质：拒绝了思想的信念同时也是反信念。这是思想的报复。虽然思想对信仰的报复来得快，却无法因为报复了信仰而有了精神。

思想本身没有精神，因为理性不肯接受不可理喻的事情，理性思想没有超越性，也就没有精神——精神必定有所超越，如果无所超越，又何以成为精神？那么，精神能够超越什么？这不是秘密，很明显，只有物质可以超越，但如何证明对物质的超越，却是个问题。超越物质并非贬低或拒斥物质，因为超越物质的目的不是为了使存在变得贫乏或失去生机。无论什么样的精神都不能是对存在的否定，存在的意图就是生生不息（此乃《周易》之要义），这是一切问题、一切行为、一切选择的前提。因此，精神的超越性仅仅在于超越自身的物质存在，而不是超越世界，不是超越他人的物质存在。这就不难理解为什么精神总是与受难、牺牲或拯救联系在一起，只有受难、牺牲或拯救才是精神的见证（evidence），所以耶稣是精神的一个典型隐喻：通过牺牲自身去昭示存在的精神性，通过舍己拯救他人的存在而证明存在的价值。不过，耶稣有精神，但信仰耶稣却不一定有精神，精神必须是创造性的行为，而不在于信仰。就像哲学只是爱智慧却未必有智慧，信仰只是爱精神却未必有精神。

这里已经接近了存在何以生成价值的秘密：如果一种存在毁灭了另一种存在，就是否认存在具有价值；如果一种存在毁灭自身去成全另一种存在，就是赋予存在不可还原不可替代的绝对性，这就是价值。当然，毁灭只是极端情况，重要的是一种存在对另一种存在的珍重。一种存在不可能因其自身显示价值，不可能自证自身存在的价值，正如休谟指出的：当然（to be）推不出应当（ought to be）。但是一种存在却能够证明别的存在具有价值，当一种存在承认另一种存在无可替换的绝对性——按康德的说法就是最终目的（an end in itself）——就把价值赋予了另一种存在。值得注意的是，"当然推不出应当"这条休谟原理仍然是正确的，这里显示的是造成价值的另一种可能方式：一种存在把绝对性赋予另一种存在。

无论如何，思想并非只是追寻真理，如果思想放弃精神世界，就是对生活不负责任。想想维特根斯坦的感叹：即使科学能够说明的事情都说清楚了，有关生活意义的问题仍然没有涉及。可是，能够经得起生活诸多问题的挑战的精神终究必须来自有反思能力的思想，而不能来自无反思的宗教和意识形态。正如前面所论，虽然信仰能够创造某种精神，却无法自证此种精神的普遍性和正当性，因此，各种信念都自以为是，并且互相冲突（宗教战争、意识形态对立或文明冲突）。康德伦理学之所以特别重要，就在于它试图通过理性反思去建立精神。这并不意味着反对人们可以各有信念偏好，而是说，行为的基本原则必须能够满足符合理性标准的普遍价值，否则生活是无标准的、冲突的和无法交往的。那么，理性思想是否有可能发展出精神性？这个问题无疑是对思想的一个挑战。这意味着，第一哲学的目标从对知识负责转向对价值负责。事实表明，当代的第一哲学确实转向了伦理学和政治哲学。试图成为第一哲学的伦理学和政治哲学也同样是一种奠基性的思想努力，但它不是为知识或科学奠基，而是试图为精神和价值奠基，第一哲学试图获得精神世界的立法权。

哲学家们想象的第一哲学很像是"思想宪法"，试图给一切可能的思想立法。康德哲学试图为知识和道德"一劳永逸地"立法；维特根斯坦也相信哲学的根本任务是寻求"思想语法"，以便能够恰当地思考任何可能被提出的问题，并且清除各种胡说，就像改正各种语法错误；胡塞尔的态度尤为强硬，他相信第一哲学能够为其他一切哲学研究甚至为一切思想提供思想的正当性。当人们对第一哲学寄予如此厚望，第一哲学就被认为是其他哲学分支所依靠的最终根据，它支配着整个哲学的结构和解释方式，有纲举目张的意思。如胡塞尔所想象的，诸种"第二哲学"的正当性不得不"回溯到第一哲学"[1]，他认为这类似于纯粹数学与应用数学之区别[2]。这个类比虽然颇为传神，但纯粹数学家未必感激，而应用数学家更未必同意。严格地说，胡塞尔的这个类比并不恰当，因为哲学各个领域之间并不

---

〔1〕 胡塞尔：《第一哲学》上卷，王炳文译，商务印书馆，2006，p. 44。
〔2〕 同上书，p. 254。

能被看作纯粹哲学与应用哲学的关系，无论存在论、知识论，还是伦理学或政治哲学，都是具有反思性的形而上学，而不是某种知识，因此并不具有理论知识与应用知识之间的关系。当然，这里涉及对哲学的不同理解，或者说，人们对通过哲学反思而获得什么样的结果有着不同的期望。把哲学看作绝对知识，这是一种哲学追求，这种哲学试图发现关于一切事物的绝对答案，但还有另一种哲学追求，它试图使哲学成为彻底反思一切问题的方法论，或者说是一种永远能够对任何问题进行反思的方法论。粗略地说，柏拉图、孔子、笛卡尔、康德、黑格尔、胡塞尔等属于寻求绝对普遍答案的哲学，而苏格拉底、老子、休谟、维特根斯坦等属于寻找普遍有效方法论的哲学。

第一哲学这种很不谦虚的说法在当代哲学家那里已经少见，在许多理论中，它所凭借的第一哲学并没有直接现身（并非所有的哲学家都像亚里士多德、笛卡尔、胡塞尔那样直接亮出底牌），但一定暗中在场，隐身而在，就像潜意识一样，这是任何一种哲学在理论结构上的要求。当发现一种哲学所依靠的是什么样的第一哲学，就可以知道这种哲学在什么标准下以什么方式被建构出来。第一哲学的选择就是思想的底牌，当选择不同的第一哲学，就会形成效果非常不同的思想框架，它将决定整个哲学长成什么样，于是，选择第一哲学就是做哲学（philosophizing）的最基本问题。追究第一哲学的诸种可能性所造成的不同思想效果，是理解哲学的理论潜力的一个方式，可以揭示哲学到底有些什么路径可走，路上能有些什么发现，而又会有什么局限性。

大多数哲学家试图以存在（being）或者我思（cogito）作为一切问题的支点，这确实是非常引人入胜的出发点，它们可以引导人们想到各种乐而忘返的问题，但是往往被忽略的是，存在或我思就其本身而言并不是问题，而是不成问题的事实。存在（being）对于生存（to be）来说只是一个不成问题的事实，它只是同义反复地强调了一个最基本的事实，尽管存在当然是一切问题的基础；同样，我思（cogito）也是思想本身这个不成问题的事实，而不是思想的一个问题，尽管我思也当然是一切问题的基础。关键在于：我们到底要反思什么？如果所要反思的是最基本的事实，就理所当然地找到存在或我思此类最基本的事实。但是，阐明一个基本事实并没有解决任何哲学问题，因此，事实只是知识的出发点，却不是哲学的出发点。一个问题之所以成为哲学问题（正如维特根斯坦敏感到的），就在于它是一个选择的困惑，而且是失去一切理由而形成的最基本困惑，一切可用的脱困方法都不再可用，所以形成了绝对困惑。我们可以想象维特根斯坦所经受的那种"瓶中苍蝇"的思想折磨。也许，从基本事实可以发现一些真理，但这并不是反思的根本意图，哲学不得不反思的是那些令人无所适从的基本问题，就像那种使苏格拉底感到"无知"的问题。只有达到知识的极限进入绝对无知的境地，智慧才成为必需。因此，哲学要反思的不是基本事实，而是基本问题。

把思想的支点落实在绝对困惑的问题上，而不是落实在绝对真实的事实之上，这种居于危地的选择看起来令人不安，但不息的动态问题却比不变的恒定概念更有潜力。苏格拉底的辩证法或老子的道，就是令人敬仰的先例。我试图论证，哲学的第一问题不仅必须是所有问题的制造者，而且必须同时是所有问题的反思者，或者说，只有当问题的制造和问题的反思重合为一，我们才有把握肯定这就是不可还原的第一问题，而且，只有当问题的反思者和问题的制造者是同一的，才能够有把握肯定所有被反思的问题是必须被反思的，也是能够被反思的。由此可以发现，只有我行（facio）才能够满足这个"问题当事者"的要求，而且我行必定蕴含我在与我思，因此说：我行故我在（facio ergo sum）。facio 非常可能就是哲学一直在寻找的第一问题，即一切问题的支点。

所有难以抉择又必须抉择的问题都是人之所为造成的，人之所为是一切问题之根源，所有根本的或致命的问题都是做出来的，而不是想出来的。不做事情就不会产生问题，可是，不做事情的生存是不可能的，人的存在方式就是做事并且使自身的存在变成问题，这种自作自受的存在方式就是一切问题与反思的根源。为什么人之所为造成的问题注定是难以解释或难以解决的？因为这些问题并非事先存在，不是事先就位的思想对象，对将要制造出来的问题，我们无从预言，那些问题不是我们的意向对象，甚至往往使意向落空，超越了意向性而即将发生的问题就是未来。未来性和不可预言性正是真正的存在论问题之所在。一切既定的存在或事先就绪的思考对象并不构成存在论问题，因为事先就绪的对象都是无法改变的过去，即使只是我思的意向对象，也已经在意识中成为过去，在它们被思考时已经变成知识论的问题，而不是存在论的问题。人们对过去的存在只有知识上的不解或未知，却没有形而上的困惑。我行的直接问题就是不得不去思考尚未成为存在的未来，或者说，某种未在必须变成思考的对象，可是，既然未来尚未存在，因此又不可能成为思想对象，这才是彻底令人迷惑的问题，也就是真正的形而上困惑：我们如何思考尚未存在而又不可预言的事情？所以说，存在的未来性，才是形而上问题。事实上，人们念念不忘的生活之惑，正在于存在的未来性和不可预言性，也就是维特根斯坦指出的那些落在科学之外的生活问题。从根本上说，思想并不为实在负责——实在为自身负责——而要为生活负责。

> 第一部分:
> 人们言说世界而世界
> 如其所是

1. 物的世界有什么

思想始于对感觉的背叛。不过，什么是思想，这是难以界定的事情。完全未经思考的感觉世界也许不存在，即使动物也有所思考，但恐怕不是用概念去思考。也许动物也有某种类似概念的意象，但肯定不是人类那种由语言分类学所定义的概念，尤其不是依据科学理由而定义的分类学概念。一头狮子注视着草原上的"各种"动物，它心里想的动物种类恐怕不是科学的分类，比如关于角马、斑马、瞪羚、野猪、野牛的分类，这些对于狮子来说大概都属于"可吃的"一类，而弱小落单的角马、斑马、瞪羚、野猪、野牛都属于"最可吃的"一类。根据庄子定理，我对狮子之心的猜想可能是愚蠢的，但对于狮子，科学的分类学肯定尤其愚蠢，科学对于狮子是一种错误的世界观，对狮子的生存毫无教益。我们并不想研究狮子的世界观（维特根斯坦警告说："如果一头狮子会说话，我们也无法理解它"[1]），只是想说，实在（reality）是自在的而且本来没有任何问题，关于世界的各种问题是语言分类学制造出来的，不同语言的分类学构造了不同表情的世界，因此，世界是个复数。语言"所说的世界"或意识"所思的世界"并非人们所在的世界，实在世界才是"所在世界"，于是，人们有理由担心所思或所说的真实性，一方面疑心意识是自我欺骗；另一方面担心所思对实在世界并不灵验。不过，假如没有哲学家的过度反思，这种知识论怀疑不会成为一个严重问题，它与命运和幸福都没有太大关系。当一个问题被

---

[1] 维特根斯坦：《维特根斯坦全集第8卷：哲学研究》，涂纪亮译，河北教育出版社，2003，p. 314。

过度反思就会形成似乎深不可测的魅力。

关于某些事物的知识追问很快就会推广为对一切事物的知识追问。希腊人的知识追问有一个独特的雄心,就是试图求得永恒不变的、普遍一般的知识。对超越时空的永恒概念的兴趣成为西方哲学的一个特征性的品格。尽管中国古代思想同样关心普遍一般的原理,但却发现,唯一永远不变的事情就是"变易"(《易经》所表述的思想)。"永远"与"永恒"虽貌合而神离,永远是在时空中的一直存在,而永恒却是超越时空的绝对存在,换个角度说,永远是不间断的演变,而永恒是同一的不变,排除了任何变化的可能性。以永远的演变作为基本原则的形而上学(典型者如老子的道的形而上学)就对诸如万物的本质、万物的理念、万物的开端、万物的终极原因之类问题几乎毫无兴趣。假如万物总在变易,那么,即使万物有个开端,这个开端也没有特殊意义,无非也是一种变易,或者说,如果变易是万物通理,那么,任何一个时间点上的变易都具有同样重要的意义,于是,普遍一般的性质意味着**永远的现时性**,而不在于不变之本质或理念,或者说,万物的终极性不在于不变的永恒性,而在于永远的现时性。永远的现时性意味着,万物的根本原理并不隐藏在遥不可及的理念之中,而在于其直接的可及性(accessibility),所谓"道不远人"[1]。这种关于道之运行的形而上学与关于事物不变本质的 metaphysics 意味着不同的智慧,意味着关于世界万物不同的元解释:一种是关于万物"将是"(becoming)的一般原理,另一种是关于万物"永是"(being)的一般原理。

关于万物"永是"的研究能够揭示什么呢?按照亚里士多德的发现,关于事物之理的研究(physics)只涉及各种具体事物而不能表达终极问题,即关于存在的问题,因此 physics 是知识,却不是智慧。万物虽然性质各异,但每个事物都存在(is),而不是不存在,那么,存在就是万物的普遍一般本质,理解存在就理解了终极问题。亚里士多德相信,作为智慧的思想必须是关于终极问题及其原理的探究,这种最高的真理探求就是

---

[1]《中庸》第十三。

形而上学（metaphysics），也称第一哲学，它专门探求能够最后解释一切事物的普遍"智慧"[1]。古典哲学所追求的这种宏大智慧也许是不可能的目标，今天已经几乎无人这样思考，但重要的是这种不可能的智慧志向却敞开了可能的智慧之路。

在心宽智广的希腊人眼中，智慧高于无论多么广博的知识（希腊人认为博学不见得有智慧）。虽然形而上学研究事物，却不是对个别事物的研究，而是对万物所在的整个"物的世界"（the world of things）的一般普遍原理的研究，亚里士多德相信这样宏大的形而上学理所当然享有智慧之美名。普遍智慧与具体知识的区别在于，具体知识表达某个事物的存在情况，是陈述了"某个事物是如此这般的"的知识，而形而上学试图研究任何事物的存在理由和最终原因，是关于"任何事物何以存在"的思考。回答这样的问题实非人之所能，它应该是提给神并由神来回答的问题，希腊人的形而上学为后来的神学埋下了伏笔，而正是希腊化的神学使基督教具有了学术和思想的厚度。希腊人的思想如此大胆，相比之下，中国人的思想似乎谦逊得多。万物被认为是人应加以尊敬和效法的存在，而不是知识对象，因此，古代中国的大多数哲学家不研究事物，而研究人事与万物之道的关系（即使强调"格物"的朱熹其实也是如此），更准确地说，是研究人道与天道的最优动态关系，以便能够即时理解存在的永远现时性。对万物的这种动态理解看起来似乎接近实践性或策略性的智慧，而不是形而上的智慧（不少研究西方哲学的中国哲学家是这样看的[2]）。可是，如果现时性不仅仅是现实性，而是**永远的现时性**，关于永远现时性的理解就不仅仅是策略性的，而同时也是普遍一般的智慧，是一种作为方法论的形而上学，而不是作为永恒真理的形而上学。我相信永远的现时性与概念的

---

[1] 在亚里士多德的《形而上学》第4卷、第6卷中，有多处使用到"第一哲学"，但也说成是"智慧"。参见《形而上学》，苗力田译，中国人民大学出版社，2003，p.5, 60, 121, 214。

[2] 以研究希腊哲学和先验哲学而著称的叶秀山先生在2011年底一次与我讨论时坚持认为中国思想过于关心现实而错过对永恒性的研究，因而不是真正的形而上学。但正如我所论证的，永远的现时性虽然有别于永恒性，却是与永恒性平行的另一个形而上学维度。

永恒性可以汇合成为一种更丰富的形而上学。

亚里士多德想象的形而上学来自思想对物的世界的两个根本追问：（1）既然万物存在而不是不存在，那么，存在本身或者说"存在之为存在"（being qua being）何以可能？（2）既然存在万物而非一物，就必有某物是万物之最终原因，那么，终极存在是什么？于是，第一哲学意味着关于万物的最终理由和最终原因的探究，也就是关于终极问题的终极原理。关于存在的两个基本问题形成了第一哲学的两个方面：关于"存在本身"的研究——这个深刻而可疑的问题使哲学家们长期乐此不疲——是"一般形而上学"，大概相当于后来的存在论；关于万物最终原因的研究，也就是对最高存在或者"不动的推动者"的研究，则是"特殊形而上学"，此种研究创造了神学视角（后来被中世纪神学所利用）。

形而上学的两个基本问题之间其实存在着一种不协调的关系，并非同一种思维方式下的并列问题。不难注意到，第二个问题，即关于万物最终原因的追问，是人们自然而然寻根问底所产生的朴素问题，可是，第一个问题，即对存在本身的思考，却很不朴素又很不寻常，它不可能来自面向事物的自然思维，而只能来自**面向观念**的刻意反思。存在本身（being qua being）不是事物的一个现象，不是一个能够"看到"的问题，而是只能"想到"的问题，是思想逼问思想自身才问得出来的问题，它询问的无关事物之被见，而是思想之所见。显然，这两个形而上学问题的超越性质非常不同：万物的终极原因之所以超越了经验知识，并非因为它在逻辑上不可能被经验，而是因为在时间和空间上无法经验，它太遥远而经验不及，它是有限经验所无法把握的无限性。这有些类似于我们不可能真的数到那个无穷大的数目，但可以推理得知其存在。可见，万物终极原因的超越性在于其无限性；然而，存在本身之所以超越经验知识，并非因为经验之遥不可及，与此相反，存在本身近在眼前而不可见，其超越性（transcendence）在于其超验性（transcendentality），或者说在于其理想性（ideality）。亚里士多德当时并没有如此仔细鉴别这些问题的性质，但这种意味深长的差异在后世哲学发展中越来越明晰起来。

关于存在本身的追问在思想上显然是个更为深刻的问题，因为它具有强烈的反思性,但在许多现代哲学家(特别是经验论者和分析哲学家)看来,它却是过度反思所产生的不恰当问题,或干脆是无意义的问题。关于存在本身的问题也许的确深刻,可是我们很难分清它到底是语言的陷阱还是思维的深刻。但无论如何,追问存在本身到底能够产生什么智慧,这一点的确有些可疑。无论我们是否能够阐明存在本身或者任何某物"是之所是"(being qua being),这种智慧也无助于阐明真实事物的真实情况,并不能使人对事物多知道些什么,它看上去是一种冗余的智慧。智慧固然高于知识,但如果一种智慧无所教益,就恐怕难以自证其意义。当然,形而上学并非毫无意义,但需要被改写为可以有效分析和定义的问题,现代存在论正是试图这样做的,不过这种改造又使存在论问题失去了美感和诱惑力(这是后话)。

形而上学因其理想性和无限性而总是令人感动。古代形而上学无关俗世俗务,百无一用,却是人类心灵对世界的"柏拉图之爱",所以是理想性的,是纯洁的;同时,它表现了人类以心灵无限性去思考世界无限性的悲壮努力。只有无限的心灵才能思考无限的存在,这两者同样是无限的,因此似乎应该具有对应性,可却总是劳而无功。这件事情虽然显而易见却难以解释。也许可以相信心灵的无限性与世界的无限性之间具有康托式的对应,但心灵仅仅具有数学式的无限性,因此无法与在所有方面都具有无限性的世界相比,相当于不可能理解全能造物主的无限性。形而上学虽然不可能真正理解世界,但仍然表现了心灵的无限性,因此,形而上学即使在知识论上是可疑的,它仍然证明了智慧的悲剧性崇高。

传统形而上学通常有这样几个基本假设:

(1)万物有着最终根据,因此就有了终极问题。这在古典因果理论上言之成理,但在现代经验知识上却无法被证明。这个"头脑简单"(naive)的假设至今深入人心,很符合人心所愿。也许这种终极想象是错误的,但对这种想象的心理需求却是真的。人们在心理上真正需要的世界图景只是个美学化的世界图景,虽然不见得符合科学标准,却符合美学标准。对于心灵来说,美学标准也是一个正当理由,对世界的完满解释看起来舒服,想起来放心,这种想象的目的也就达到了。不过,终极问题及其答案虽是心理的合法冲动，但它往往超出美学意义而被看成一个严肃认真的哲学问题，因此很容易成为一个使思想不能自拔的知识论陷阱，就是说，关于世界的终极问题即使能够提出，也是不可能回答的。下面就要讨论这一点；

（2）关于终极问题的研究能够发现终极原理。这个假设的期望未免太高，因此非常可疑。在无限知识被落实之前就预设知识具有无限能力，这显然是非理性的，这种无限能力从来没有被证明过，也不可能被证明，因为可及的有限知识永远不能证明无限知识能力。即使人类真的拥有知识的无限增长能力，也无法由此推论能够认识世界万物的终极原理。根据休谟理论可知，可确证的知识都是经验知识，而这些关于"部分"的知识加总也不可能推论出关于世界整体的知识，尤其不可能推论出关于未来的知识，因为任何关于未来的推论有效性都基于"过去、现在和未来是相似的"这个永远不可能在经验中被证明的形而上学假设。

知识论的坏消息接踵而来。既然假设（2）不能成立，假设（1）的知识论意义就受到严重挑战。如果假定那里有个终极存在，但又永远不可能认识它，这能是什么意思呢？除了它所显示的美学意义，又能有什么知识论上的意义？既然假设（2）名存实亡，假设（1）也就由知识问题蜕变成为信念问题或美学问题。假如变为信念问题，就变成神学而与哲学无关了；假如变成美学问题，虽与哲学有些关系，但显然更接近对世界的一种艺术观点，肯定不是哲学家追求的那种最高真理。于是，如果哲学要为世界设想一种终极原理，就不得不另外寻找某种**非凡知识**，某种高于经验知识的绝对知识，这种非凡知识直到笛卡尔开创先验哲学才成为一个值得研究的问题；

（3）假如前面两个假设能够成立，那么，第一哲学就成为"一切科学的科学"或者一切知识的知识，它将成为一切知识或科学的共同基础。胡塞尔毫不犹豫地把这个伟大追求的开端归功于柏拉图[1]。柏拉图的理念论的确为第一哲学指出了一个明确目标，不过柏拉图没有能够发现，哲学家梦寐以求的"理念"（eidos）并不属于外在世界，而只能内在于意识

---

[1] 胡塞尔：《第一哲学》上卷，王炳文译，商务印书馆，2006，p. 42。

中，绝对客观性只能在意识的绝对主观性中被构造出来。柏拉图看到了问题，但却没有在正确的地方去寻找答案。胡塞尔把发现答案所在的"正确地方"的功劳归给了笛卡尔，而把发现在正确地方隐藏着的正确答案的功劳留给了自己，这个看法基本中肯，并非不谦虚。胡塞尔确实看透了第一哲学隐含的一个秘密：第一哲学开始追求的是关于世界的形而上学，但最终无可避免地转向关于意识的形而上学，就是说，第一哲学必定由对世界的研究演变为对意识的研究。这个重要而有趣的问题暂且不论，等在后面再为胡塞尔的贡献大书一笔。

从表面上看，假设（3）似乎是假设（2）的一个顺理成章的结果，难道不是吗？假定真的发现了世界的终极原理，一切具体知识就似乎应该不在话下了。可是事情并非如此简单，水到未必渠成。关于终极问题的终极原理，即使有，也未必能够包含一切事物的秘密，未必能够因此推论出所有知识。正如我们所知，由绝对正确的一般原理并不能推论出各种特殊的经验知识，本未必能推论末，道未必能推论器，体未必能推论用，尽管本、体、道当然高过了末、用、器，但"更高"不等于可以囊括"较低"。因此，当认为哲学是所有知识的共同基础时，显然又进一步夸张了假设（2）的期望，使这种期望愈加不可信。有趣的是，这个不可信的夸张却又势在必然，因为，如果不能达到（3）的宏伟目标，（2）就变得无足轻重——既然终极原理不能说明一切，那么就必定有许多知识是终极原理所不能管辖的，人们就可以随心所欲地宣布各种各样的终极知识，也就无所谓终极原理了。其中的道理是，如果一种东西不是绝对完美的，就必定能够被解构。由此可以理解为什么哲学家如此迷恋绝对和完美。

追求绝对和完美的形而上学结合了思想的伟大和荒谬，而这一结合是思想的悖论性宿命：如果思想不去追求极限的辉煌，就会变得渺小和琐碎；另一方面，如果去追求极限，就会因为不可信而变得不严肃。思想神话是一种伟大的荒谬。但无论如何，那些按照分析哲学的标准被看作"没有真值"的思想神话恐怕不都是无价值的胡说，无真值未必无价值。一种伟大的思想努力，即使荒谬，伟大本身就已经是一种价值。我们为什么需要思想神话？这是个问题。

2. 从事物转向意识

形而上学问题是大诱惑，历代哲学家在形而上学问题上做出了各种迷人而稀奇古怪的论证，这是一笔精神遗产。关于世界终极原理的形而上学问题超出了人类的知识能力，因此，形而上学的论证想要不稀奇古怪都难，但那些论证中所包含的智慧仍然令人敬佩，错误的智慧仍然是智慧，也仍然胜过愚蠢的正确。我们无须追随那些稀奇古怪的论证，但应该关心形而上学的精神价值。形而上学问题在实质上都不是知识问题，并不需要被回答，反正也不存在知识意义上的答案（分析哲学指出传统形而上学没有真值，这一点是正确的）。不难发现，所有形而上学概念，存在、同一、齐一、物质、精神、时间、空间、因果、本质、现象、整体、部分、无限、有限、一般、特殊、个体、共相、变化、永恒、必然、偶然、可能世界、心灵和造物主，诸如此类，都是覆盖万物的"大问题"。形而上学对世界的总体解释是对自然（或者造物主作品）的解读，或多或少类似人们对艺术品的解读。因此，重要的不是一种解释是否正确（实际上无所谓正确与否），而是某种解释是否必需。

对终极问题给出终极解释的心理需要并不是形而上学的一个充分理由，否则宗教也足够了。形而上学还需要另外的强劲思想理由。按照传统理解，形而上学应该有个知识论理由，形而上学似乎是"为知识而知识"的最终思想产品[1]——亚里士多德的这个说法影响很大，人们喜欢这个圣洁的说

---

[1] 亚里士多德：《形而上学》，第一卷，第2节，苗力田译，中国人民大学出版社，2003。

法，许多哲学家尤其喜欢这个高尚的理由，但它却误导了哲学家在虚构的问题上沉溺于徒劳的探索，就好像任何不切实际的问题都值得追问并且能够追问。今天人们已经知道，形而上学不可能是一种最高级别的知识，但我们却必须解释，为什么形而上学的假设一直普遍存在于人类思想之中？

古典形而上学问题来自概念而不是来自经验，甚至有些问题只不过来自某种特殊语法现象（例如"存在"这个奇妙的动词）。当把语言投射到现实之上，就形成问题幻觉，以为现实本来就有这样一些秘密。分析哲学家们发现大多数形而上学问题其实是披上了伪装的语言或逻辑问题，古典哲学家们误以为属于世界的各种"存在形式"其实是语言的"逻辑形式"，形而上学问题并不存在于世界"那边"，而是在观念"这边"。果真如此的话，形而上学问题就基本上化解为意识原理、概念体系、逻辑形式、语法和语言用法了。当然，形而上学问题不会因此彻底消失，而是变成了性质完全不同的新形而上学问题（在后面将讨论到这个事情）。

分析哲学对形而上学的重新解读颇有道理，而先验现象学对形而上学的重新理解也同样有理。胡塞尔发现，关于外部世界的形而上学并非哲学的真正基础，既然我们能够真切直接认识的对象都内在于意识，那么，"世界"这个概念所意味的绝对客观性恰恰无法由外部世界去证明，而只能在纯粹意识中被建构出来，因此，客观性根本就不是一个外部存在的问题，而是意识自身的问题，也就是说，我们原本以为属于世界的问题其实是属于意识的问题。因此，第一哲学不是事物的哲学，而是意识的哲学。形而上学所表现的其实是人类的意识方式，而不是事物的存在形式，意识"构造"（constitutes）了意识对象，结果却误以为是事物的存在形式。

如果允许打个不太准确但或许有助理解的比方，我愿意说，意识构造对象的方式"有点像"眼睛观察事物的方式。"看法"就是意识对事物的建构方式，我们看到的事物模样当然与事物本身非常不同，但这两者之间存在着"翻译"的关系。比方说，画家用透视法去画出来的画面据说是"写实的"，其实很不真实，透视法"所写之实"并非事物"所是之实"，而是眼睛"所见之实"，而且还只是画家之所见，据说雕塑家之所见不是透视的而是立体环绕的。还有，传统水墨山水画的散点视野之所见又大不同，是因为散点视野就像是"量子式"的眼睛，同时处于不同的地点，这是一种更加唯心主义的景象建构方式。当然，眼睛看事物的方式是感性的，不能等同于意识的理性构造方式，但我们可以想象一种纯粹意识的内在"眼睛"，它不是感性的唯心主义眼睛，而是纯粹思想的唯心主义眼睛，它建构了事物作为思想对象的不可还原的普遍纯粹意义，但其中的唯心主义道理是相通的。

假如胡塞尔是对的，形而上学就不可能是关于世界的普遍知识，而只能是关于意识建构世界的普遍知识。意识的建构方式只要是可能的，就是合理的，我们不能质疑意识建构之法是否正确，就像不能质疑逻辑或语法是否正确，因为"它就是这样的"。因此，形而上学问题不能落实在事物**那里**，而只能落实在意识**这里**，形而上学的"元性质"（meta-ness）表达的其实不是事物"背后"的超越真相，而是意识的内在真相。在这个意义上，笛卡尔所开创的、经过康德批判而最后到达胡塞尔的先验意识研究才真正触及了形而上学问题之所在。第一哲学有理由从世界那里搬家到意识这里，从物质那里搬家到意识这里。这是第一哲学的一次伟大变迁。把"大问题"落实在世界本身还是在意识自身或语言本身，这是古典哲学和现代哲学的一个分界。从笛卡尔、休谟、康德到现象学和语言哲学，都是试图把原以为属于世界本身的各种问题搬迁到意识或者语言中来。这个"问题搬迁"被认为是革命性的，比如康德哲学被认为是"哥白尼式的革命"，不过胡塞尔认为这个先验革命是笛卡尔发动的，似乎更为准确。

哲学由研究世界变成研究意识，这个"革命"确实改变了哲学的方向，可是哲学问题因此有了不同的答案了吗？或者说，把外在彼处的问题搬到内在此处，原来属于世界的现在归属思想了，问题的所在位置变了，可是问题本身的内容或意义变了吗？对问题的可能解决变了吗？这是一个往往不被反思的事情，可是只要加以反思，就可以发现，哲学问题的内容其实并没有实质变化，无非是措辞有所不同，原来难以解决的还是难以解决，原来说不清的还是说不清。这就像，我们原来看见有些难以理解的现象，由于无知，我们相信事物本身就是如此怪异，后来终于知道了，并非事物本身怪异，而是我们的眼睛怪异，因此看出来的东西就都是怪异的——可是认清这个秘密之后，问题并没有变化：事物还是不可理解的。如果说有什么变化的话，那就是不能解释的问题反而更多了：原来只是不知道如何解释世界，现在既不知道如何解释世界又不知道如何解释意识。

比如说，当康德论证了时间和空间其实是意识的先天感性形式而不是事物本身的存在形式，这个解释虽然新奇（就当时而言），但并没有使我们对时间和空间有更多的了解；康德还论证了因果关系是属于意识的知性范畴，可是这并不能更好地解释和定义什么是因果。又比如，笛卡尔证明了我思的绝对性，胡塞尔进一步证明了所思的客观性，于是，纯粹我思，绝对意识或者说主体性（subjectivity）成为哲学问题的新支点，可是主体性并没有对哲学问题给出不同的答案，问题还是那些问题，事情还是那些事情，我思不能更好地解释什么是真理，也不能改变真理的标准，如此等等，这类似于说，世界没有变，只是主人变了。

意识哲学的革命似乎只是改变了哲学问题的冠名权，而既没有改变问题也没有解决问题。也许，意识哲学的贡献就是对哲学问题进行了重新表述。问题的不同表述当然是重要的，但更重要的是，到底哪些问题才是人们的真正困惑？哲学的立场之争似乎并不是人们的真正困惑，无论我们相信真理隐藏在事物中还是隐藏在意识中，无论我们坚持唯物论还是唯心论，无论采取实在论还是反实在论观点，真理并不会因此有所不同，比如说不可能因为哲学观点不同而有了不同的物理学或数学定理，这说明，哲学立场对于真理来说是一个无效变量。真理是什么样的，这是重要的，而真理属于唯物论还是唯心论，这是不重要的。

在知识问题上，恐怕没有比休谟的见识更脚踏实地的了。休谟证明了理性和知识能力的有限性：无论我们有多么确凿的经验知识也不可能推论出关于未来的必然知识；无论我们有多么丰富的经验知识也不可能推论出关于世界整体的普遍知识。康德和胡塞尔所发展的无比优美的先验哲学其实没有能够成功超越休谟问题（尽管康德决心超越休谟以便克服令人沮丧的怀疑论）。也许意识的确能够为知识提供一种必然的先验基础，但知识的先验基础对于解释世界并不充分，无论意识如何为世界立法，无论意识把世界看成什么样，世界仍然桀骜不驯地自行其是。世界代表的是造物主的意志，而造物主的意识显然强过人的意识，这就是问题所在：无论什么样的先验意识都无法知道世界运作的下一步，也不可能知道他人行为的下一步，这就是为什么先验论不能胜过经验论的原因。休谟的强大在于他似乎站在造物主一边指出了人类理性的有限性。不过，康德和胡塞尔肯定不会同意这个评价，他们似乎相信必有妙计能够证明人类心灵与造物主心灵是多么相似。我们将讨论康德和胡塞尔的妙计。

3. 方法决定解释

理性没有办法认识人们最想知道的那些伟大问题，这可能因为那些伟大问题不该由人来思考，也可能是因为人们没有找到足够神奇的思想方法。哲学家们通常宁愿相信有足够神奇的思想方法。所谓思想方法当然不包括赌博式的猜想，而是指能够**必然**通向正确答案的思想方式。那种"碰巧猜中"答案的思想仅仅取决于运气，根本不是一种方法。为了理解人类的知识性质，有必要清点我们所能够想象的思想方法，这些方法其实并不多，大概只有三种，其中，先天方法和经验方法是得到普遍承认的方法，还有一种是部分哲学家想象的然而尚未获得普遍认可的先验方法，那是一种最具哲学气质的方法。我们需要理解这些方法产生的完全不同的思想效果。

（1）先天方法（the a priori）

先天方法就是逻辑和数学所承认的方法，是最严格的思想方法，它是普遍必然的因此完全可靠。按照莱布尼茨标准，像逻辑和数学这样的先天命题对于任何一个可能世界皆为真，这是绝对意义上的普遍必然性。逻辑和数学甚至是造物主的思维限度，即使造物主滥用其无穷的创造力而改变物理或化学规律，也不可能违背逻辑和数学，否则造物主就无法保证它所做事情的一致性和一贯性，甚至无法确定它所做的到底是什么事情。可以看出，逻辑与存在论有着不同寻常的密切关系，如果背叛逻辑就无法确定什么是（is）什么，取消了是（is）就取消了在（being），因此，背叛逻辑也就背叛了存在。造物主虽然是个无法无天的艺术家，但同时一定是逻辑学家或数学家。

尽管数学和逻辑的技术性很强，但从本质上说却是最不神奇的思想方法，因为先天方法排除了任何奇迹，它所做的无非是从给定条件"分析地"或"机械地"推理出必然结果，虽然无可置疑却毫无意外惊喜。哥德尔定理挑战了数学的完备性（幸亏没有殃及逻辑），这个打击虽令人烦恼但仍然无伤大雅。也许，对于具有无穷能力的造物主来说，它应该能够对付得了哥德尔的挑战，比如可以想象，造物主有一种超无穷系统算法，以至于能够"在理论上"一揽子解释或证明一个无穷扩展的数学系统的所有元定理和元元定理。

人们关于数学和逻辑的严格性有不同意见，有的标准相对宽松，有的比较保守苛刻。最为谨慎保守的可能是 Brouwer、Weyl 和 Heyting 等人的直觉主义标准，它要求在一个系统中，如果某个命题 p 是这个系统的一个合法命题，那么它必须是根据这个系统的公设和规则在有限步骤内能够必然被构造出来（constructed）的一个命题，或者说，以一个"实践能行的"（effective）机械程序可以必然生产出来的命题，而不能仅仅是这个系统语言所允许的一个合法表述，就是说，一个合法命题不能仅仅"在理论上"合法而必须同时"在实践上"合法。这样严格的标准不给神奇思想留丝毫余地。比如说，假定圆周率将从某个位置 k 开始出现连续 8 个 9，那么，在我们能够实践地把 k 构造出来之前，关于 k 的描述在数学语法上虽然似乎是个合法表述，但在数学的"存在论"意义上却不是合法命题，因为 k 尚未存在而只是可能存在，而在存在论上提前断言某种虚构存在是不可靠的。这种存在论上的区分说明了，真正无可置疑的合法命题必须按照给定的能行生产方式被构造出来，而不仅仅是按照"语法"和"词汇"能够写得出来的句子。这样苛刻的存在论标准的好处是，它能够排除许多合乎逻辑的幻觉，它看起来是一把数学的奥卡姆剃刀。

可构造性标准的深刻之处在于它把命题的真理性与它的存在性统一起来，并且又把"存在"与"被构造"统一起来，于是，所谓 p 是真的，就等于有某个生产程序在有限步骤中把它构造出来成为一个存在。如果没有必然可行的构造方法，就不可能必然把某个东西做成存在，而如果没有确实制造出某个存在，就不能说它是真的。正如 Heyting 所说的："'存在'与'被构造'必须是同义词"，"如果'存在'不是指'被构造'的话，那么就是形而上学的说法"[1]。于是，在逻辑上把一个命题按部就班地"推理"出来，就必须等价地理解为在能行的构造程序中"被生产"出来。按照这样的理解，"p 真"与"p 存在"等价，因为"p 真"的依据与"p 存在"的依据是同一的，于是，逻辑和数学方法必须能够清楚地控制在数学世界中什么是存在的和不存在的，从而严格控制了什么是真的和假的。这个标准不仅具有数学和逻辑意义，而且具有哲学的存在论意义，它对存在的理解比大多数哲学家要清楚和深刻得多。直觉主义的基本原理"存在就是被构造"使我大受鼓舞，我愿意把它进一步发挥成为一个更普遍的原则：**存在是被做成的**（to be is to be made）。不过这个发挥显然违背原意，直觉主义者恐怕不会同意，直觉主义说的"构造"是机械程序性的而不是创造性的，因此不包括人类对生活世界的创造行为。

直觉主义所界定的数学和逻辑方法限制了许多创造性的做法，虽然特别稳妥和严格，但显然不能满足许多数学家尤其是哲学家的雄心。哲学家往往希望能够指望一种生产能力更强的方法以便能够论证所喜爱的种种稀奇古怪的观念。弗莱格和罗素的逻辑主义方法就相对比较符合哲学家的雄心，尽管对于许多哲学家来说还是太苛刻，仍然不够称心如意。逻辑主义的雄心表现为试图把数学还原为逻辑，使数学变成逻辑的一部分，这个雄心勃勃的故事大概是这样的：以逻辑去说明和定义数学概念并且通过逻辑规则从逻辑命题推论出全部数学命题。这个计划如果能够成功，就不仅能够充分解释数学，甚至有可能充分解释人类的纯粹理性。这个计划后来被大多数数学家和逻辑学家认为是不可能的故事，因为这个计划不得不利用一些未加证明的逻辑假设，更糟的是，还会导致悖论。Weyl 说："人们错

---

[1] 关于直觉主义的论述参见 Benacerraf and Putuam：《数学哲学》，朱永林等译，商务印书馆，2003，pp. 78 – 79。以及克莱因：《古今数学思想》，第四册 51 章，北大数学系译，上海科学技术出版社，1981。

误地把逻辑看作高于并且先于全部数学的东西，从而最终不加证明地将其应用到无限集合的数学中去，这是集合论的堕落和原罪。"[1]Weyl 在这里指的是逻辑主义对无穷公理以及排中律的滥用。Weyl 提醒要注意人的局限性，人可比不了造物主："排中律可能对造物主来说是有效的，他能够一下子检查完自然数的无穷序列，而对于人的逻辑，这一点却做不到。"[2]

当然，没有人会怀疑逻辑，因为要驳倒逻辑还要用逻辑。Brouwer 等人只是说，像排中律这样一直被以为是绝对普遍有效的逻辑规律其实不能无条件滥用，而只能有条件地使用。在这里我愿意指出，墨子对排中律必须有条件使用的意识远远早于现代的发现，墨子指出："彼，不两可两不可也"，"辩，争彼也。是不俱当，不俱当必或不当"[3]。按照现代语言，他指出了：矛盾律是有效的，当且仅当，存在两个互相矛盾的命题；排中律是有效的，当且仅当，争辩的对象是给定的矛盾命题。这意味着，（$p \vee \neg p$）是有效的（有意义的），当且仅当，$\neg$（$p \wedge \neg p$）是有效的。墨子的这个要求已经足够稳健了，也许直觉主义者可以"大概地"同意墨子的意见。

逻辑主义暗中征用了形而上学假定，这的确是个问题。不过，即使是更为稳妥的直觉主义，也不可能完全避免形而上学假定，比如"同一性"假定。逻辑不可能接受"万物皆流"之类的想法。即使逻辑和数学世界中不得不使用一些未加证明的形而上学假定，即使逻辑和数学世界中存在一些自相悖论或者哥德尔命题等等难以克服的问题，逻辑和数学仍然是最可信的思维，而且"几乎"总是正确的，因此人们并不真的担心逻辑和数学的可靠性。逻辑和数学的真正局限性是，对于建构思想来说，逻辑明显不够用。逻辑能力局限于命题之间的关系而无法证明命题的内容，因此远远不能满足思想的需要。逻辑因其严格性而失去了神奇性，人们还需要能

---

[1] 转引自克莱因：《数学：确定性的丧失》，李宏魁译，湖南科学技术出版社，1997，p. 239。

[2] 同上。

[3] 墨子：《墨经》，经上；经说上。

够保证思想内容正确性的方法。

（2）经验方法（the empirical）

经验知识是有内容的，能够描述万物千变万化的情况，能够生产新知识，仅此一点就比先天知识神奇得多，作为经验知识的主要成就，科学有力地证明了经验知识的神奇性。所谓经验方法，其实不是经验的，而是理性的，它是**关于经验**的理性方法。真实世界超越地存在于人的主观性之外，人的知识永远只能试图逼真地去反映它，这就是朴实而有力的"镜子"观点或符合论观点：如果一个描述 d 符合它所描述的对象 o，我们就说 d 是真的。不过，怎样才算是"符合"，却是个难以说清的问题，我们恐怕没有办法严格确定一个描述怎样才算是"足够逼真的"。所谓逼真性（verisimilitude），与其说是个问题还不如说是个成问题的概念。假如说，某种知识所能够达到的逼真度 v′不如想象的或所要求的那么逼真，那么，这意味着我们已经拥有了满足更精确逼真度 v″的知识，否则不可能进行比较；可问题是，即使我们拥有达到 v″的知识，也无法证明 v″足够逼真，因为无论知识有多逼真，我们总能够一厢情愿地想象还有"更逼真的"或"更更逼真的"知识，逼真性就变成废话，更可疑的是，当不断想象"更更逼真"的知识标准，就难免变成一种形而上学想象。进一步说，即使真有那么一种知识的逼真性足以使我们心满意足别无他求，**不再想要**更逼真的知识了，这也仍然不能证明这种知识就是足够逼真的，因为终究缺乏能够把 d 和 o 进行彻底比对的条件。其实，在真实的科学知识生产中，人们不像哲学家那样讨人嫌地吹毛求疵，原因很简单：因为没有必要吹毛求疵。在大多数情况下，吹毛求疵不是智慧而是无聊。人们一般想象的逼真性只是：一个描述 d 总能够与被描述的事态 S 形成一一对应的**可辨认关系**。对应的可辨认性足以保证经验知识的可信性，而无须要求完全逼真，就像"三角形"的概念总能够保证让人认出△而不会错认为口，就令人满意了。

无论逼真性还是可辨认性，都需要经验的验证。当存在着能够反复验证 d 的经验方法，就可以确定 d 是否高度可信。高度可信虽与真理尚有距离，但已经足以证明是可信的有效知识（人们一般认为能够被反复验证的就是真的，但科学家宁愿谨慎地说成是可信的）。不过，验证方法本身的有效性又是个问题。一般的说，只有在严格的理想实验条件下所进行的验证才能够保证必然或几乎必然的可重复性。可是理想实验条件与真实世界相比是非常呆板单调的，其存在状态过于单纯，条件构成过于贫乏，缺乏真实世界中不可测的各种变数，因此，理想化实验的条件设计本身就是很不逼真的。实验结果与实践结果之间在很多时候存在令人沮丧的差距，也就不足为奇了。

真实世界的情况非常不稳定，不可测的变数太多，所以真实情况总是测不准，复杂科学显示，经验丰富的科学家也时常测不准气象变化、龙卷风、地震、交通流量、流感、各种传染病、经济危机、金融危机、市场变化、政局变乱诸如此类的复杂事情，简单地说，既不能必然知道事物将如何变化，更不能知道人们将做什么。因果知识永远达不到推理知识那样高规格的普遍必然性，最可信的经验知识也至多达到"似乎必然"而不可能达到"确乎必然"。即使非常成熟的经验知识，其有效性也永远限于"此地"和"迄今为止"，它不能推论出关于世界总体和未来的知识（难以超越的休谟原理）。经验知识甚至也不是关于过去事实的可靠知识，历史事实无法重复和再现，人们也不能时光穿梭，因此在验证上有着严重缺陷，这决定了历史知识也是不可靠的（尽管有些十分明显的基本事实是清楚的，例如"1945年希特勒战败"是事实清楚的，但关于这段历史的各种因果解释就是故事了），这使得"以往经验"的教益有些似是而非。记得有人指出，人类的可悲之处就是从来没有学会吸取历史教训。这个反思是对的，可同样令人失望的是，吸取了历史教训也不能保证人类将做正确的事情。对于真实世界，人类没有可以高枕无忧的知识。

经验知识不能超出其经验限度，这是经验知识的局限。经验知识既然永远是有限的，不可能从部分推知全体、从已知推论未知、从以往推知未来，又如何让人放心呢？坚定的经验主义者和现实主义者，比如休谟这样的人，可能认为这种担心属于杞人忧天，谁说人类必须认识世界的终极秘密？可是人们不仅对经验知识的追求永不满足，而且对终极知识始终怀有一种不知是崇高还是邪恶的热情。现代高歌猛进的科学和技术之神奇是眼见为实的，宇宙物理学或者基因生物学的惊人成就，似乎在逼近终极知识，相当于逼近造物主创造世界和创造人的秘密。如果科学能够解答终极问题（霍金似乎相信这一点），科学就真正是神奇的，但或许就是末日。科学有力量改变世界，但科学是否正确并且正当地改变着世界，这就难说了。一个可能的致命问题是，科学改变世界的能力远远大于控制世界的能力，其中的高度风险不言而喻。我们有理由反思科学的正确性和正当性，这两个方面的反思理由都与休谟的怀疑论有关。对科学的正确性的反思是：科学是否真的想对了一切事情？这与休谟关于经验知识局限性的分析有关；对科学的正当性的反思是：科学是否做对了一切事情？这与休谟关于由事实无法推论价值（从 to be 推不出 ought to be）的分析有关。

这两个休谟问题都值得一谈。先讨论第一个问题。既然我们不能获得关于世界整体和未来的经验，那么，关于世界整体和未来的解释就只能是形而上学的想象或假设。不过，证明了形而上学不是知识，不等于证明了知识不需要形而上学。实际上，经验知识总是依赖着形而上学为经验知识安排的知识框架，当试图推广经验知识时，我们就已经假定了世界的齐一性以及普遍存在的因果性等等形而上学概念。虽然明知形而上学假设无法被证明，但人们（包括科学家）还是不得不使用形而上学假设，否则思想就会支离破碎到无法思想，甚至疯掉。如果拒绝"太阳明天将照常升起"之类的通常信念，思想和说话都会变得无比艰难，比如说成"太阳明天将照常升起的概率非常高，但也不能确保如此"，这样未免迂腐。假如不对未来做出任何预言，假如"明天的气温将降至 0 度"、"三天后学校开学"或者"春季大旱将导致今年粮食减产"之类的判断都被"严格地"认为是不可信，生活就无法进行了。我们必须意识到，思想的首要任务是把生活行为组织起来，免于活在混乱和茫然之中，思想要解决的首要问题是"做什么"，然后才是"是什么"。知识理性让我们知道形而上学假设无法被证明，但实践理性又让我们知道形而上学假设是必需的。我们需要形而上学假设来把思想有秩序地、连续地、完整地组织起来，以便有秩序地、有计划地、连贯地做事情。正因为生活需要形而上学，所以思想也需要形而上学。形而上学假设虽不是知识，却是知识所需的思想语法或者知识框架。康德的先验论思路与此或多或少是类似的。

齐一性（uniformity）和因果性可能是理解世界所需的最重要的形而上学假定。齐一原则假定这个世界是统一的、一致的和连贯的，世界处处相似、时时相似，因此事物的规律能够在这个世界中普遍传递而有效；因果原则假定有因必有果，某个事件必然会导致另一个事件的发生。如果这两个原则同时成立，那么就存在着关于万物的普遍必然真理。这两个原则不仅是认识世界总体的知识论条件，而且也是认识每个事物的知识论条件。即使在有限经验中，我们只能观察到有限的现象，这些现象也不能被看作互不连贯的，如果那样的话，就甚至在有限的经验范围内也不存在什么稳定可信的规律了，就只有一些互不相干的零碎材料（相当于康德说的"杂多"），依此类推，就会得出结论说，在任何地方都没有任何规律，那样的话，知识就不成其为知识了。知识必须具有连贯性，在此可以理解希腊人为什么认为博学不是智慧，其实，博学甚至不是知识，如果所学无法连贯的话。关于单个现象的单独陈述，不是知识，至多是信息，例如"这是一支笔"，"那是一条狗"，诸如此类。知识不能仅仅指示一个特殊对象，而必须表明某种规律，否则又有什么用呢？因此可知，经验知识需要建构性的形而上学框架。

经验知识总是跟不上形势变化，在严格意义上说，经验真理总是**事后真理**。尤其如果承认世界是个"潜无限"的存在的话[1]。如果世界永远是个未完成的变化过程，真理就只在特定有限范围内有效，而不能随便说成是普遍必然的。把世界看作**潜无限存在**是保守的理解，而把世界看作是一个可以完成的**实无限存在**则是更为大胆的想象或信念。经验主义令人信服地指出了，经验知识所肯定的那些规律都是有限有效的，无法被证明为普遍必然真理，但我们出于思想和实践的需要而选择了信任那些规律，以便有条理地事先计划要做的事情。总之，人类不能仅仅凭借偶然性概念去

---

[1] 亚里士多德、高斯和直觉主义者等承认潜无限，即无限是个完成不了的事情，例如1, 2, 3…n, n+1, …；而黑格尔、康托、罗素等承认实无限，即无限是个可以完成的事实，例如（1, 2, 3…n, …）。

思考和行为，那样的话，就只看到混沌（chaos）而看不到有序世界了（kosmos）。

甚至貌似科学概念的"概率性"其实也很接近形而上学概念（科学家也许不乐意这样想）。概率概念往往被看作拯救经验知识可信性的一个合理解释，可是它暗中依赖着形而上学信念，比如说需要假设世界是个实无限存在，而且还是具有齐一性的实有限。假定世界是个其大无比但有限的箱子，我们通过 100 个行动从中抓出了 99 个白球和 1 个黑球，于是有人倾向于说，下次抓白球的概率比抓黑球的概率要大得多。这个信念就是形而上学假设。在逻辑可能性上说，接下来有可能抓的全是黑球，我们不可能根据以往的成功经验证明下一次抓白球的可能性**必然**超过黑球，除非能够事先知道箱子里白球和黑球的分别总量，而这一点正是我们不知道也不可能知道的，这与不能由部分经验推论总体知识的道理相通。概率在表面上是个科学概念，实质上却是基于实无限的形而上学信念。在这里，我不是反对概率概念——它当然是非常有用的概念，而且经常正确——而是说明，有些科学概念带有无法摆脱的形而上学性质。也许我们需要的是一个妥协的结论：形而上学是未加证明和无法证明的，虽然无助于科学必然想对事情，但却是我们能够想事情的一个必要思想条件。

相比之下，休谟的第二个问题才真正严重，也更重要。休谟关于事实无法推论价值的强大论断从根本上打击了道德形而上学的威信。如果说伦理规范的正当性不可能通过任何事实来论证，它就不可救药地缺乏普遍必然理由，于是，人们总能够编造各种貌似驳不倒的理由去论证对自己更有利的规范，而既然各种主观理由都同样振振有词，那么，解决价值之争的唯一途径就只剩下权力了。这是个坏结果。人们对权力爱得要死，不过，除非自己拥有权力，否则人们不喜欢无理可言的权力解决方案，而可悲的是，人们通常也不喜欢合理的解决方案，除非合理方案对自己碰巧有利。毫无疑问，休谟无意推荐权力解决方案，也肯定不喜欢这个结果，但这是事实与价值相互分离的逻辑结果。由此可以理解为什么康德一定要在实践理性中为道德形而上学重新建立一个"真正坚实的"基础以便拯救道德。可惜康德的伟大努力并不像预期的那么成功，正如宾默尔所讥讽的，康德的绝对命令并不比他母亲的老生常谈更有道理，都是基于"逻辑错误"的幻想[1]。

把道德问题驱逐出知识领域，希腊人对德性知识的伟大追求就落空了。希腊人追求德性之知的热情甚至超过追求关于万物的知识（这从苏格拉底和柏拉图那里可以得见），无独有偶，儒墨道法诸家对人道的思想兴趣也远胜于对天道的兴趣，可见道德之理是十分要紧之事。如果道德之理不可能成为知识，人们就有各种理由抛弃道德或者宣称各自的道德标准，一旦道德失去可信标准，人性的种种卑鄙贪婪就变成理所当然的。真理有时候会带来始料不及的灾难，休谟关于事实推不出价值的论断就几乎是个真理（至少是难以反驳的原理），但其连带后果却很危险，它使道德的依据变得非常可疑。知识与道德划清界限并不是一个孤立的精神事件，休谟之前的马基雅维里就已经在道德与政治之间划清了界限，使政治变成一个可以不讲道德的概念。后来人们以经济人为名让经济行为与道德划清界限，以自我自由表现为名让艺术超越道德，这一切都表现了现代的一个基本取向：把道德与人类其他各种活动分离开来。这个背离道德的独立运动的结果是，现代人的各种活动，无论是政治、经济还是科学和艺术，都不再承担或至少不再必须承担道义责任而可以独行其是，都可以"为什么而什么"，而道德则萎缩为一个意义贫乏内容空洞的领域，道德的发言权似乎只剩下日常小事比如隐私和慈善（生活小事无人认领，就由道德认领了），结果道德失去了权威性和严肃性。休谟把道德逐出知识领域，此举影响最为重大，其深远影响超过马基雅维里分离政治与道德。当道德失去与知识的关联，道德就失去了确定根据，也就失去了威信，也就失去了思想或精神权力。人人看到了科学技术摆脱道德压力之后如脱缰野马的发展和应用，核武、生化武器和基因技术等等已经预示着未来不可测的灾难。

被休谟震醒的康德意识到一个前所未有的根本问题：假如先天方法和经验方法都不足以充分解释思想的有效性，那么，我们必定需要发现另一种能够为思想奠基的方法。康德相信，这正是先验论能够做的事情。

---

[1] 肯·宾默尔：《自然正义》，李晋译，上海财经大学出版社，2010，p. 67。

（3）先验方法（the transcendental）

与逻辑和经验这两种众望所归的方法不同，先验方法并没有得到普遍认可（恐怕科学家就不承认或认为不需要）。先验方法所以值得一谈，不仅因为它是**专属**哲学的方法，而且看起来更具神奇气质，似乎有望为思想奠基，从而"一劳永逸地"解决思想基础问题。先验方法作为对思想基础进行反思的主要技术，往往被称为先验论证（transcendental argument），不过它的最早名称是康德命名的先验演绎（transcendental deduction），而它的首次成功使用似乎应该归功于笛卡尔（笛卡尔是数学家，不知道是否数学家较有可能认可先验论证的作用）。

如果思想基础不成问题，当然就不需要反思，可是，正如人们所发现的，思想基础的问题层出不穷，而且问题就出在意识自身，因此，反思的知识就成为一种必要的特殊知识[1]，哲学家试图通过无可置疑的反思而为一切思想奠基。历史上许多哲学家都曾不自觉地使用到先验论证的技巧，其中的关键技巧与笛卡尔对我思的论证有关，但一般认为是康德在理论上明确了先验论证的一般方法论。

以康德的《纯粹理性批判》第二版（通常被认为是成熟版本）中的先验演绎为准，先验演绎包括主观演绎和客观演绎（当代哲学更关心客观演绎，因为客观演绎才是对知识有效性问题的真正解决）。对于康德来说，先验演绎如果成功，就能够证明我们所拥有的知识的先天条件（先天概念，即范畴，以及先天感性形式，即时空形式）在构造知识上的绝对合法性，也就是说，知识的先天结构确实能够普遍必然地应用到一切经验对象上，而且唯此无它。为什么需要如此奇怪而迂回的一个证明？这是因为，我们不可能直接知道事物本身是什么样的，也就不可能获得关于事物的绝对知识，而我们所拥有的知识条件就只有这么一套知识生产系统，唯此无它，想要别的也没有了，只能用它去整理经验以生产知识，所以人们有理

---

[1] 尤其在现代以来，对知识体系的反思成为各种知识领域中的重要问题，出现了各种元理论，如元数学、元语言学等等，像数学中的逻辑主义、形式主义和直觉主义就都是知识基础反思的著名理论，还有像哥德尔定理等都是知识反思工作中的重大成就，这些理论已经不完全属于数学和逻辑，而同时是哲学。

由担心这样一套主观系统所生产的知识是否普遍必然有效，因此就必须证明我们唯一拥有的知识生产系统碰巧就是唯一必然管用的，就是说，在主观上**唯此无它**，同时在客观上也**唯此无它**，这样才能高枕无忧。

主观演绎的论证策略是论证意识的主观统一性，证明作为我思的先验统觉总能够伴随"所有表象"，否则表象就是杂碎而不能形成知识，于是，保证我思所以能思的思想范畴才能够被应用于经验直观。这个论证可以简单概括为：我的思想确实属于我思（类似于说，万象皆备我心），并且，既然我**只能**"这样思"，所以"这样思"就是主观上合法的。不过，主观演绎并没有完成先验演绎的全部任务。具有主观统一性的意识虽然在主观上自身圆满，但就逻辑可能性而言仍然有可能只是井底之蛙的眼界，显然，"我只能这样看事物"不等于这样的看法就是正确的和最好的。如果我们的知识眼界**有可能是**一个狭隘可笑的眼界，未免让人失望而且无法安心，因此，还必须进一步证明知识的主观眼界绝非井蛙或夜郎之眼界。可是，我又不可能超越我自己去看看到底有没有更好的眼界，又该怎么办？因此，能够证明我的眼界就是可靠眼界的唯一办法就是去证明：我的眼界就是唯一可能的眼界，**唯此无它**。这意味着，我们虽然不可能证明它到底是不是最好的，却有办法取消"好不好"这个问题。一个东西好不好，必须存在能够进行比较的条件，比如像莱布尼茨想象的，造物主能够设计各种各样的可能世界，造物主经过比较而在各种方案中挑出那个最好的可能世界给予实现，就是人们所在的真实世界。假如人理解世界的知识方案就只有一个可能方案，那么"好不好"的问题就消失了，换句话说，如果某种东西是唯一可用的，就无所谓好坏了。因此，如果能够证明我的眼界具有唯一性，就无所谓更好的眼界，也就证明了它的客观合法性。

这种证明确实有些怪异，它以**唯一性**去证明有效性，虽非无理，但终究有些强词夺理。关于知识眼界的唯一性证明就是客观演绎的任务了。按照康德在先验演绎中所使用的更成熟的笛卡尔式技巧，先验论证大概是这样的：

假定 p 是我思构造知识的条件，q 是我思所构造的知识。给定 q，并且已知，对于 q，总有某种条件 p 使得 q 成为如此这般的，或者说，q 是如此这般的，必定预设某种条件 p。这里求证：p 对于 q 具有唯一性，并且 q 对于 p 也具有唯一性，相当于证明 p iff q（p 当且仅当 q）。问题是，p 正是我思的认知条件，p 不可能指证 p 为真（相当于我不能证明我说的都对），因此，不可能直接证明 p，只能迂回地去证明¬p（非 p）是不可能的。要证明¬p 不可能，就只能检查¬p 的前提条件，如果发现¬p 的前提条件中碰巧预设了 p，或者说，发现了 p 居然是¬p 的必要条件，那么，¬p 就被证明是不可能的，同时，p 就因为¬p 被否决而自动成立。我思果然发现¬p 是不可能的，因为反对我思的思想仍然是我思，仍然必须使用思想条件 p，于是，p 就先验得证。

先验论证所利用的技术源远流长，看起来似乎很神奇的先验论证与最早的朴素哲学论证（希腊式的形而上学论证）之间存在某种有趣的联系和差别。希腊人迷恋一种反论形式：**如果 p 则有 q，可是非 q，所以非 p**。柏拉图所推崇的这个论证模式显然来源于苏格拉底辩论中的惯用技术以及芝诺热爱的"归于不可能"论证法（reductio ad impossibile），也大概属于后来所谓"归谬法"（reductio ad absurdum）[1]，也往往称为反证法（尽管在特别严格的意义上，这几个概念略有不同，后者的范围要略大一点）。归谬论证攻击力极其强大，只要喜欢鸡蛋里挑骨头，就很少有什么论点能够经得起它的批评。就像三段论似乎能够用来证明一切东西一样（只要前提是可疑的，就可以把各种谬论说成是正确的），归谬法也似乎可以用来推翻各种普遍命题（不利于普遍命题的反例俯拾皆是）。归谬法的杀伤力使哲学家们很有成就感，不过，归谬论证所适合的知识领域到底是哪些、范围又有多大，这往往是个被忽视而未加审查的问题。归谬论证以特殊反例去反驳一般论点，这种反例一票否决标准对于数学是合理的，对于科学也似乎合理（稍有争议），但对于哲学和

---

[1] Reductio ad impossibile 属于 reductio ad absurdum，而且是 reductio ad absurdum 的最主要方式，但并不完全等于 reductio ad absurdum，至少还有另一个形式，即用来证真而不是证假的形式。

人文知识却是苛求，必定伤害太多有价值的观念，同时还可能产生更加荒谬可疑的结论[1]，甚至使所有哲学或人文观点都变成可疑的。哲学与科学有着非常不同的性质，并不适合使用科学标准。奇怪的是，反例否证法在当代哲学中仍然经常被使用（例如分析哲学家就迷恋"举个反例"），却无视它产生的谬误比它反对的谬误更多。很显然，没有哪个哲学或人文理论能够完全避免反例，可是哲学和人文理论的价值并不在于没有任何反例。

以归谬论证为绝技的古典哲学论证没有能够帮助希腊人发现绝对真理，相反，它是导致怀疑论的重要条件。苏格拉底发现知识无非是"自知无知"，这个发现对于哲学的知识追求是一个宿命性的隐喻。尽管柏拉图的理念论是阻击"无知"宿命的天才想法，可是他没有能够发展出保证知识基础的方法。康德的先验论所以被称为哥白尼式的革命，就在于他似乎找到了确证知识基础的方法。由康德总结的先验论证所使用的核心技术有些类似归谬法的技术，但也有所不同，其新意在于选取了一个**自卫性**的论证角度，即试图去证明 p 的否定命题 ¬ p 不可能成立。这个新角度是关键，它不再依赖经验个案的反例，而单纯依靠逻辑的力量[2]。可以说，先验论证的特殊之处就在于利用自相关结构来进行迂回的自卫，从而造成"我真的有理由自己证明自己"这一耸人听闻的效果。与传统归谬论证不同，先验论证力图克服怀疑

---

[1] 例如在 Meno 中，苏格拉底论证说，如果美德是可教的，那么，有美德的人就能够把他们的子女教成有美德的人，可是波列克里、特米斯多克和亚里士蒂德这些优秀的人没有能够使他们的儿子们具有美德，可见，美德是不可教的。这个结果不能说是完全错的，但也似是而非。问题出在，各种属于人文社会方面的论点本来就不是普遍必然的命题，本来就允许某些反例，只要那些反例不影响大局。如果对于人文论点要求过高，就会发现，几乎所有的人文论点都是可疑的。这正是苏格拉底达到的令人失望的结果。

[2] 关于先验论证的思想角度，人们可以有多种理解，事实上，现代哲学家们在复兴康德的先验论证时就有不同理解，比如，阿佩尔会支持先验论证的"自卫性"角度，而分析哲学家们如斯特劳森等则更注意先验论证的"追溯性"角度（斯特劳森自己没这样概括）。追溯性角度主要强调的是先验论证中对前提条件的追溯性承认，其格式可以粗略表达为：已知 q 并且 q 以 p 为前提条件，所以必定有 p。这些不同理解并不互相矛盾，只是角度不同而已。

论，它关心的是如何把某种东西证明为绝对无疑的，而不是如何把各种东西都证明为可疑的。

先验论证迎合了哲学的雄心，如果不是过分鼓励了哲学的雄心的话。哲学不怀疑科学能够生产许多知识，但非常担心知识的基础是否绝对可靠或唯一可靠。这种对完美的焦虑并非没有道理。假如知识基础是可疑的，貌似真理的知识就终究是镜花水月，这一点不言而喻；更微妙的是，即使知识基础是可靠的，然而可靠的基础却不是唯一的，而可能有多种选择，甚至有更好的选择也未可知，这个情况同样令人担忧（至少让完美主义者失望），因为那将意味着关于同一个事物可以有至少两种以上不同甚至互相矛盾的真理，这样的话，某个真理虽然还是真理，却只是其中一种真理，真理失去唯一性就失去了权威性。权威的多元性会互相消解权威性，真理也一样。追求真理的唯一性类似于追求权威的唯一性，真理就是知识领域的独裁形式，追求知识上的独裁就像追求权力上的独裁一样使人激动不已而难以自拔。

追求唯一绝对的知识基础的理由是显而易见的：（1）知识的根据不能无穷倒退。假如允许理由的理由的理由乃至无穷，就等于没有靠得住的理由，因此理由必须有停步的地方，知识的基础首先是知识的立足问题，或者说是"辩护止步"问题。在这里哲学家追求的是知识基础的绝对性；（2）知识基础不能是可替换的（alternative）某个知识框架，而必须是唯一的知识框架。知识的理由在某个地方停步仍然不足以证明知识的合法性，还需要证明止步之处的唯一合法性，即知识理由停步的地方碰巧就是唯一正确的地方。在这里，哲学家追求的是知识基础的唯一合法性。于是，思想产生了一个奇异的自身要求：思想必须在自身中找到某种方法去证明自身的绝对和唯一合法性，从逻辑角度去看，这种思路踏上了自相关的险途。

自相关的危险是：假如自相关论证可以被接受，那么能够被论证的东西就恐怕太多了，鱼目皆可混珠。因此，先验论证必须寻求一种具有**特殊效果**的自相关论证，寻找一个特殊的论证策略，以避免陷入自相关的陷阱，先验论证的新意就在于此。可以说，康德的主观演绎并无特别贡献

（只是一般的先验唯心主义论点），客观演绎才是关键所在。正如前面说到的，先验论证的要义在于制造了一个迂回自卫策略，它通过证伪"不以我为准"的可能性而证明"我是唯一选项"，相当于证明了"不以我为准是不可能的"。我愿意把这个迂回自卫的策略看作先验论证所包含的**先验验算**，也就是先验论的自身验证。于是，一个比较可信的先验论证必须包含以下的先验验算：

（1）如果 p 是对 q 的必要解释，那么 p 必须满足这样的情况：假如构造一个 p 的反论¬p，则¬p 必然形成自我反证，因为¬p 所必需的一个必要条件正好就是 p，于是，p 的反论¬p 反而是 p 的一个直证（evidence）；并且

（2）假定 p 是对 q 的唯一解释，那么 p 必须满足：如果想象任意一个与 p 不同的替代（alternative）方案 r，则 r 必定等价于¬p，因此证明 p 是唯一的合法解释。

这两个指标可以比较完整地表明先验论证的先验验算。如果一个先验论证能够满足先验验算，那么就是一个成功的先验论证。能够被成功地先验论证的东西必定是某种**别无选择**的最后思想根据。例如，为什么不可能在思想中反对逻辑或者反对使用语言？因为任何反对逻辑和语言的思想就是以逻辑和语言为条件的。最为巧妙的先验论证当属维特根斯坦关于私人语言的天才反论。先验论证还有许多比较成功的范例，笛卡尔对我思绝对性的证明、胡塞尔对纯粹所思（cogitatum qua cogitatum）的自足性和客观性的证明、康德对范畴和时空形式的证明、斯特劳森对概念框架（conceptual scheme）的证明，等等，都很有说服力，尽管未必完美。有必要承认，多数先验论证虽有其道理，但往往不够充分，其原因是，大多数先验论证并没有能够满足先验验算的指标（2），即没有能够证明任何其他解释方案 r 都碰巧等价于¬p。比如说，康德的先验论证就只强调了先验验算之（1）而没有认真考虑到（2），这会留下漏洞。从逻辑可能性上说，康德所设想的知识先验条件（感性先天形式和知性范畴）就只是关于知识先验条件的一个可能方案，而没有充分理由能够证明它就是唯一方案（康德想象的知识基础对于解释牛顿式的科学十分恰当，但对于相对论和量子力

学之后的科学就有些力不从心了）。因此，只有把验算（2）考虑在内，先验论证才是充分的。

另外还有一个需要考虑的问题：先验论证不见得只有上述一种模式，对于知识基础来说，仅有一种先验论证模式未必够用。人们通常所理解的先验论证模式总是关于知识的某个基本条件的论证，而缺乏关于各种基本条件之间**关系**的先验论证，因此仍然未必能够形成对知识完整基础的论证。因此，我们或许还需要另一种关于先验关系的论证，就是说，还必须能够论证，在两个被先验论证了的东西之间存在着**相互先验论证**（reciprocal transcendental argument）。因为，即使有许多东西都**单独**通过了先验论证，我们仍然不知道它们之间是否能够互相协调合作，仍然无法最后确定思想基础的完整合法性。因此，先验论证除了经典的自相关论证模式，还需要一种**互相作证**的循环论证模式，可以表达为：

给定 p' 和 p'' 至少有一个能够通过先验论证，如果能够证明 p' 当且仅当 p''（反之亦然），那么 p' 和 p'' 以及两者之间的协调关系同时得证。

单独的事情不足以构成一个世界，除非至少另一个事情与之构成互相支持的循环论证关系，才能够定义一个完整的可能世界，或者说，至少需要两个存在才能够形成存在所需的空间，任何个别事物才有"地方"得以存在——不存在关系就不存在使某种东西得以存在的某个地方。既然没有一个可能世界能够由单独一个事物所构成，所以，某个存在与另一个存在的关系就是那个存在的**在世证据**。是关系而不是事物定义了世界，这是一个非常重要的事实。因此，仅仅关于某个项目的先验论证总是不够用的，还必须引入关于两个以上项目之间的关系的先验论证。

例如，关于我思的先验论证就会引出一系列难题。笛卡尔证明了我思的绝对性，但是，如果不能同时证明思想对象的绝对性，我思就形同虚设，几乎就是个"空集"。很显然，假如不能证明我思内在地拥有绝对可靠的对象可以去思，我思就没有什么可靠的意识内容，也就实际上无所思；假如所思都是可疑的，那么我思也是无意义的，思了等于无思。类似地，假如谈吐（utterance）都是不可理解的声音，就等于什么也没有说，"我谈吐了"

这个声学事实不等于证明了"我说话"这个语言事实。因此，笛卡尔对思想内容的过度怀疑表面上似乎衬托了我思之不可怀疑，但终究会反过来危及我思自身。可见笛卡尔的我思先验论证并不完美。后来胡塞尔补充了这个关键的证明，他进一步证明了所思的绝对性，并且论证我思与所思存在着必然关系，即证明了所思是必然内在于我思的"捆绑附件"（correlative），换句话说，意识（noesis）有着必然属于意识自身的意识内容（noema）[1]。正是因为我思内在拥有纯粹属于我思之无可怀疑的思想对象，我思才真正是无疑的。在这个意义上，胡塞尔拯救了笛卡尔的我思。

不过胡塞尔又遇到另一个问题。如果不能证明"他思"（the other mind）的绝对性，那么，即便我思和所思都被确证，这样的思想仍然可能毫无意义。这件事情可以这样去理解：在纯粹理论上说，我思拥有纯粹所思，这就够了，而且在理论上是可能的，比如造物主独自想它自己的事情，这是可能的而且是有意义的，因为造物主能够独力完成一切想做的事情，包括设计各种可能世界以及创世之类的事情。可是，对于人类来说，事情有所不同，人的生活必须有他人参与才成为可能，独自生存不仅没有可持续性而且缺乏意义，根本就不构成生活。人独力可做可思的事情不多，独白式的主体很快就会枯竭。如果没有他思的存在，绝大多数的问题就消失了，而且，思想需要在回声中存在，如果没有他人对我思的回应，我思甚至无法保证自身的一贯性、一致性和确定性，而会在无限制的自由中失控疯掉。随便思就什么也思不成，因为自己一个人决计无法严格遵守自己关于各种事情的定义和应用规则，私人性不能保证客观性，而公共性正是保证思想客观性的必要条件，这是我们从维特根斯坦那里获得的教益。关于他思的证明，胡塞尔没有成功，胡塞尔借助思维的"移心"（通常翻译成"移情"）去推论他思，这不是关于他思的先验论证，因为从我思推论不出他思与我思的相似性，除非把这种相似性看作是个形而上学假

---

[1] 胡塞尔说：noesis 和 noema 就是"意识过程本身和意识相关对象"，而且"一个 noetic 活动绝不可能不产生一个属于它的 noematic 因素"，因为，如果没有一个内在的 noema，心灵的意向就落空了。Husserl：*Ideas：General Introduction to a Pure Phenomenology*. Martinus Nijhoff, 1982, pp. 132；213；226.

设。可见，仅仅从我思出发根本不可能构造出关于他思的先验论证，他思问题变成了我思的一个顽固后遗症。不仅先验现象学不能有效证明他思，经验论也不能，经验论在试图证明他思的时候，往往利用外部行为的相似性去类推他思，这种类推法更加缺乏必然性（机器人也有相似行为）。

他思本来无须被证明，把他思逼成一个不得不被证明的事情是个哲学丑闻。如有必要，我们当然可以给出关于他思的先验论证，只是不能以我思为根据。从我思推论不出他思，这是关于他思的种种论证所以失败的原因。这个问题很有些特别之处，按理说，既然他思是我思的一个必要条件，那么，按照通常的先验论证方式，应该能够从我思推论出他思才对，而结果是失败的，这说明传统的先验论证在某些事情上不够用。这里就需要引入互相作证的先验论证模式，我思和他思只能在一个循环关系论证中**互相作证**，或者说，我思和他思只能在一种先验关系中被同时证明。我曾经给过一个论证，大概是这样的：在任何一种语言 L 中，任何一个句子 s′ 都先验地要求：对于 s′，至少存在一个应答句子 s″，句子 s″或是对 s′的认同，或是对 s′的否定，或是修正，等等，总之是对 s′的应答。显然，如果 L 不具有这样一个先验对话结构，L 就不成其为语言，说出去的话必须可以回答，否则就只是声音而不是语言。语言的先验对答结构意味着至少有两个思维主体在说话，就是说，L 先验地预设了对话双方的可能存在，或者说事先规定了思维的两个理论主体的逻辑存在。所谓我思和他思，本质上无非就是说出了语句 s′或 s″的理论主体。即使作为肉身存在的我和他人并不在场，作为理论主体的"我"和"他人"也已经在逻辑上被事先承诺了，虚位以待。这个先验论证到此就完成了，至于真实我思和他思的出场，已经不是难题，只要在某种语言 L 中发生了真实的交流活动，我和他人就作为行为主体出场了。这个例子说明，某个单独的事实（比如我思）即使通过了先验论证也往往不能充分说明所有问题，在许多事情上，先验关系的先验论证是必要的。

回顾前面清点过的诸种方法，总的来说，先天方法能够必然保证后继命题的确定性和真理性，这种知识生产方式虽然不是原生性的，不能提供新内容，但它提供了必然保值的推广性知识，能够充分发挥给定知识的潜力；经验方法能够提供新知识，是原生性的知识生产方式，这个优势使之成为人类知识的主要生产方式，但是，它仅能保证基于有限经验的有限知识的确定性和真理性，却不能"说"出比"看"到的更多的东西，不能提供普遍必然的知识；与前两种方法不同，先验方法不是生产性的方法，不能生产通常意义上的任何知识，先验方法仅仅是反思性的，是对思想基础的反思，它试图证明知识基础是必然可靠的，能够核查清楚什么是或不是知识的基础。当然，这也可以说是一种特殊的知识，一种关于知识本身的自我认识，是知识的知识。

先验方法的一个重要功能被认为是能够克服怀疑论（康德和胡塞尔都这样想），但对这一点却有些疑问。先验论证至多是在思想自身内部克服了怀疑论，至多证明了"我思就是如此这般去思，没有别的选择"，不过，我思以此自证，类似于一个人说"我就是这个样子，没有办法成为别的样子"，难免有些自我嘲讽。完全有可能就是因为"我不能成为别的样子"，所以总是错过苦苦寻找的真理[1]。可以说，先验论证无非就是思想的自我辩白：能想的就这样想，不能想的就不要想。先验论证不可能超越主观性而去证明超越的（transcendent）或外在的任何东西，思想对超越的东西无计可施。所谓超越的存在就是无论如何也不能被主观性所消化而永远保持其外在性的东西。为什么有些东西永远是外在的？根本的秘密是，超越的东西不是我们的**创作作品**，而仅仅是**认识对象**，我们对它没有创作能力而只有立法能力（康德所谓为自然立法），即使是完美的立法能力也无法支配事物的存在而只能支配关于事物的表述，只能规定它**看起来**是什么样的，而不能规定它**是**什么，更无法预言它**将是**什么。

至今没有完美的方法。

---

[1] 有个流行的笑话说：有个人始终在路灯下寻找丢失的钥匙，总也没有找到，别人问他为什么不去别的地方找一找，他说，这里是唯一有亮光的地方。我思就是那亮光，哲学家就是那可怜的人。

4. 意识有什么世界就有什么

如果说经验论是哲学中最接近科学的思想，那么先验论就是"最像哲学"的思想。对先验论的这个说法既不是贬义也不是褒义，说先验论远离科学，这不是指责，而是说它与经验科学的追求完全不同。不过有趣的是，康德和胡塞尔都相信先验论才是最严格的科学，理由是先验论能够为知识奠定真正可靠的基础（尽管未必如此）；说先验论最像哲学，这也并非赞美，最像不一定最好，先验论的思想虽然接近理念，却远离世界和生活。笛卡尔肯定不同意这个说法，他相信我思就像阿基米得支点，看上去简单，却因此"有望获得许多伟大的东西"[1]。与笛卡尔相比，康德和胡塞尔就更加不谦虚，他们相信先验哲学能够说明对人类最重要的一切原理。相比起来，经验论低调得多，但也很难说是谦虚，经验原则与其说表现了谦虚，还不如说是拒绝不切实际。真正谦虚的哲学难得一见。

哲学的现代转向是从探究世界的形而上学转向探究意识的哲学。在这个转向中，无论经验论还是先验论的努力都同样是决定性的，但先验论对意识的研究更为动人心魄，它几乎是在宣称：意识有什么世界就有什么。直接研究世界以求普遍必然原理显然费力不讨好，虽劳神苦求，所得无非皮毛，而放纵想象去构建关于世界的形而上学却经不起怀疑论的质疑。估计哲学家们在放弃事物形而上学而转向意识形而上学之际的心情大致如此。意识是个好选题，难道世界的一切原理不是都必须在意识中被表达吗？假如世界的某些原理居然逃逸在意识之外而无法被意识所识别，那些

---

[1] 笛卡尔：《第一哲学沉思集》，英汉对照版，九州出版社，2007，p.40。

永远隐藏着的原理又有什么意义？尽管人们愿意相信造物主的心灵一定比人心知道得多得多，但对于人类来说，人只知道理性所能知道的那么多，而不可能知道得更多，因此，研究世界必先研究意识，而且，研究世界只能通过研究意识。在这一点上，先验论者（比如康德和胡塞尔）比起它的远祖理念论者（比如柏拉图）来就算是现实主义者了。在先验论看来，意识不是反映世界的镜子（因此不用担心镜子里的影像是否逼真），而是照耀世界之光，意识之光能够照亮多少，我们就看清多少，意识之光照亮什么，我们就看到什么。

当然，先验论要完成的任务并非如此诗情画意，而是艰巨无比：（1）证明意识是理解一切问题的唯一可靠出发点；（2）证明意识具备构造普遍必然知识的能力，并且证明意识具备指导正当行为的能力；（3）证明意识内在地拥有完整的客观对象，相当于拥有属于意识自己的世界。这三项艰巨的工作分别由笛卡尔、康德和胡塞尔承担。从理论上说，如果真能做到以上三者，那么，传统的形而上学的所有问题就都可以转交给意识哲学。假如关于外在世界的问题都能够转换成为内在意识的问题，我们就有可能通过认识自己而达到认识世界，因为意识的秘密对意识自身是开放可及的，并不存在无法克服的外在性。果真如此的话，苏格拉底"认识自己"的艰难道路就变成光明坦途了，这是意识哲学的意义所在。

笛卡尔第一个把意识哲学称为第一哲学（这是他的《第一哲学沉思集》之所论），这个大胆的转向是因为笛卡尔自信找到了哲学里的阿基米得支点，他为此十分得意。"笛卡尔怀疑"众所周知，简单地说，假定有个法力无边的恶作剧精灵，决心骗人玩，使我分不清梦里梦外，不知所见是真是假，于是我心惶惶，可就在我无可奈何准备怀疑一切时，精灵的魔力突然失效了，因为"我在怀疑"这件事是千真万确的，是无法被怀疑的。这意味着，万事皆可怀疑，唯独我思得以豁免，只要我试图怀疑"我是否在思想"，我思就反而自动得证，而无可怀疑的我思也同时证明了我在，所谓"我思故我在"（cogito ergo sum）[1]。尽管我思的先验论证可

---

[1] 笛卡尔：《第一哲学沉思集》，英汉对照版，九州出版社，2007，p.168。

以追溯到奥古斯丁[1]，但我思概念得以发展成为我思理论却是笛卡尔之功。既然我思是唯一不可怀疑的事实，我思就是哲学所求的阿基米得支点，于是笛卡尔相信，由我思出发就可以一步一步地证明一切需要被证明的事物，甚至包括造物主。这个期望似乎有些太高，不过不要紧，重要的是笛卡尔开拓了引领现代哲学的意识之路。笛卡尔的工作只是先验哲学的第一步，证明了我思的绝对性并不等于证明了我思具有可信的知识构造能力，很显然，不可怀疑之我思不能必然推出不可怀疑的知识。在这个意义上，笛卡尔仅仅成功地证明了我思之为本，却没有能够成功地解释我思之致用。

康德接着做了我思问题的第二步工作（可能是最重要的工作），但却不是按照笛卡尔的问题线索去做的，康德是试图回应休谟问题而去思考我思的。休谟强有力的怀疑论无疑激发了康德捍卫普遍真理与绝对价值的斗志。休谟发现了两个对传统哲学形成致命挑战的质疑原理：(1) 由有限的经验知识决计无望推出关于无限世界的知识，包括关于世界的未来和总体的知识；(2) 由事实无法推出价值。这两条原理可能是哲学所取得的最为可信的成就，至今难以超越，想必康德也深为所动，并因此做出了同样天才的回应，以先验论回应怀疑论。尽管康德对知识基础和道德基础的重新奠基并没有能够解决休谟的两个问题（康德自己以为大功告成，后来人们发现其实没有那么乐观），但也同样令人赞叹地推进了哲学的发展。休谟只是论证了什么是不可能的，而康德试图论证什么是可能的。康德的成就是以成熟的理论建立了知识主体和道德主体，从而建立了完整的主体性。主体性的建构不仅对于现代哲学至关重要，甚至对于整个现代性（modernity）的建构也必不可少。在存在论意义上说，主体性是建构现代的两大产品（个人和民族国家）的必要工序，其重要性不言而喻。

---

[1] 奥古斯丁有个关键论证所用手法与笛卡尔很相似："And since I am if I am deceived, how am I deceived in believing that I am? For it is certain that I am if I am deceived. Since, therefore, I, the person deceived, should be, even if I were deceived, certainly I am not deceived in this knowledge that I am." 见 Saint Augustine of Hippo: *The City of God: against the Pagans*. Book XI, Ch. 26。

人凭什么成为主体？何德何能成为主体？康德的答案是理性，是由理性所支配的自我意识。于是，康德一方面必须证明理性有能力建立正确的知识；另一方面必须证明理性有能力为行为的正当性负责，即理性必须有充分能力为知识和道德负责。如果说笛卡尔只是证明了我思的绝对性而在哲学上认证了自我（ego）的中心地位，那么康德则试图证明我思能够以理性方式控制知识和行为，从而使有名无实的自我拥有无可争辩的实际能力而成为主体，这样才能够为人的概念建构出主体性，可以说，自我徒有虚名，主体才名副其实。笛卡尔只构思了主体之名，而康德成就了主体之实。

康德先验论的特别贡献是先验论证。先验论证的成就和重要性远远超过康德自己所论证的那些先验的知识结构。先验论证尽管不像康德所指望的那么神奇，似乎并不能证明思想的整个基础，但确实能够用来证明某些重要的基础（从理论潜力上看，到底能够证明多少东西，还不太清楚）。就康德自己力图证明的那些知识的先验条件（感性先天时空形式以及知性范畴）而言，实质上只相当于传统逻辑、形而上学以及古典科学的基本概念，虽然这些概念至今仍然有效，但从今天的观点来看，其容量明显不够。康德所承认的知识基础大概相当于亚里士多德逻辑和牛顿时代的科学原理，假如康德得知相对论、量子力学、哥德尔定理、霍金理论、基因生物学、博弈论等等，肯定会重新想象和论证知识的基础。这似乎说明，即使人类的知识能力确实有其先验基础，这个先验基础的丰富性也超出了我们的有限反思，先验基础虽然事先存在，但需要在不断反思中被发现。所以说，康德先验论的真正重要遗产是先验论证方法。

康德更有影响也更重要的成就是建立了道德主体，这是建构个人主体的关键环节。康德在知识论中所建立的知识主体其实是人类主体，大概相当于人类整体的抽象代表，这个人类主体能够为普遍知识负责，却不能为个别的生活行为负责，因此康德还必须论证理性不仅能够建构人类主体而且还能够建构个人主体，这样才能证明理性能够为意识的一切事务负责任。休谟证明了从事实推不出价值，这个论证如此有力，以至于康德不服不行，于是康德天才地另辟蹊径，试图从纯粹理性指导下的"干净"意志中推出价值,并以此保证价值的普遍有效性,从而使道德价值免受怀疑论的打击。证明价值的普遍有效性比证明知识的普遍必然性更重要也更基本,显然,如果缺乏普遍必然的知识,也不至于危及生活的基本运作,而如果失去价值标准,生活将失去意义并且在混乱中崩溃。

康德的道德主体性表现为纯粹意志与纯粹理性的一致性,而正是这两者的一致性使得意识能够超越一切外在于意识的诱惑,从而独立自主地为一切行为建立普遍标准。纯粹意志和纯粹理性的合作成就是任何人都只能无条件承认的道德绝对命令,这是康德哲学的一个标志性成就。不过,这个近乎完美的成就却有着功亏一篑的漏洞。不难看出,无条件承认不一定就会无条件执行,道德堕落者可以在理性上承认道德原则,但未必在行为上执行道德原则,这意味着,道德绝对命令只在意识内部必然有效,但在实践上并非必然有效。每天都有事实证明这一点,事实上绝大多数的罪犯都清清楚楚地知道什么是好事,但都明知故犯地做坏事。这个事实是康德理论无能为力之处。有趣的是,康德相信,当意志服从理性,意志就是自由的(这种对自由的理解与英国式自由大不相同),于是就必定会承认无条件的道德原则。无论人们是否在行动上真的遵循道德原则,都首先必须能够承认道德原则,在这个意义上,即使康德解释不了道德实践的真实困难,道德承认仍然必不可少。

康德的"无条件"道德是一个极高要求,配得上一切高尚的词汇。它大概是说,如果一个人的行为被纯粹自由意志之外的任何东西所支配,无论是受利益、欲望或者心理弱点所支配,那么就是无可辩驳的斤斤计较算计行为,换句话说,一切有条件的行为都不是自由的,不是自由的行为就是市侩行为,哪怕实际后果是好的,也仍然毫无道德光辉可言。这个铮铮铁骨的苛刻要求不可谓不狠,但更狠的还在后面,按照康德理论,假如一个人的行为不是(康德意义上的)自由的,他就没有对自己的行为负起责任,不能对自己负责就不是自己的主人,也就不是一个具有独立意义的人,就没有成为一个主体。康德差一点说出如果不是主体就不是人,当然,康德不会这样说,甚至不愿这样想,因为康德试图普遍尊重每个人。这是康德的另一个高尚追求,标志为"人是目的"。

所谓人是目的，意思是每个人都是一个高于任何手段的终极目的，因此每个人都具有不可价格化的最高价值，也就没有任何理由可以成为牺牲一个人的借口。康德如此高调的伦理学后来成为现代人权观念最强劲的理论基础。在所有哲学家的言论中，恐怕找不到比康德的道德观点更辉煌、更堂皇、更具道德光芒的了，造物主也未必乐意说出如此纯洁无瑕的观点（造物主至少试图让那些追随魔鬼的异教徒下地狱，而且造物主多半会认为有些人应该为了神圣使命而去牺牲）。康德的道德观点感人至深，以至于人们在涕泗滂沱中未加深思就纷纷接受。但如果坚持冷静头脑，就会看出康德的高标准严要求的观点并不可信，更未必可行，甚至暗含矛盾。许多相信康德伦理原则的人并不实践康德原则，而止于相信而已，孔子早就提前感叹过"未见好德如好色者"。

在道德问题上，康德虽然坚持先验论风格，但其道德论证却不再是那种似乎无敌的先验论证，与其说是论证还不如说更多地依靠了定义和假设。特别是其中未加证明地以无条件的绝对自由来解释道德，这是一个有悖于自然人性的独断规定，而且过于苛刻以至于排除了可能生活的绝大部分内容，使得道德的生活空间所剩无多，过于狭小的道德空间甚至不足以开展任何一种可能生活，或者与任何一种可能生活所必需的基本生存行为形成无法兼容的矛盾，这样过于纯洁的"生活"其实是不可能的生活。正如前面所论，无条件承认并不蕴含无条件执行，道德堕落者可以在理性上承认道德原则，但未必在行为上执行道德原则，这意味着，道德绝对命令并不必然有效。原因很简单：生存（to be）比行善（to be good）更必要、更基本因此也更强劲，人们首先需要生存，而后才可能行善。生存所必需的许多行为都只能是有条件的，假如完全不计条件，人们根本不可能生存，也就更不可能有余力行善了。这是儒家早就指出的道理：道德不可能超越人情，否则是无效的。这也是经验论所阐明的基本原理。无论如何，道德行为不能导致生活的内在矛盾，不能否定生存所必需的行为，必须与生活必需的行为大致兼容。

无论从儒家还是从经验论来看，康德的道德原则都是不近人情的，甚至是反人性的（我们对人性的预期不能太高），几乎高过了神性，即使造物主也不会提出如此过分的要求（康德的道德原则比圣经更苛刻），因此，康德道德是反对任何可能生活的一种非理性要求（奇怪的是，康德相信其道德原则是"理性的"）。进一步说，康德的绝对命令所依据的无条件自由缺乏实际所指（经验论哲学家就很难接受康德这样缺乏事实所指的自由概念）。无条件就是排除一切包含"如果，那么"的算计，可是，生活的绝大多数行为都与条件算计有关，尤其是维护生存的行为都是有条件的（所谓趋利避害）。假如真把"所有条件"都排除了，就恐怕难以找出哪一个行为完全符合康德概念了，就是说，康德想象的无条件自由行为也许只是个空集。人类追求的那些美好事情，包括爱情、亲情、友情、真理和正义在内，确实较少利益计较，但恐怕难以达到"无条件自由"这样苛刻的要求。最为可疑的是，康德自己想象的符合绝对命令的那些行为往往比正常的利益算计行为更不美好，比如说，按照"无论何时何地无论对谁都永远不说谎"这个绝对命令，我们就应该告诉凶手所寻找的受害人的藏身之处。这不是诚实，而是助纣为虐，宾默尔对此嘲笑说，这是连小学生也知道的道理[1]。最不能理解的是，康德伦理学与幸福问题毫无关系，甚至是反幸福的，康德试图论证道德与人们通常希望得到的幸福无关。如果追求幸福是可耻的（康德甚至认为，人追求幸福，还不如猪在行），那么我们也可以反问：假如人们想要的幸福都不应该追求，生活甚至生命的意义何在？假如道德排除了人们想要的幸福，那么道德的意义何在？

问题出在康德想通过"无条件"或"纯粹"这些绝对化的概念去解释什么是善，这些绝对化的概念有助于想象先验原理，可也容易造成难以自圆其说的观点。康德把人规定为终极目的，这个说法虽然诱人，但却暗含混乱和危险。假如说，人是目的，其根据是人能够在理性指导下自由行为，即成为符合绝对命令的人，或者说理性的独立主体，但那就显然不可能是"每个人"了。我们知道，康德也知道，太多的人不是理性的独立主体，绝大多数人在大多数情况下并非按照绝对命令去行事，相反，绝大多数人在绝大多数时候总是把他人当成"手段"，这正是康德痛恨的事情。

---

[1] 宾默尔：《自然正义》，李晋译，上海财经大学出版社，2010，p. 67。

既然不能指望所有人都是符合绝对命令的道德人，就只好放低标准，一视同仁地承认无论什么人都是同等的"目的"。可是，假如堕落无耻的人甚至恶贯满盈的人都算是目的，都必须被绝对尊重，那么，这对于道德人的生存状况来说将是严重的挑战，一个失去公道的社会对于道德人将是极其不利的，道德人必定会被经济人当成手段而变成博弈中的绝对弱者，从而在社会中失去发展甚至生存的机会，在此种博弈条件下，道德人将很快被消灭殆尽或挣扎在水深火热之中，这显然又有悖于康德的理想主义。

有必要考虑宾默尔对康德的尖锐批评。宾默尔在他的许多著作中都强调一个道理：道德的优势必须**同时也是**博弈的优势，否则道德既无用又不可能存在下去，或者说，如果道德义务不能被证明对每个人都有利，就难以被人们普遍接受。宾默尔把这个典型英国传统道理的发现归功于休谟（韩非早有类似看法，但没有形成一个传统）。宾默尔认为康德在应用他的绝对命令时，其逻辑是错误的，比如康德要求任何时候都说真话就是灾难性的，人们只是"有时候"才必须说真话，否则害人害己。而康德"在试图证明绝对命令成立时，他的逻辑就更加错误"[1]，因为，假如理性拒绝以任何条件作为选择的理由，那么，理性本身的目的只能有两个逻辑结果：失去任何目的或者指向无数个同等可能的目的，而绝没有任何理由能够证明理性会独独偏向康德所钟爱的那个目的。至于"人是目的"这种观点，则肯定不可能是普遍必然有效，宾默尔冷酷地指出："据说每个人的生命都是无价的，但在一个马尔萨斯梦魇已经实现的世界里，这个说法一定显得极其荒谬。"[2]经验论者宁可承认一些冷酷的事实，不过经验论也未必正确，经验论要求思想符合实际，可是人的希望、梦想和理想却也是人的一种"实际"事实，失去梦想或理想的生活也是灾难性的。我们似乎只能说，经验论和先验论都没有能够正确地解释人以及生活。

无论如何，康德触及了一个极其重要的问题，这就是"意志"（will）。对于超越休谟难题来说，意志应该说是个天才的选择。意志是一

---

[1] 宾默尔：《自然正义》，李晋译，上海财经大学出版社，2010，p. 67。
[2] 同上书，p. 91。

个包含了价值选择的事实,而且,意志具有一意孤行的能力,有可能下定决心排除万难去追求高尚,因此,意志有可能成为克服卑微人性的突破口,有可能为善良之心保驾护航。但康德显然过于理想主义了,对一切不够纯洁的东西十分过敏,因此走向对生活事实的失真看法。毫无疑问,意志能够立志为善,所以善良意志是可能的,可是人们还有更基本也更重要的生存意志(也许缺少道德光辉),我们有把握证明人们普遍必然地意愿生存(will to exist)或者意愿生活(will to live),却没有把握证明人们普遍必然地意愿善良,因此,除非能够证明善良意志与生存意志的**普遍一致性**,否则善良意志就不可能普遍必然地证明(justify)任何一种价值,或者说,康德式的善良就不可能得证(justified)为价值。这是至今未被破解的问题。

也许康德建立了最全面的先验论(涵盖了知识和道德),但最彻底的先验论却是胡塞尔的成就,而且,在胡塞尔之后就似乎没有比先验现象学更彻底的先验论出现了,在理论上也似乎不可能有更彻底的先验论,因为胡塞尔把先验论做绝了(但未必是最好的)。胡塞尔充分论证了意识内在地拥有完整的客观对象,因此,意识有什么世界就有什么,这句话最适合胡塞尔。胡塞尔自认为完成了自柏拉图以来经过笛卡尔指明了路线的那种纯正的哲学追求,这或有夸张,但自有道理。对于先验现象学来说,柏拉图苦求未果的万物原型或理念(eidos)其实远在天边近在眼前,理念就在所思之中,就在内在意识"这里"而并不在外在世界"那里"。胡塞尔相信,得助于笛卡尔的指路,加上他发明的现象学还原(phenomenological reduction),就足以证明世界万物之理念其实皆备于意识自身。

要理解胡塞尔的成就,就必须理解笛卡尔没做什么和康德做错了什么(胡塞尔对笛卡尔的批评是对的,但对康德的批评似可商榷)。笛卡尔证明了我思的绝对性,这是"主体性的凯旋"的第一步,但也仅仅是第一步。假定我思已然确定无疑,可是我思仍然无法证明其所思(cogitatum)也是确定无疑的。无疑之我思有着各种可疑之所思,这也完全可能,而这正是先验论万万不可容忍的事情。康德看到了这个问题,于是通过先验论证千方百计地试图证明我思之所思的确都在我思的控制之下，但胡塞尔对康德的努力并不满意，他发现康德保留了太多属于独断论的假设，比如可疑的"自然信念"，即关于外部世界客观性的传统形而上学信念。的确，在意识的客观性上，康德保留了外部世界的必要贡献，在胡塞尔看来，康德这种调和的想法埋下了很多隐患。假如按照康德理论，意识就仍然没有完全自立的主体性。当然，胡塞尔没有否认外部世界，而是强调意识的自身完整性，就是说，只要受制于外部世界，意识就没有完全自主的"领地"，也就没有完整的主体性。这类似于，如果一个国家没有完全的主权，就不能算是个主权国家（这个类比不是胡塞尔的，但愿胡塞尔能够满意）。

康德的主体虽然拥有知识的立法权（所谓为自然立法），但这样的主体性仍然不是完全自足的，那么，不自足的主体性又如何能够确保所思的真理性？这是问题的关键。康德的处理方式是把真理性等同于先天形式和范畴的普遍有效性，在胡塞尔看来，这个替换是可疑的，有偷梁换柱之嫌。替胡塞尔打个比方：这种替换就像把物质财富换成纸币，这两者**有可能**是等价的（如果金融体系没有崩溃的话），但也可能谬以千里。这相当于，当康德信任"真理的纸币"时，胡塞尔坚持要"货真价实的真理"。胡塞尔要求，真理性无论如何必须落实为客观性，不能兑换成别的东西，而要使所思具有货真价实的真理性，意识就必须在自身中**内在地**建构客观性，只有这样，意识才能够仅凭自身而可信，而不需要依赖外部世界的外在客观性信念。经过怀疑论的质疑，外部世界的客观性已经变成一个形而上学信念，对于证明思想的客观性来说已经是一个无效变量。胡塞尔不怀疑外部世界是客观存在，而是指明了，外部世界并不能解释所思的客观性，外部世界的客观存在对于说明意识的客观性毫无帮助，甚至毫不相干，它根本就不是证明意识可信性的理由。意识必须证明自己，意识必有理由证明自己。

胡塞尔挑明了作为第一哲学的先验现象学的任务："我们的科学（指他的先验现象学）探讨作为意识之客观东西和作为在主观样式中呈现的东西各种客观性质。意识的主观和意识本身不能与意识的对象性东西分开去考察，而是相反的，意识在自身中就具有被意识对象本身。"[1]这就是说，意识必须内在地拥有属于意识自身的对象，意识直接"看到"的是在意识内在的客观世界，而不是外部世界（外部世界是被间接认定的），只有当意识确实拥有属于自身的、独立于外部世界的内在客观对象时，意识才是自身完整的。当我思仅仅因为自身而拥有了仅仅属于意识自身的所思（cogitatumqua cogitatum），我们就看到了意识自身的完满结构：自我在思纯属我思之所思（ego cogito cogitatum qua cogitatum）。其中妙处在于：在意识这个完满结构中，意识对象是内在的，因此属于意识的主观性，同时，它又确实是被意识的，是在意识的对面，因此具有客观性。这证明了，客观性就在主观性之中，意识对象是意识自己构造出来的，它对于意识自身毫无隔阂，因此是自明的（self-evident）；再者，意识对象的构成和存在独立于外部世界，甚至可以不依赖外部世界的供给，它是意识以自身的意向性而创作出来的，因此它是思想的纯意义，也就是一个对象的意义"本身"，相当于柏拉图的事物理念。在主观意识中找到客观理念，这是胡塞尔的独特成就。

胡塞尔式的理念，所思的纯粹意义本身，就其本质而言相当于柏拉图的理念，但就其功能而言，却与柏拉图的理念有个重要区别。对于胡塞尔，一个作为理念的意识内在对象虽然意味着某个可能事物，但却不必非有对应的外部真实事物不可，就是说，理念是自足的，根本无须考虑是否存在相应的外部真实事物（尽管可以有）。似乎可以替胡塞尔编造一个公式：存在就是所思（to be is to be cogitated，或者 to be is to be the cogitatum）。按照我编造的这个公式，可以清楚看出胡塞尔的唯心论有多么彻底（胡塞尔未必满意这个公式，他似乎不喜欢鲁莽地使用"存在"这样的词汇）。相比之下，在胡塞尔之前的唯心论原则，例如贝克莱的"存在就是被感知"（to be is to be perceived）或者康德的意识为自然立法，都是不够彻底的唯心论，无论贝克莱还是康德的主观性都不是完全自足的，都没有能够在意识之中构造出客观性。按照胡塞尔的唯心论，我思与所思的关系是在意识

---

[1] 胡塞尔：《第一哲学》上卷，王炳文译，商务印书馆，2006，p. 86。

自身活动中完成的，不受外部存在的支配。胡塞尔有时候喜欢用希腊词汇把这个关系表达为：所思对象是意识行为（noesis）所构造的纯粹意识内容（noema）。这两个词汇有着内在相关性，也许这就是胡塞尔乐于加以使用的一个原因。从语义上看，noema 就是属于 noesis 的，它是 noesis 的产品或结果，因此这对语词尤其清楚地表现了所思对象可以不依赖外物而存在。

因分析哲学的有力批评而一度臭名昭著的那些形而上学的"虚假存在"，恰好可以用来注解胡塞尔心仪的属于意识自身的纯粹所思对象，例如罗素喜欢加以嘲笑的"金山"、"飞马"或"现任法国国王"之类稀奇古怪的东西。按照胡塞尔现象学的标准，此类神话般的东西虽然不是实在，但却"现象学地"作为纯粹思想意义存在于意识中，意识可以自由地构造这些东西，它们在意识中"明明"（evidently）存在，就像存在于文学作品中那样，不仅读者可以理解，而且还可作为研究和讨论的对象（人们可以根据描写而研究天堂、吸血鬼、福尔摩斯和《红楼梦》）。分析哲学在批评形而上学的"虚假存在"时所选用的例子往往有故意丑化之嫌，其实科学所分析的一些对象也是虚拟的，比如"无穷大的数"就不是现实存在的数目，无穷伸延的直线或者无穷伸延的平行线之类，也是虚拟存在。因此，一个思想对象是否有意义，关键不在于是否真实存在，而在于是否可以理解。当然，胡塞尔并不关心分析哲学所嘲笑的"虚假存在"，准确地说，胡塞尔要讨论的不是外部世界里到底有什么（这无须费心），而是意识内部世界里可以有什么（这是必须知道的）。主观意识必须拥有属于自己的客观对象，意识必须拥有一个属于自身的具有客观性的意义世界，这才是胡塞尔想证明的。

从胡塞尔对康德的批评中可以看出，对于先验现象学的目标，先验论证并不够用，正如胡塞尔看到的，康德的努力没有能够说明意识可以内在地构成客观性。于是胡塞尔发明了现象学方法，其中最重要的环节是所谓"现象学还原"。现象学方法是一种使意识得以彻底反思自身的方法，其基本手法是把不属于意识本身的一切东西都排除到意识之外，只剩下先验我思所拥有的纯粹内在的东西。为了清楚分离属于意识的和不属于意识的东西，就必须禁用（也称悬隔）一切自然信念（关于意识之外各种东西的假设），也就是"禁止每一种关于对象性的存在的兴趣，同样也禁止每一种价值的兴趣，实践的兴趣"，于是"这个世间宇宙就转变为普遍的意向对象本身"[1]，也就达到"使一切超越意识之物不起作用，将研究置于纯粹意识的基础上，在纯粹意识中，一切类型的超越之物的世界都由意识内容所取代"[2]。对自然世界的排除，对实践世界的排除，使意识只看到意识自身，除此无他，这就是现象学还原。

意识自顾自身，目的却不是要认识到意识的主观性，与此相反，而是要看到意识中的客观性。如果不能证明意识对客观性的构造，反思意识就没有意义了。想想看，如果主观意识只是证明自己是主观的，这等于什么也没有证明。因此，意识的反思不能止步于反思到"我在思"这个无客观内容的主观事实（所以笛卡尔是不够的），而是要发现"我在思如此这般的所思"这个建构了客观性的主观事实。要证明意识拥有自己的一个客观世界，就必须证明主观性具有超出主观经验之外的客观效力，按胡塞尔自己的说法，这个问题就是"主观性如何在它的纯粹意识生活中完成客观性这种意义建构的成就"[3]，也就是说，主观性如何凭自己之力构造一个具有客观性的世界。

胡塞尔以意向性相当成功地解释了主观性如何构造出客观的意识对象。任何一个意识行为都有其意向，这个意向投射出去就使意向内容得以显形。这个过程很像电影放映机投射形成的画面，我相信这个比喻应该是比较贴切的。意识行为（noesis）的意向经过投射而形成意识内容（noema），这个 noema 可以被分析为如此结构：意向所指的某个东西 x 在如此这般的主观显现方式 m 中显形为"如此这般的"纯粹意识含义 s（noematic sinn）。其中，x 可以代入为任何一个可能的意识对象，比如人、椅子、苹果、飞马、金山等等；m 可以代入为任何一种意识方式，比如知觉、想

---

[1] 胡塞尔：《第一哲学》下卷，王炳文译，商务印书馆，2006，p. 231。
[2] 胡塞尔：《第一哲学》上卷，王炳文译，商务印书馆，2006，p. 530。
[3] 同上书，p. 106。

象、回忆等等；s可以代入为"某个东西是红色的、圆的、甜的"诸如此类的描述。举个胡塞尔自己喜欢的但有点傻乎乎的例子：我在思着"一棵树在花园里盛开粉色的花"。这个意识内容内在于意识之中并且为意识所占有，在理论上说，这个意识内容是永恒的，超越了转瞬即逝的感觉经验，即使作为物理存在的那棵树被砍掉烧掉了，"一棵树在花园里盛开粉色的花"这个意识内容也丝毫不受影响，一如既往地存在于意识中，就像胡塞尔建议的，你可以回忆那棵树，还可以描写出来，还可以添油加醋地想象。

尽管胡塞尔的现象学大概完成了笛卡尔所遗留的任务，但恐怕没有达到胡塞尔自己想象的为人类思想和知识"奠基"的作用。胡塞尔以现象学论证了意识的自身完整性，在形而上学意义上解决了意识如何可能的问题，但胡塞尔同时又有一个过分的想象，他试图以现象学说明知识如何可能。这一点就勉为其难了。问题在于，意识虽是知识的必要条件，却不是知识的成分条件，因此，意识得以成立并不必然蕴含知识也得以成立。胡塞尔在解释意识问题上强过康德，但在解释知识问题上弱于康德。即使胡塞尔证明了我思内在地构造了属于意识自身的客观对象，从而证明所思是不可怀疑的，但这仍然没有为思想和知识提供任何建设性的方法和原理，至多坚定了我们对意识的信任。胡塞尔没有能够解决苏格拉底"认识自己"的问题，而只是证明了可以"相信自己"，显然，相信自己并不能替代认识自己。由此看来，胡塞尔的贡献其实并非"奠基性的"而只是"辩护性的"。假定先验现象学成功抵制了怀疑论，其成就也只是维护了我们对自我意识的信心，并没有提供对思想和生活具有实质帮助的建设性观念。如果换成一个柏拉图语境，那么可以说，先验现象学只是证明了"理念是有的，就在我思之中，并且是可信的"，而没有能够研究清楚任何一个理念，更没有创造任何一个有用的理念，因胡塞尔现象学的成就尚远远不及苏格拉底、柏拉图和亚里士多德等所做的建设性工作。

5. 怀疑论是挥之不去的影子

与先验论的预期相差甚远，怀疑论并没有终结，怀疑论像影子那样始终追随一切哲学问题。愿意追求完美理想的哲学家们一直都在苦苦地与怀疑论作斗争，正如胡塞尔感叹的："我们已经让怀疑论折磨得够苦了。"[1]但哲学之所以深受怀疑论的折磨，应该说是自讨苦吃，因为哲学所追求的绝对知识都是不正常的知识，或者说，哲学所追问的问题都是不正常的问题。假如不去追求绝对、完美、普遍必然、永恒、无穷、本质、终极之类的真理或价值，就不可能遇到怀疑论，因为怀疑论将无可挑战，而只要追求无懈可击的概念，怀疑论就必定有机可乘，简单地说，怀疑论不相信任何纯粹理论（theoria）——纯粹理论都追求普遍概念和普遍原理。可见，怀疑论并非故意与一切知识或价值作对，而只是不信任一切符合完美条件的知识或价值。怀疑论至少不怀疑经验知识（怀疑论与经验论通常关系良好，怀疑论可以说是一种悲观的经验论），比如说，不会怀疑"蜂蜜吃起来是甜的"或者"按照习俗就必须做这样的事情"这些知识，但怀疑论不承认"蜂蜜本身是甜的（或不是甜的）"或者"这样做就是好（或就是坏）"此类独断信念，也就是质疑一切超验判断。怀疑论既不挑战日常判断也不挑战科学，因此实在算不上是对知识和思想的极端挑战，但确实是对形而上学的严重威胁。

怀疑论的基本方法是"悬搁判断"，从而达到对所有事情采取"无信念"态度。怀疑论认为知识不可以基于任何缺乏充分理由的信念，由

---

[1] 胡塞尔:《第一哲学》下卷，王炳文译，商务印书馆，2006，p.69。

于信念所以是信念，就是因为缺乏必然证据或理由，于是，怀疑论拒绝一切信念。反对信念就是反对思想冒险，信念总是盲目的（如果一个观念有充分理由和必然证明，就是真理而不是信念了），盲目相信某种东西就是孤注一掷，把真理、价值和幸福的赌注都压在盲目的信念上。尽管笛卡尔、康德和胡塞尔等苦苦地甚至悲壮地阻击了怀疑论，但成功加以捍卫的哲学理想和信念其实不多。数学家帕斯卡倒有一个举重若轻的分析证明了相信造物主的合理性，所谓帕斯卡赌注：如果造物主不存在，相信造物主也不会有任何损失；如果造物主存在，相信造物主则有善报，因此，相信造物主是理性选择。当然，帕斯卡这种论证只能局限于证明相信造物主的合理性，并不能推广去证明其他信念，因为别的信念未必没有恶报。帕斯卡赌注的意义并不在于其论证如此天才，而在于揭示了这样一个事实：相信某种事情有时候比怀疑某种事情更为理性，怀疑论的审慎未必都是理性的。

怀疑论的一般形式可以表达为：p **显得**如此这般，但没有任何必然证据或理由能够证明 p **真是**如此这般[1]。这个形式暗含这样一个道理：如果一个东西不可能通过直接途径而被认识，我们就永远不可能知道它的本质是什么样的。"p 显得如此这般"这个事实是直接经验，所以可知可信，而"p 真是如此这般"这个判断不属于经验，也不可能由经验推出，所以不可知也不可信。把不知道的说成知道的，这就是怀疑论所反对的独断。虽然一般认为皮浪主义是希腊怀疑论的代表，但其实最深刻也最具挑战性的怀疑论问题却是与苏格拉底进行对话的美诺（很可能是真实人物）所提出的"美诺悖论"[2]："哎呀苏格拉底，你怎么能研究你一无所知的东西呢？你连它是什么都不知道，又什么知道如何去寻找它呢？就算你碰巧遇

---

[1] 这个形式概括主要根据恩皮里可在《皮浪学说述要》中论述的怀疑论的各种"表达式"。吕祥曾经给出一个非常好的表述："p 显得是真的，但我无法决定是否相信 p。"见《希腊哲学中的知识问题及其困境》，湖南教育出版社，1992，p. 122。对比皮浪的原始表达来看，吕祥的概括形式比我的概括形式更忠实于原始表达，因为皮浪的原始表达大多数都是从"我"的主观角度去表述的。我的概括更主要强调了怀疑的客观理由，这样表述是为了比较合乎现代哲学的表达习惯。

[2] Plato: *Meno.* 80d；80e；81a.

到了它,你又怎么知道那就是你不知道却在寻找的那个东西呢?"美诺对这个悖论很是得意,苏格拉底也承认是个难题,但又很不甘心地认为这是在卖弄制造两难的诡辩技术。

这个悖论貌似诡辩但其实不是诡辩,它是后来一切怀疑论核心思想的最好表达。比如说,当说到"p 显得如此这般",这是直接经验所产生的知识,属于本来就知道的事情;而"p 真是如此这般"却是本来不知道的情况,假如要把它变成可知的,就必须事先有能够加以识别的方法,而既然不知道,就已经说明了没有识别它的方法,因此也就永远不可能知道它了。这个悖论最有趣之处是指出了一个令人沮丧的处境:如果本来不认识真理,那么即使碰巧遇到了真理,也必定错过了它。这就像你不认识某人,即使在人海中遇到了,也不可能认出他,既然没有识别方法,也就谈不上"认",你只会与他擦肩而过——蓦然回首认出的"那人"必定是本来就认识的。识别的方法是被认识之物的**出场条件**,是把某个事物变成知识对象的建构条件。这个"方法决定对象"的原则与康德的先验论证所要说明的知识原理异曲同工,康德试图说明,我们所认识的东西就是主观性所能够规定的对象。对于同一种知识状况,美诺悖论是悲观主义的,他忧虑的是**错过了**某些东西;而康德的先验论却是乐观主义的,他满足于认识了某些东西。态度如此不同,这里一定有什么事情不大对头。

为了更清楚地思考这个问题,可以比较另一个也有异曲同工之妙的知识论原则,这就是数学直觉主义原则:"存在就是被构造。"它是个意味深长的存在论原则,说明的是,构造数学命题的方法决定了数学命题的存在。对于直觉主义数学理论来说,"构造"要求一个能行的有限步骤生产程序,这意味着,那些不能在有限步骤内必然得出的式子就不是真的存在,而只是想象。不过这里有个问题,数学世界是个人为定义的非实在世界,它的全部"建设材料和构件"在设计中就给齐了,剩下的事情就是用这些材料去构造各种各样的命题而实现既定的世界设计意图;可是对于思想来说,真实世界的各种情况是通过感性经验慢慢给予的,而且永远给不齐,永远会有无法料想的新情况出现,因此,依靠所知的有限材料,我们至多能够证明我们自己的知识意图,但不可能证明世界的设计意图(比如造物主的意图）。由于材料太少，我们就不得不利用大量假设或信念，这样才有理由把零碎材料整理成顺理成章的知识，可是正因为材料如此有限，所以无法证明那些假设是不是真的有效。对于这个知识状况，康德的态度是：既然我们的知识条件是别无选择的，所以知识就**只能是**这个样子，所以这样的知识就是**足够好**的。而美诺悖论所暗含的疑问却是：只有一套别无选择的知识框架并不等于这个知识框架被证明为真。这就像"你只有一条狗"并不意味着"这条狗必定是好狗"。这个问题的困境就在于这两种解释在知识论上似乎都有理，可以说，美诺质疑和康德论证构成了知识论中最深刻的矛盾。

我们可以构造一个对康德比较有利的论证：给定知识框架 **K** 是别无选择的唯一可用框架，我们可能拥有的任何一种知识 k 都以 **K** 为构造条件，于是，任何一种 k 只能根据 **K** 而被构造，并且根据 **K** 被认定为真或假，显然，在 **K** 的知识空间中不存在任何 k 能够证明或否定 **K**，任何一个关于 **K** 的真假断言都超出了知识能力而变得无意义，我们对 **K** 无话可说，因为我们不可能在 **K 之外**讨论什么是真或假（维特根斯坦就是这样想的）。既然 **K** 是知识界限，那么，在 **K 之外无标准**，于是 **K** 就算是合理的。这就像，你只有水可喝，不存在酒或茶，那么水就是最好喝的饮料。

哲学遇到的知识界限问题在结构上有些类似于数学系统的界限问题，但有关键一点不同。当某个数学系统 M 出现了它说明不了的合法命题 p（比如说某个哥德尔命题 G），我们可以扩大这个系统的基本设置使之变成 M＋p，如有必要，这种系统扩展可以不断进行，虽然永不完备，但也永远存在希望。可是哲学探索的知识界限据说是人类知识的最后界限，已经没有可以扩展的空间和余地了。哲学的难处就在于它所讨论的问题都无路可退。

由"唯有 K"获得"K 是合理的"这样的结论，其推论难免有从事实推论价值之嫌。根据休谟原则，这种推论不能成立。但奇怪的是，"唯有 K"推出"K 是合理的"看上去不无道理，也许这个特殊事实碰巧是个例外情况？这个事实如此特别以至于蕴含价值判断？可以考虑这样的辩护：假如某个事实 F 是生活所必需的，那么，F 就是好的，而假定 K 碰巧就是某个 F，所以 K 是合理的。这看起来就比较可信了。其中关键是这样一个转换：通过"生活"这个自身包含着需求的事实概念去肯定相关的价值，"必需的"就意味着"好的"，因为满足"必需"就是对自身存在的肯定。因此，当一个事实是生活所必需的，它对于生活的意义或者作用（积极的或消极的）就成为一个价值论证的根据，事实问题就可以合法地转换为价值问题。我愿意称之为**"事实/价值的转换论证"**。这个论证对于解决许多哲学问题或许是必不可少的，否则的话，生活和社会中涉及价值的问题就难以理解，比如说，秩序、自由、权利、民主等等问题。

事情还没有完，我们也同样可以构造一个对美诺质疑比较有利的论证：虽然知识框架 K 规定了知识的可能范围，但既然 K 是有限的，那么就必定遗留了许多不可解决的问题，那些遗留问题必定落在 K 之外，因此不能由 K 来解释。尽管 K 是我们别无选择的知识框架，但我们有理由疑心那些更重要的问题终究漏在了 K 的外边（这是个坏消息），那么，以 K 为准的知识即使在知识论上不是可疑的，至少在价值论上也是可疑的。如果说康德论证试图说明"聊胜于无"，那么美诺质疑则指出"聊近乎无"。维特根斯坦已经注意到了"重要的都被漏掉了"这个令人郁闷的知识论命运：在严格知识中"不可说的"问题正是生活中最重要的问题。什么是好的生活？应该做什么？生活应该向何处去？人们始终无知。这意味着，希腊人最为关心的德性之知，或者先秦诸贤愿闻之道，始终是未决之事。

在希腊以来的诸种怀疑论中，休谟怀疑论最为致命，休谟所质疑的并不是那些完美的理想、绝对的知识或永恒真理——英国经验论者不太关心那些好高骛远的理想——而是质疑了生活中最基本但重要的两件事情：预知未来和价值判断。假如人类对未来和价值两不知，既无关于未来的信念又无关于价值的信念，那么生活岂止混乱，简直寸步难行。假如缺乏关于未来和价值的信念，就不可能信任世界和他人，每个人的每件事就都是命运的赌博。严格地说，人类确实生活在赌博中，而这种赌博非常可能导致难以弥补甚至万劫不复的危险后果。

当然，这种描述对于一般生活状态来说是夸张的，但生活的确暗含深刻的危机。从科学的角度来看，经过反复验证的科学知识通常是高度可信的，从博弈论角度来看，生活的大多数情况因为已经达到均衡状态，因而也是稳定可信的。但这种信任只是人们的理性选择，绝非因为普遍必然可信。只要稍加反思就可以知道，没有一个预言是完全可信的，而且，也很少有人是完全可信任的，无论多么丰富的经验或多么高的概率都不可能真正解决信任问题。在这个意义上，哲学意义上的休谟问题不能还原为科学意义上的归纳/概率问题，无论归纳/概率得到多么优良的技术规定和严格表述，它仍然不是对休谟问题的对口解决。人们对高概率事情的信任——事情几乎总是如此——是一种理性赌博，因为赢面很大，但安抚不了休谟问题，事实上人们对小概率机会的兴趣极大，历史故事几乎总是与小概率事情联系在一起——人们对小概率机会的兴趣却是个大概率现象。我们可以回想帕斯卡赌注，它是个天才的论证，却不是一个普遍典范，因为即使输也不赔的赌注所适用的例子很少，只是特例，不能用来论证人们的理性选择是必然选择或必定是最优选择。大多数情况是，只要不是必赢必输，就可能有惊人的机会或报复，因此，"几乎总是如此"并非理性选择的充分理由。充分理性选择只与必然性联系在一起。

没有什么理论能够拯救预言。既然未来注定是不确定的，那么，生活的确定性的最后支柱就只剩下价值的信念。价值的信念虽然也不能拯救预言，但能够成为必然选择的充分理由。康德所以特别值得敬佩就在于他非常清楚只有可信的价值能够有效地保护人，康德试图在实践领域中证明伦理行为的绝对律令，如果成功，那么就至少能够捍卫价值。即使知识抵抗不了怀疑论，只要价值能够抵抗怀疑论，人就有了最后的立足之地。思想可以含糊，但何以为人不能含糊，因此价值万万不可出卖给怀疑论。假如一切价值都是可疑的，价值虚无主义将危及生活的意义和社会秩序，整个生活只剩下欲望和利益选择，不再有价值标准，一个只有欲望的世界必将为贪婪和疯狂所毁灭。在知识无能为力的地方，康德试图为人留下价值方舟。当然，事实上康德是全面乐观的，在先验哲学的乐观气氛中，康德宣布了两种"立法"：给自然立法和给自由立法。康德似乎相信，有了这两样绝对闪光的法则（所谓"头上星空"和"心中道德"），哲学即使遗留一些难以克服的困难也已经无足轻重了。

从理论上说，康德的两种立法都有不少可疑之处，都解决不了休谟问题。休谟问题所以几乎无解，根本上是因为世界和他人都是超越的存在（the transcendent），都在人的意志之外。康德的先验哲学虽然是一个永远令人鼓舞的榜样，但也是一个不可能的理想，它之所以不可能，就在于超越性（transcendence）不可能还原为先验性（transcendentality）。这就是康德没有意识到的根本困难。尽管我们一点也不喜欢这个事实，但不得不承认这个事实。幸亏康德没有看到后来的世界以无数事实支持了怀疑论，两百年来人类的疯狂冒险远胜过去，战争、杀戮、革命、剥削、压迫、阴谋和欺骗比以往数以倍计。一个完全礼崩乐坏的世界甚至已经不值得怀疑了，当真理和价值都被解构，怀疑就变成了一件过于严肃的事情。在今天，过去和现实变得像未来一样可疑，事实也变得和价值一样可疑，已经很难说什么事情是"最为可疑的"了。

也许我们应该讨论维特根斯坦的另类怀疑论，这是对怀疑论的一种以毒攻毒的回应。维特根斯坦的非标准怀疑论似乎是一种要将传统怀疑论一起否决掉的新怀疑论，它根本没有回答怀疑论的问题，而是试图釜底抽薪地取消怀疑论问题。在维特根斯坦看来，以往一切哲学，无论独断论、怀疑论还是先验论，都是在同一个思想空间中以同一种方式生长出来的哲学，都依赖着一些共同的假设和共同的问题，都说着同一种哲学语言，只不过意见歧异而已，而问题正好就出在传统哲学所依赖的共同思想方式和共同语言上，因此以往的整个哲学都必须报废。这是惊世骇俗的主张，尽管今天很少有人接受如此革命性的看法，但很难绕过维特根斯坦的"刀锋"[1]。

对于传统的怀疑论，维特根斯坦这样说："怀疑论不是不可反驳的，但它在不可提问的地方提出怀疑，却是无意义的。怀疑只能出现于有问题存在的地方，问题只能存在于有答案的地方，而答案只能存在于有某种东西可说的地方。"[2] 关键的事情首先不在于某个答案是否可信，而在于那

---

[1] 据周煦良所考，毛姆小说《刀锋》的人物原型是维特根斯坦，但未经确证。
[2] Wittgenstein: *Tractatus Logico-philosophicus*. 6. 51.

个答案连同那个问题根本就不存在，人们白忙乎了。寻找和争论根本不成问题的事情未免愚蠢，因此，维特根斯坦不去抱怨知识条件不够完美，而去批评哲学家太糊涂，以至于一直在研究与真正问题不相干的事情。比如说，独断论相信"x 是这样的"，怀疑论认为"我没有任何可信的根据去相信 x 是这样的"，先验论则说"我们不知道 x 是什么样的，但我们别无选择地把 x 看成是这样的"，而维特根斯坦想说的是，这整个思路就是无意义的，x 根本不是问题，因为不存在关于 x 的答案，关于 x 的各种理论只能是胡说。可见维特根斯坦并不是怀疑某个形而上学答案是否正确，而是取消了形而上学问题。显然，当怀疑论认为"x 是不可知的"，就已经承认了 x 是个问题，甚至隐含地承认 x 应该有个答案，只不过我们看不到那个答案而已。维特根斯坦拒绝了这个圈套，他说的是"根本就没有 x 这么个问题"。维特根斯坦的取消论（不肯定是否算一种新怀疑论）的打击力度远胜传统怀疑论。在被取消的问题中，除了传统形而上学问题以及传统知识论问题，甚至还包括伦理学问题。

真正要紧的是伦理学问题（其他问题并不致命），只要保住伦理学的合法性，人就有了人的价值根据，其他问题可以任凭质疑，但伦理学一定要捍卫。维特根斯坦对伦理学的打击堪称典范，大意如下：人们总喜欢讨论什么是好的。如果"好"的意义是能够确定的，就必须相对于某个标准，比如说，某人是个"好的钢琴师"是因为他能够演奏特定难度的曲子；"好的赛跑选手"是因为他能够在一定时间内跑完一定路程，如此等等，这些都是相对于某个标准而确定的价值判断，因此意义是清楚的。可是人们讨论好行为时却要求某种绝对的价值判断，那么，有没有条件可以建立关于行为的绝对价值标准？可以比较两种说法：（1）这是做 x 的正确方法 m；（2）做 x 是绝对好的行为。显然，（1）的逻辑意义是："只有采用了 m，x 才能够做得成；如果不采用 m，x 就做不成。"这里说明的是无力以抗的必然规律，假如非要违背必然规律，只能自讨苦吃，就像维特根斯坦所笑话的那样，人们"必定后悔不已"；可是（2）所期望的行为标准却不包含这样的必然性，没有一条伦理准则具有客观必然的制约力量，没有一条不走就必然吃亏的"绝对正确的路"。没准就有人愿意做个无恶不作的混蛋，没准还得心应手过得欢天喜地，就算被吊死也死不悔改。可见，有效的价值判断必须是相对于某个标准的价值判断，因为有特定标准的价值判断都能够**被转化为**相应的事实陈述（例如，"好的短跑运动员"等于"能够在时间 t 内跑完路程 d 的人"），而绝对的价值判断却不可能转化为明确的事实陈述，因此毫无准则。没有任何事实陈述蕴含着价值判断，哪怕是对一个"可耻的谋杀案"的描述，里面也只有"事实，事实，事实，而没有伦理学"[1]。维特根斯坦这个论证是对休谟关于事实推不出价值这个原理的优美应用，这是康德的绝对命令对付不了的问题。绝对命令的漏洞是：绝对命令虽可以用于人人，但并非人人同意，更不是人人都将执行，就是说，由"对于人人普遍有效"不能必然推出"人人接受"，因为其中并没有让人"必定后悔不已"的必然规律，可见先验性并不能解决超越性的问题。

维特根斯坦不信任伦理学，却没有否认道德生活。事实上维特根斯坦对道德问题有着异乎寻常的深刻理解，他相信，如果道德生活涉及什么重要问题的话，那就是关于幸福的问题，而不是哲学家通常讨论的伦理规范。那些被表达为"应该如何如何"的所谓伦理规范只不过是社会游戏规则，无非是针对特定行为的特定赏罚标准，而与人们真正指望的"绝对赏罚"无关，因此，伦理学根本没有触及真正的道德问题。我相信这是亚里士多德以来最深刻的道德观点。那些利益上的赏罚规则虽然貌似但确实不是道德问题，真正的道德问题仅仅是幸福问题，按照维特根斯坦的说法，真正具有道德意义的"绝对赏罚"是幸福和不幸[2]。幸福无所谓应该还是不应该，幸福与规范约束无关，也与立志行善无关，或者说，幸福既与经验论的利益考虑无关，也与先验论的绝对命令无关，幸福只与个人的生活选择有关。幸福是选择了有意义生活的绝对奖赏，是自得善果，而不幸是选择了无意义生活的绝对惩罚，是自作自受。在幸福的问题上，维特根斯坦发现，关于"应该"的伦理学问题消失了："幸福的生活是善的，不

---

[1] Wittgenstein: *A Lecture on Ethics* (1929). *Philosophical Review 74* (1965).
[2] Wittgenstein: *Tractatus Logico-philosophicus*. 6.422.

幸的生活是恶的。如果现在我问自己：为什么我应该幸福地生活，在我看来这本身就是一个同义反复的问题。幸福生活本身似乎证明了自身是正确的，它似乎是唯一正当的生活。"[1]

由于维特根斯坦把幸福看作是一种不言而喻的生活品质，相当于生活的一个不可说的界限，这就堵住了对幸福进行理论反思的道路，这一点却有些疑问。按照维特根斯坦的理论，作为世界界限的逻辑形式虽不可说，但毕竟能够"显示自身"，清楚可见，因此不会成为问题。可是作为生活界限的幸福之道并没有也不能自动显示出来，否则人人就都自动幸福了（苏格拉底早就指出，无人自愿犯错。据此，无人故意选择不幸）。这就是问题之所在。也许一个人似乎碰巧得到幸福，可这只是他没有意识到是如何得到幸福的，但幸福绝非完全偶然的奇遇，因此人们真正关心的问题不是什么是幸福，而是如何才能获得幸福。幸福的感觉是明显的，可是幸福之道却不是明显可见的，通向幸福之路不可能自动铺开，并非像逻辑形式、概念框架或者语言语法那样明摆着，否则人人就会像服从逻辑规律那样明确无误地选择幸福而不会愚蠢到故意选择不幸。生活的真实情况是，大多数人自以为得计的选择与其说是选择幸福还不如说是选择不幸，尽管主观意图绝非如此。既然幸福之道不能自动显示出来，那么哲学就不能回避幸福问题。维特根斯坦在幸福的问题上态度十分高傲，他似乎暗示，幸福是不可教的，人只能自己去寻找幸福，如果找不到幸福那就活该了。维特根斯坦目光如炬，有一种近乎残酷的深刻。不过，幸福也许不可教，但幸福的条件却可以讨论，其实，**幸福的条件**才是幸福的关键所在，或者说，幸福本身不是问题，幸福之道才是问题，而且事关每个人。这是维特根斯坦不该回避的一个问题，尽管他有放弃这个问题的高贵理由。

可以说，怀疑论所质疑的各种信念和概念的确都是应该存疑的，但是，怀疑论本身有一点也值得质疑：尽管人们的各种信念、希望、梦想、理想或完美概念都是可疑的，但那些不可信的信念、希望、梦想、理想和完美概念也是构成生活的一部分，这却是一个无疑的经验事实。生活需要

---

[1] Wittgenstein: *Notebooks 1914–1916*, 1916 年 7 月 30 日。

这个不真实的部分，如果失去这个不真实的部分，生活就不完整甚至无意义。怀疑论似乎没有充分理解思想的目的，没有注意到，思想不仅要对思想负责任，而且还要为生活负责任，思想问题必须服从生活问题，所思必须对所为有所教益，生活需要希望，需要不真实的信念，所以思想必须创造希望并且保留不真实的信念。

6. 形而上学被逐后化装归来

在分析哲学之前,怀疑论和经验论对形而上学的不信任只是约束了形而上学的过分雄心,但没有真正挫伤哲学家对形而上学的热情,哲学家仍然迷恋宏大叙事,形而上学只是由建设性的"修正型的形而上学"退守为辩护性的"描述型的形而上学"——这是斯特劳森的划分标准。斯特劳森说:"描述的形而上学满足于描述我们实际上所用的关于世界的思想结构,而修正的形而上学关心的是提出一种更好的结构。"[1]先验论就属于描述型的形而上学,而古典形而上学则属于修正型的。康德和胡塞尔把形而上学的焦点从世界转向意识,把外在问题变成内在问题,但这只是问题所在地的变迁而不是问题实质的变化,是对知识基础的真正"所在"的认定,而不是对知识基础"所是"的重新规定。意识哲学反对传统形而上学,但没有拒绝"未来的"形而上学,事实上,意识哲学就是一种更精致的形而上学。分析哲学才真正彻底反对形而上学,其激烈批评使形而上学的宏大叙事受到深刻的伤害。在今天看来,分析哲学对形而上学的批评实乃偏见,而且哲学也终究不可能摆脱形而上学,但分析哲学作为一种狂热努力仍然值得回顾,它并不仅仅是一个历史事件,同时也留下不少理论问题。

在一篇题为"通过语言的逻辑分析清除形而上学"的檄文式论文中,卡尔纳普宣布:"在形而上学领域里,包括价值哲学和规范理论在内,逻辑分析都得出否定性的结论:这个领域里的全部断言或陈述都是无意义

---

[1] Peter Strawson: *Individuals: An Essay in Descriptive Metaphysics.* Routledge, 1990, p. 9.

的。这就做到了彻底清除形而上学，这是早期的反形而上学观点所做不到的。……近几十年的逻辑发展给我们提供了足够锐利的武器，所以才能够采取决定性的步骤。"[1]所谓一个陈述没有意义，就是不具有真值（truth values）。不具真值就是说没有任何必然的理由或可信的经验证据可以证明一个陈述是真或假。没有真值的陈述在逻辑上就等价于废话（尽管可以是激扬之文字或抚慰心灵的文学），而用废话去解释世界就是胡说。正如艾耶尔宣称的："哲学家们的那些传统争论大部分是没有道理的，也就没有什么成果。"这是说，以往哲学全都白费力了。如此激进的言论在其他哲学家听来才真正"没有道理"。分析哲学要求知识必须经得起逻辑和经验的批判，其实就是"休谟标准"：除了逻辑和经验，所思皆不可信。据此标准，除了自然科学、数学和逻辑，就没什么能够算作知识了。这个标准固然霸道，却非毫无道理。艾耶尔有个论证就需要认真对待："一个先天真理无非是重言式命题，而从一套重言式命题，就其本身而言，只能有效地推论出其他重言式命题，因此，以一个由重言式命题构成的体系来充当有关宇宙的全部真理，是非常荒谬的。我们可以得出结论说，从'第一原理'推论出一切知识是绝不可能的。"[2]分析哲学拒斥形而上学的根本理由大概如此。

分析哲学对形而上学的批评可谓一针见血，但太过夸张。实际上形而上学并非全由"重言式"组成，形而上学包含了许多实质假设或断言，只不过都未经证明，虽未必可信，却绝非不值一想。不过，艾耶尔的结论却是正确的：第一原理（即使有的话）不可能推出一切知识。这个批评严重打击了传统哲学的声誉。如果哲学不再有资格提供作为知识基础的第一原理，哲学的合法性又在哪里呢？分析哲学的批判甚至隐含着这样的问题：我们真的需要哲学吗？或者，在科学之外，我们真的需要一种据说对所有知识负总责任的知识吗？当然，分析哲学没有激进到要打倒每一种哲学（那样的话对分析哲学自身也没有好处）。事实是，无论愿不愿意，无论思

---

[1] 洪谦主编：《逻辑经验主义》，商务印书馆，1982，pp. 13-14。
[2] 艾耶尔：《语言、真理与逻辑》，尹大贻译，上海译文出版社，1981，pp. 48-49。

考什么事情，只要反思得足够深入，就必定追溯到哲学问题上去，而且，包括分析哲学在内的一切哲学都暗中使用了某些形而上学假设。哲学是任何思想道路不期而遇的汇集点（focal point）。如果完全否定哲学就必定使整个思想系统失去反思性和沟通。

分析哲学家们从维特根斯坦那里获得灵感（但激进地夸张了维特根斯坦），于是给予哲学一个全新定位，认为哲学的责任不是提出一些对世界进行总体解释的原理，而仅仅是提出一种把事情交代清楚的分析活动，一种针对概念、命题和理论的分析活动。据说这样就能够把各种哲学问题和知识信念调查清楚，并且认识到，只有科学和逻辑能够把事情说清楚，从而就不会陷于哲学独断而不可自拔（维特根斯坦说过他的哲学也无非是"梯子"）。这样的话，哲学就似乎变成了科学和逻辑的宣传员，就像哲学曾经一度是宗教的仆从（无独有偶，分析哲学的概念分析和命题分析的烦琐程度不亚于中世纪哲学的烦琐论证）。分析哲学对哲学的定位似乎意味着，如果不能正确地说话，那么无论说什么都是无意义的。如果按照分析哲学关于正确说话的标准，那么除了科学和逻辑，就没有什么可说了，尤其那些宏大思想几乎都会被认为是胡说。分析哲学借助现代逻辑技术而磨得太快的"奥卡姆剃刀"把哲学剃到只剩下琐碎真话，着实让人失望。其间确实有个让人为难的情况：假如哲学永远只说（分析哲学承认的）真话，那么多半是让人昏昏欲睡的真理；而胡说虽然令人激动，却又多半是让人空欢喜的镜花水月。

激进主义总是坚持不了很长时间，就像革命在砸烂一切之后总是把许多保守的东西重新建立起来。保守的东西，比如传统和秩序，虽然不符合激进的理想，但终究是生活和思想必须依赖的运作条件。就像革命可以改变社会政治制度，但不可能改变人性，不理想的可悲人性用不了太长时间就把新制度变成了旧游戏（难怪人们千百年来反复感叹换汤不换药），类似地，激进的思想也不能摆脱思想所依赖的一些"可疑的"基本概念和信念。事实表明，在形而上学被逐出哲学不久，就悄悄地改头换面归来了，分析哲学不得不给形而上学找到新的合法性。

蒯因之后的分析哲学就开始放弃对传统哲学问题杀无赦的过激态度，

尽管仍然心照不宣地认为大多数传统哲学理论还是胡说，但对形而上学问题有了新态度，许多分析哲学家相信，形而上学问题如果在正确的语言中得到**重新表述**或者**改写**就能够得到拯救。这有点类似于作废的货币必须到银行里兑换成当下合法的货币，不过令人担心的是，原来的货币兑换之后很可能就大大贬值了。事实果然如此，经过分析哲学认可的合法语言改写之后，传统哲学问题的深度和广度明显被削弱，所允许的合法解释也因为受到严格约束而失去力度和魅力。简单地说，问题都变小了，相应的解释也变得微不足道。把意义重大的解释都删除掉，思想的"病毒"当然也被一起删除了，可是这样的"格式化"解决方式恐怕背离了思想的初衷，更远离了人们心中无法消除的困惑。人们可以反过来质疑说，如果问题变得无足轻重，那么，即使是绝对正确的表述也不重要了。分析哲学发展了许多令人赞叹的分析技术（逻辑上的和语言上的），确实有助于澄清概念和命题，只不过，语言技术只是有助于说清楚问题，却不能解决问题。这一点多少可以解释蒯因之后的新形而上学回归为什么没有相应地重新唤起（在分析哲学小社群之外的）人们对形而上学的新热情，并非人们不想要形而上学了，而是不想要分析哲学改造过的**那种形而上学**。如果形而上学不许使用想象力，人们还要它干什么呢？分析哲学改造过的形而上学是"去魅的"，人们热情不再，也实属正常。

使形而上学问题贬值的一个典型例子是蒯因对存在论问题的改写。古典存在论追问的是如何理解存在本身以及如何理解世界存在的整体构成。这样的问题确实太大了，它实际上是在要求解释**一切**，不仅人做不到，甚至造物主也难以做到[1]，因此，对此类问题的解释就难免需要放纵想象力而想入非非。为了把充斥着胡说的形而上学问题变成有意义的问题，蒯

---

[1] 造物主所以也做不到，就是因为它创造世界时不够谨慎，把事情玩大了，允许出现人这种同样具有自由意志和思想能力的存在，人总能够故意想一些出乎造物主意料的事情。福克纳有个短篇小说《赌注》，说的是有个赌徒山姆得罪了法力无边的撒旦，于是撒旦使魔法让山姆每个赌都输，后来山姆想出了办法，他永远都赌"我想要的东西x得不到"，结果，撒旦为了赢，只好在实际上永远满足山姆的要求。撒旦对付不了人的自由意志，造物主也有类似的困难。

因把存在论问题改写为关于"何者存在"（what is there）的有效言说条件，这个问题相当于："你所谈论的对象到底是什么东西呢？"这样，存在就只不过是某种理论 T 或某种语言 L 所能够明确定义的东西，不再留有神秘余地。这个问题虽然意义明确，但规模缩小了许多，不再是"解释一切"的问题了。分析哲学把事物问题化归为语言问题的这个成名绝技被称为"语义上行"（semantic ascent），就是说，既然直接讨论事物容易导致混乱，那么就不要直接讨论事物，而改为去讨论关于事物的语言。其中暗含的一个假设是，当把关于事物的语言讨论清楚了，事物的问题也就水到渠成地清楚了。但是，在语言问题和事物问题之间是否存在这样一种必然连锁关系，实在不得而知。分析哲学的这个假设本身就是一个疑似形而上学假设。不过，蒯因的做法为存在论增加了一个新层面：传统问题直接追问"什么东西存在"，而分析哲学的新问题追问的是"我们所说的是什么东西"。实际的存在是个事实问题，而理论所说的存在是个语言问题，正如蒯因指出的："什么东西存在不依赖于人们对语言的使用，但是人们说什么东西存在，则依赖其对语言的使用。"[1]

蒯因的这个存在论新问题被称为"存在论承诺"（ontological commitment），它要研究的是，一个理论的语言承诺了什么东西的存在。显然，这个问题的解决并不能消解人们的形而上学困惑，因为存在论承诺所能够澄清的是"说有什么"而不能保证"有什么"，而一个东西是否真的存在，这才是要命的问题。蒯因的存在论承诺声明，一个理论总要承诺某些东西的存在（不然的话就是无的放矢），而如果所承诺的存在是有意义的，所承诺的存在就必须能够成为可量化约束变元的值，不然的话就是身份不明的东西。这个观点被概括为"存在就是成为约束变元的值"（to be is to be the value of a variable）。当规定了不同的约束条件，就承诺了不同的存在，或者说，约束变元取什么值，就承诺了什么存在。这说明我们不能无条件地谈论存在，而只能交代清楚在特定语言或特定理论的特定条件下所约定的具体明确并且相对于特定约定而生效的那个存在。人们可以各谈各

---

[1] 蒯因：《从逻辑的观点看》，陈启伟等译，上海译文出版社，1987，p. 95。

心目中的存在，这没有问题，只要能够给出理论上合法的约束条件，使得人们能够明确辨认出到底是什么东西被声称为存在。蒯因的存在论是清楚而宽容的，人们被允许去谈论各种可能世界的存在论，假如人们愿意在清楚的约束条件下去谈论的话。存在论借助语言方舟回到哲学中来了。

蒯因让形而上学变相回归之后，许多分析哲学家都重新意识到，忽视甚至清除形而上学问题是不智的，反而造成哲学的贫困。正如达米特承认的，"一般人"要求哲学家回答那些重大的形而上学问题其实是有道理的，"假如哲学不去回答那些问题，那就一钱不值了"[1]，而在分析哲学做了大量破坏工作之后，"我们大多数人现在再次相信，哲学终究承担着建设性的任务"，但"我们绝非回头去相信先天推理能够提供关于世界基本面目的实质性知识"，而是要另外寻找正确的理解，也就是必须理解到，哲学不是直接关于世界的，而是通过清楚分析我们思考世界所用的概念而间接关于世界的，达米特得出结论说："在这个意义上，哲学是关于世界的。"[2] 他认为哲学对于世界的间接相关性类似于弗莱格所说的逻辑律与自然律的那种关系：尽管逻辑律不是自然律，可却是"关于自然律之规律"（laws of the laws of nature）[3]。达米特试图发现"形而上学的逻辑基础"，这让人想到弗莱格和罗素曾经试图为数学提供逻辑基础。不过，数学与逻辑毕竟是近亲，形而上学只能算是逻辑的远亲，因此，形而上学是否能够有个逻辑基础，似乎相当可疑。

分析哲学指望的知识基础主要是以逻辑语言去正确表达的意义理论和真理理论。在语言哲学中去处理形而上学问题固然不同于在意识哲学中去处理形而上学问题，但这种知识论的努力还是让人回想到康德，似乎可以说，尽管形而上学从意识哲学中又搬迁到语言哲学中来，但分析哲学的努力仍与康德心意相通，有着部分相似的问题意识，都在探索知识的"逻辑基础"。康德式的努力在斯特劳森那里表现得尤为突出，他毫不犹豫地把

---

[1] Dummett：*The logical Basis of Metaphysics*. Duckworth，1991. p. 1.
[2] 同上。
[3] 同上。

亚里士多德和康德看作他推崇的"描述型的形而上学"的先驱。据说与总想发现新真理的修正型形而上学相比起来，描述型形而上学比较谦逊，因此反而可能更接近人类思想的根基。为了更好地论证其心仪的描述型形而上学，斯特劳森甚至复活了康德的先验论证。斯特劳森相信，心同此理的人类思维核心设置是"没有历史的"，就是说，思想的基本概念"就其根本性质而言，从来毫无变化"[1]，正是那些思想通则决定着人类思维，因此最需要把它们描述出来，以便知道我们到底能够合法地想些什么。斯特劳森把思想通则称为"概念构架"（conceptual scheme），这个概念让人想起康德的先天范畴体系，但比范畴体系的说法似乎更贴切一些，含义也更丰富。

康德的范畴体系源于亚里士多德的形式逻辑观念，对于人类思维当然是有效的，但似乎不够丰富，难以细致而充分地表达思想涉及的所有问题，而且范畴体系缺乏"构造"能力（这是胡塞尔耿耿于怀的事情），就是说，我们不可能凭借范畴体系就构造出关于世界的知识。意识的建构能力是个至关重要的问题，从主观性角度去看，正如胡塞尔指出的，意识的构造力来自意向性（intentionality），因为只有意向性才能**指定和生成**意识的内容；如果从知识基本设置去看，构造能力必须来自（系统性的）演算规则或（语法性的）生成规则，这样才能够发动那些基本概念去生产知识。康德的知识论所缺乏的正是意识的构造能力，尽管康德试图用"先验想象力"以及"先验图式"之类含糊不清的概念去解释知识的生成过程，但仍然不能令人信服地解释意识的构造性。这就好比说，一个数学系统定义了各种基本元素，但却没有给出演算规则，或者好比说，人们定义了东西南北以及经纬之类，却没有绘制地形的方法。

虽然斯特劳森借用了康德式的先验论证，但他的"概念构架"所采取的描述策略却是经验论的，这使得概念构架具有一种经验论的生成能力，非常接近日常经验的那种意识构成能力，这是一个既朴素又可信的策略。

---

[1] Peter Strawson: *Individuals: An Essay in Descriptive Metaphysics.* Routledge, 1990, p. 10.

斯特劳森很朴实地说道:"我们想到的世界是个包含了各种特殊个别事物的世界,有一些独立于我们而存在;我们想到的世界历史是由特殊事件构成的历史,我们或参与了或没有参与那些事件;我们想到的那些特殊事物和事件就是平常话题中的事物和事件,就是那些我们能够互相谈论的东西。这些标志着我们思考世界的方式,标志着我们的概念构架。"[1]这意味着,思维所需之存在论所理解的那个世界是由特殊事物构成的,其中基本成分是个别存在的事物和人,而一切事件都由事物和人的活动所生成。这个与日常经验相符而最为朴实不过的概念构架大巧若拙,得来全不费工夫,反而比先验论的艰难构思更为可信。尤为可叹的是,先验论所指望的结果也无非最后落实为这样的经验世界。

分析哲学对形而上学的重构就是试图发现一种最适合谈论形而上学问题的语言,在这种语言的构造中,除了分析哲学家所钟爱的逻辑之外,还包括一套与经验世界相互一致的思想原则(经验论观点)。分析哲学之所爱无非逻辑与经验,并且试图建立逻辑与经验的一致性。逻辑是形式的,不足以构造思想内容,为了表达世界,就需要一套关于内容的思想规则。无论斯特劳森的"概念构架"还是维特根斯坦的"思想句法",都是关于思想规则的传神表述。对于如何构建正确语言所需的逻辑技术,分析哲学有着共识,但在谈论世界所需的真理理论、意义理论、可能世界理论、实在论与反实在论等实质问题上,分析哲学家却多有分歧。由此产生了一个疑问:分析哲学家以同样的逻辑语言去讨论同样的问题,拥有同样精良的逻辑和语言分析技术,甚至共享基本的哲学信念(比如经验论观点),即使如此,却仍然在真理、意义、可能世界、实在等基本问题上观点各异,这似乎说明了,即使有了同样的语言、同样的逻辑和分析技术甚至同样的论题,也不可能使人们对世界有同样的理解。这意味着,关键的哲学问题与语言无关,或者,语言不可能解决哲学问题。这是一个不能回避的疑问。

分析哲学家使用同样的技术和语言,这一点类似于科学家使用同样的

---

[1] Peter Strawson: *Individuals: An Essay in Descriptive Metaphysics.* Routledge, 1990, p. 15.

技术和语言，不同的是，虽然科学家对同一个问题也会有不同看法，但这是因为信息不充分或者某些猜想尚未得到确证而引起的意见分歧，一旦获得更多的经验数据或证据，就必然会产生更多的共识，可是分析哲学家的不同看法并非因为证据不足，而是因为各有各理。这暗示着一个严重问题：假如同样的语言和技术标准并不能解决思想分歧，那么，语言和技术标准就不是哲学问题的关键所在。这就像是，如果用同样的数学演算规则却演算出互相矛盾的结果，那一定是什么地方出了大问题。这说明，逻辑和语言分析或许有助于澄清问题，却不等于能够解决问题。既然逻辑和语言分析无法必然导致普遍认可的哲学结论，那么，哲学终究还是哲学，绝不可能化归为逻辑语言或逻辑观点的应用，也不能归化为概念和语言分析。哲学终究是一项属于思想"设计师"的创造性工作，不可能归化为思想"工程师"的技术性工作，这就像建筑设计师与建筑工程师的区别。逻辑和语言分析并不是指引"哲学之蝇"脱困的路线图，而至多是用来绘图的笔，至于如何绘出路线图，却不是分析哲学所能。这对于分析哲学来说是个坏消息。

进一步说，假定分析哲学家最终居然统一意见制定了一种在逻辑和语言上都无懈可击的概念构架，这种由逻辑和语言规则所定义的"没有历史的"形而上学语言真的能够有效地谈论世界吗？恐怕还是十分可疑。估计最多能够比较有效地讨论作为自然科学对象的那个物质世界，而对于人的行为所构成的生活世界却恐怕无能为力，比如说，分析哲学对于政治、伦理、艺术、宗教和历史等涉及价值的问题就没有什么实质性的帮助。实际上自康德之后，形而上学的重心已经由"自然"转向了"自由"——人才是关键的形而上学问题。

除了削弱了或者替换了传统形而上学问题，分析哲学也增加了一些新的形而上学问题。就纯粹理论而言，那些新增的形而上学问题也很有趣，但从现实主义态度去看，似乎有些无事生非，多此一举，缺乏实际意义。关于这类无事生非的问题，我愿意举出所谓"跨世界同一性"。本来，在莱布尼茨那里，可能世界并不是一个疑难问题，而是一个很有用的工具性概念，比如在定义真理时就很有用。分析哲学把可能世界发展成一个形而上学问题，其中最奇怪的就是"跨世界同一性"，这个问题并非来自人们的真实烦恼，而是由语义约定而导致的思想纠结，让人想起中世纪关于造物主和天堂的种种古怪讨论。这个问题是说，某个东西 x，是否能够存在于多个可能世界中？这个问题搞乱了形而上学的"本质"或"同一性"问题。假定 x 既存在于世界 w 又存在于世界 w'，我们知道，w' 至少有一个方面不同于 w，否则它们就是同一个世界；既然 w 不同于 w'，那么在 w 中的 x 必定至少一个方面不同于在 w' 中的 x'，或者说，在 w' 中的 x' 至少有某种经历不同于 x。于是可以约定（1）：x 和 x' 有着理论性的相同本质和某些历史性的不同性质，就是说，x 和 x' 遭遇不同，生活故事有所不同，但仍然是本质同一的，比如说人品、性格和思维方式是同一的，只是一个运气好，另一个运气差；或者可以约定（2）：x 和 x' 由于至少有一个不同之处（比如受过伤，或者运气差），因此它们终究不是严格同一的个体，甚至可以想象，由于运气差，于是 x' 品质发生了变化，如此等等。不难看出，这本是个不值得苦苦争论的问题，只需要对约定有个明确选择，前者的标准宽松而后者标准严格而已（当然还可以发明更多约定，如果需要的话）。这两种同一性概念的区别只不过是"某种意义上的同一性"与"任何意义上的同一性"之别，就像两个等角三角形在"等角"的意义上是相等的，而两个等角并且等边的三角形是全等的。分析哲学似乎过于较真地讨论了此类问题。其实，在日常生活中，上述的两个约定都很常见，或仁或智，不值得较真。人们经常会说到某种"反事实情况"（相当于另一个可能世界），比如说：假如项羽对范增言听计从，或者没有采取复古分封制而是采用秦的郡县制，或者忍辱逃过乌江卷土重来，如此等等，那么刘邦就未必成功。也许有人又会说：那样就不是项羽了，因为项羽不是那种本性的人。诸如此类，尽付笑谈中。

　　再讨论一个更天真的例子。上述是个"跨世界"问题，接下来则是个"跨眼界"问题。按照古典形而上学（其实相当于人们的平常理解），一个事物 x 总有其本质以及偶然属性。这个观点未必正确，也缺乏证据或证明，与其说是关于事物的知识还不如说是一种习惯说法，即使是错的，也不算是严重问题，但分析哲学又对它进行了过于较真的分析。蒯因有个

"数学家骑车悖论"说的是[1]：人们想当然地认为数学家必定是理性的，但不必然有两条腿；骑车人必定有两条腿，却不见得是理性的，可是如果一个数学家特别爱好骑车，那该怎么说呀？蒯因相信这个悖论对必然本质和偶然属性的区分形成了质疑：什么样的属性被看作本质，这取决于不同人的不同观点，而并不取决于事物本身。可是，恐怕大多数人会马上同意蒯因的意见，而不会非要捍卫本质，无非就是习惯说法而已。分析哲学的许多挑战直追堂·吉诃德。当然，如果一定要较真分析的话，就这个例子而言，蒯因悖论其实是无稽之谈，因为恐怕没有人会认为某个事物 x 必定具有**仅仅一个**本质属性，尤其是"两条腿"这样的本质。姑且同意这个滑稽的说法，那么当一个数学家特别爱好骑车，简直赶上了骑车运动员，那也应该说他至少具有"理性并且两条腿"这样的组合本质，至于"耸肩一笑"之类则算是偶然属性。假如又有了麻烦，比如那个数学家**总是**平白无故就耸肩一笑，那完全可以把"耸肩一笑"再加到他的本质中去。蒯因这个悖论是生编硬造的，并不存在与之对应的实际尴尬情形。除了喜欢抬杠的哲学家，人们不会也没必要死心眼儿地理解"本质"。本质是个可以协商的说法，并不是事物本身。

分析哲学讨论的古怪问题实在多，有一些明显是杜撰出来的荒谬问题。我愿意举出普特南的"缸中之脑"[2]。普特南的这个例子被看作笛卡尔自我的现代版，但与笛卡尔问题虽失之毫厘却差之千里（笛卡尔一定很不满意）。这个出名的"愚蠢假设"（普特南自己说的）大意是：假定我们的脑被"邪恶的科学家"切下来养在高科技的缸里，连着全能电脑，电脑提供给可怜的脑全部"正常生活的"幻觉，于是我们就误以为还在正常生活着，那么我们还算是我们自己吗？我们如何才能知道我们不是那些可怜的脑？如此等等的恐怖问题产生了。

哲学家当然可以虚构问题，但虚构的问题必须能够说明真实生活，就

---

[1] Quine：*Word and Object*. Cambridge Univ. Press，1960. p. 199.
[2] Putnam："Brains in a vat"，in Reason，*Truth and History*. Cambridge Univ. Press，1981.

是说，问题可以是虚构的，但问题的意义不能是虚构的。霍布斯的"丛林"或罗尔斯的"无知之幕"都是虚构的问题，但其意义却非虚构，可是普特南的"缸中之脑"的意义却非常可疑，它对真实生活无所说明也无所教益。哲学没有必要思考如此不正常的问题（缸中之脑歪曲了笛卡尔问题而失去了原本的理论意义）。给定缸中之脑是可能的，并且按照约定，它的经验与真实生活毫无差别，那么，即使缸中之脑忽然产生了笛卡尔式的怀疑，它也根本不可能知道它的真实处境，它只能怀疑各种外部经验，却**无从**怀疑我思和我在——既然它的经验与真实生活一模一样，它就只能得出笛卡尔式的结论：我思故我在。如果说缸中之脑看起来好像是个有意义的困境，完全是由于我们从旁观者的角度去替它感到两难，可见这是个"旁观者问题"而不是自我问题。笛卡尔问题不能随便加入旁观者这个变量，因为笛卡尔怀疑的理论意义就在于：当不存在任何可信旁证的情况下，我思如何才能证明自身。笛卡尔的我思是个哲学问题，而普特南的缸中之脑也许是个科学问题，但肯定不是一个有意义的哲学问题。

哲学可以与众不同地分析问题，但不应该分析与众不同的问题。哲学问题必须具有普遍意义，所以"怪力乱神"之类的偶然现象不是哲学问题。人们希望知道哲学家与众不同的深刻看法，但人们并不需要哲学家把不是问题的事情搞成问题。生活中必然产生的真实问题才是重要的，由语言游戏或语言特殊用法编造出来的问题却不重要。生死攸关的问题那么多，我们为什么要研究那些与真实困惑无关而且也不重要的离奇问题？

7. 语言并不能为事实做主

现代哲学在笛卡尔的"意识转向"之后的最大动作就是"语言学转向"了。先验哲学告诉人们，研究事物不如研究意识，而语言哲学则说，研究意识不如研究语言。语言学转向的影响虽大，但并没有像分析哲学所期望的那样彻底改变哲学的概念。语言哲学其文胜质，虽发展了精致的言说方式，却对哲学问题并没有实质性的解决。这里所说的"解决"（solution）并不需要在求解问题时获得一个普遍必然的答案，而只是要求为思想开拓一种可能性而有助于建构一种可能生活。实质性的思想必须是建构性的，必须是一种更好的思想创作，而不仅仅是变更表述方式。总之，哲学要研究的是存在的可能性，而不是研究言说方式。

语言哲学的主要成就是把那些被误导的哲学语言（混乱的概念和命题）"翻译"为清晰正确的逻辑语言（可以清晰界定的概念和可以明确判断的命题），这项工作确实很重要，但只是思想的技术性工序，是加工过程，并非思想产品本身。一个思想问题相当于一种需求，为了满足这个需求就必须供给思想产品，就是某种建构性的观念。从精神气质上说，语言学转向似乎试图说服人们"画饼"真的能够充饥，语言（包括符号）就是画出来的一大张饼。语言哲学对各种哲学问题的分析基本上都是画饼充饥模式，大概相当于说，问题 p 本身是不可能得到解决的，但我们可以把 p 另外表达为我们能够解决的 p′，而既然 p′是语言可以解决的，那么就**总算是**解决了某个问题。这类似于说，虽然纸上的饼不能吃，但我们好歹总算有了个饼。

应该说，从语言问题去理解哲学问题并非没有道理。正如前面讨论到的，第一哲学的问题演变有其理路（尽管并非必然理路）：人们的直接兴趣是关于世界的存在及其普遍原理的问题，于是形而上学率先成为第一哲学。但传统形而上学遇到了不可逾越的知识论困难，世界是超越的（transcendent），具有无法进入的外在性，于是只好转向世界的对应体——意识（心灵和观念）——去寻求解决，意识哲学（特别是先验哲学）就当仁不让地接手了第一哲学。意识对于自身毫无异质性，意识的反思自然毫无障碍，因此，意识的主观性原理在反思中是自明的，从笛卡尔到康德和胡塞尔都是这样想的。可是于理不通的是，意识的反思偏又遇到自证的疑难：意识的自明性（self-evidence）是什么意思呢？是我"确实"内在地意识到我的意识内容吗？是什么保证我的意识内容"确实"是这样的呢？困难在于，主观内在过程无法保证确定的客观性，主观自明性也无法证明任何一种稳定不变的意识内容，换句话说，主观性虽是直接有效的，却不是确定有效的，主观性没有把握捍卫自身的客观性和确定性。维特根斯坦的"私人语言反论"所揭示的就是主观性的这个深刻的内在困难。于是，哲学又不得不去研究意识的意义表达和储存形式，即语言，因为只有作为客观存在的语言才能够保证意识内容的确定意义。语言哲学又理所当然地接替意识哲学而成为第一哲学。

从意识拯救世界，到语言拯救意识，哲学的这个演变过程看起来似乎顺理成章，捷报频传，可是哲学问题仍然没有结果，我们始终只看到结果的预告。假定哲学原来在研究世界时试图断言："x 是如此这般的"，由于世界的超越性使得这样的断言无法得证，于是改变策略说成："在意识中，x 是如此这般的"，可是意识的主观性无法保证这样断言的确定意义，于是又改变策略说成："在某种语言 L 中，x 是如此这般的。"不难看出，这样一个演变过程并没有**真的**解决问题，尽管问题的表达方式变了，但其中的核心困难是同构的，我们仍然不知道 x 是不是这样的。这种演变有些类似于对于同一件事情我们不断地说"或者说，也可以说，换句话说……"可是问题总是卷土重来，因为从来就没有被解决。

应该说，把存在问题改写为意识问题再改写成语言问题，问题虽然没有得到解决，仍不失为思想的进展。世界的超越性和意识的主观性使哲学受挫，而语言给哲学较多的希望。语言是一种公共存在形式，假如在语言中一切意义能够得到清晰界定，那么，语言世界就具有了客观性，也就成为客观可理解的对象，在这个意义上说，语言的公共性奠定了意识的客观性和主体间性，至此，意识内容的客观性才得到可信的证明——胡塞尔试图以意向性的内在自明性去证明意识的客观性，结果是无效的，内在自明性对付不了维特根斯坦的"私人语言反论"的挑战。

语言学转向中的语义学道路，也就是逻辑分析的道路，追求的是以一种"正确的"语言去正确地描述世界，也就是以一种普遍语言（逻辑和科学语言）去描述一个普遍可理解的世界。这条道路曾经鼓舞人心，但这个理想本身却是独断专制的，不仅伤害思想也伤害语言。也许，通过逻辑分析，语言世界可以去伪存真地成为一个客观世界，语言中那些身份不明或心怀不轨的主观主义分子都被清除出去，于是语言世界"纯化"成一个理想国，但是，以逻辑和科学去纯化语言就像以宗教或意识形态去洗涤思想一样是一种专制。本来语言应该向思想看齐，而思想又必须向生活看齐。假如反过来，生活必须向**某种**思想看齐，而思想又必须向**某一种**语言看齐，思想必定变得贫乏，生活将变成压迫。哲学家或许能够证明概念 c 或者命题 p 在给定的正确语言 L 中的可信意义，但不可能证明这样的意义就是思想和生活必须接受的意义。无缺点的科学语言总以牺牲自然语言的复杂性为代价，可是世界和生活都是非常复杂的，所以自然语言才需要长成非常复杂的。牺牲了复杂性的语言恐怕"载不动"生活和思想中的爱情和仇恨、幸福和忧愁、高尚和卑鄙了。如果价值问题不再被反思（按照逻辑主义的激进看法，价值断言仅仅相当于一种特别的"声调或感叹号"[1]），我思（cogito）在逻辑语言中就变成了与人无关的无思（non cogito）。

幸亏逻辑主义只统治了很短的时间，许多分析哲学家也发现过于激进的语言批判可能损失太多东西。自从维特根斯坦发现由逻辑主宰的语言既背叛了真实语言又背叛了真实世界，语言哲学就发生了一次内部的语言学

---

[1] 艾耶尔：《语言、真理与逻辑》，尹大贻译，上海译文出版社，1981，p.122。

转向，通常称为语用学道路，后期维特根斯坦哲学、日常语言学派和哈贝马斯交往理论等等都是代表。这个回归真实语言的运动是维特根斯坦策动的，维特根斯坦原本非常推崇逻辑，但也是他首先发现了逻辑主义的可疑之处："如果逻辑研究的是'理想的'语言而不是**我们的**语言，那就怪了。逻辑分析是对我们所拥有的东西的分析，而不是对我们所没有的东西的分析，因此，它是对现有句子的分析（如果迄今为止人类社会在谈话中没有说出过一个正确句子，那就太奇怪了）。"〔1〕

的确太奇怪了。就算逻辑和科学所说的每句话都是对的，可却不是对哲学问题的回答，而是对逻辑和科学问题的回答。当哲学家试图以逻辑和科学去回答哲学问题时，实际上只是自问自答了一些与生活无关的问题。醒悟的维特根斯坦不再指望语言的逻辑分析能够拯救哲学（逻辑意义只被看作语言意义的特例），而转向关心作为生活实践的语言活动，被称为"语言游戏"，即"语言和那些与语言交织在一起的活动所组成的整体"，因为"语言的言说是一种活动的组成部分，或者是一种生活形式的组成部分"〔2〕。于是，语言的所有相关情况都被考虑在内，包括游戏规则、语境、背景、用法、约定、说话者、说话对象、旁听者、心理状态、动机和目的、情感和性格、利益关系、价值观念等等，几乎整个生活画面都被考虑到了。维特根斯坦的"语言游戏"是个天才的问题转型，它迫使语言哲学回归生活。讨论真实语言就等于必须讨论所有事情，因为语言的"所有相关情况"涉及所有可能生活和可能世界。当转向真实语言，逻辑分析哲学所想象的语言逻辑堤坝就全面溃堤，全部问题都必须重新来过。

语言哲学毕竟是语言哲学。维特根斯坦以及日常语言学派虽然让语言回归生活，但仍然把语言问题看作首要问题，而生活问题只是相关项目，或者说，仍然相信哲学问题就是语言问题，只不过是足够丰富的语言问题。回归真实语言就算是回归真实生活，在这一点上，语用学哲学是对

---

〔1〕 维特根斯坦：《哲学评论》，丁冬红等译，河北教育出版社，2003，§3。
〔2〕 Wittgenstein：*Philosophical Investigations*. tr. G. E. M. Anscombe, Oxford, 1958, §7; §23。

的，至少它脚踏实地对待语言了。假定语言说出了所有生活问题，那么就似乎有理由把所有生活问题都换算成语言问题来分析，这个思路貌似有理，但还是有些似是而非。

最基本的一个疑问是：虽然生活问题总能够转换为语言问题，但我们最终需要解决的并不是语言问题而是生活问题，思想瞄准的对象终究不是语言，而是生活。因此，即使充分理解了语言问题，仍然未必能够充分理解生活问题，或者说，即使生活问题都能够反映在语言问题中，对语言问题的解决却不见得能够反过来成为对生活问题的对应解决。说归说，做归做，人们可以说一套做一套，这个事实说明语言学的问题解决终究不等于存在论的问题解决。这不是否认语言哲学的意义，而是说，语言哲学并没有直面哲学问题，仍然是迂回地谈论了哲学问题。

根据维特根斯坦，哲学所能做的只是去正确而充分地描述语言游戏的具体情况。假如能够像"得手应心地掌握了一种技术"那样对一种语言游戏了如指掌[1]，以至于充分理解了各种概念的所有用法（维特根斯坦认为哲学本质上就是"概念研究"），就不会像传统哲学那样"模糊了事实研究和概念研究之间的区别"[2]，甚至误以为概念所说的都是事实——这是对传统形而上学最深刻的批评——于是，事情就清楚了，原来误以为是"问题"的问题就自动消失了。维特根斯坦的意思是，形而上学问题多半是语言混乱导致的概念诱惑，只要像"会计查账"那样检查清楚语言游戏的真实情况，就会发现那些貌似很神秘的问题其实并不存在，而既然找到了让问题消失的理由就等于解决了问题。正如维特根斯坦说的："哲学并不干涉语言的实际用法，它终究只能描述那些用法"，"哲学只是把一切事物摆在面前，不做解释也不推论，因为一切事物都明摆着，没什么需要解释的，我们对那些隐藏着的东西不感兴趣"[3]。

维特根斯坦对哲学的这种理解虽是革命性的，但却剥夺了哲学的想象

---

[1] Wittgenstein: *Philosophical Investigations*. §199.
[2] 维特根斯坦:《纸条集》，涂纪亮等译，河北教育出版社，2003，§458。
[3] Wittgenstein: *Philosophical Investigations*. §124; §126.

力。他自己知道这种理解令人失望,他深知人们在"已经描述了一切之后,还是会抵制不住多说几句的诱惑"——这种多说几句的诱惑在维特根斯坦看来是一种思想病症,甚至是心理病。因此他接着说,在哲学研究中,"困难不在于找到答案,而在于承认某事物就是答案",而答案总是平平无奇的:"我们是**这样**想的,**这样**做的,**这样**谈论的",或者"这就是所发生的一切"〔1〕。这样的答案确实太过平平无奇,估计人们还是难免忍不住要多说几句。也许世界真的平平无奇,可是语言和思想却并非平平无奇,维特根斯坦式的描述真的能够治疗非非之想的语言疾病吗?又凭什么不能有非非之想呢?假如人们**就喜欢**非非之想呢?假如生活因为非非之想而具有意义呢?事实上,文化和生活的很大部分就是由非非之想所构成的,神话、故事、理想、梦想、信念、历史、革命、艺术等等,这些都不是为了表达事实,而是为了建构价值和意义。

在维特根斯坦自己的语言分析实践中,直面哲学问题的分析并不很多,更多的是针对一些数学例子、心理学词汇或者日常动作用语的分析而迂回地解释哲学问题。这或许说明了哲学概念不那么容易直接处理,原因可能是——我猜想——哲学概念往往就是思想结构本身,因此,对哲学概念的语言分析难以摆脱思想的自相关困扰。维特根斯坦自己谈到过这种困难:"人们经常听到这样的评论:哲学其实没有取得任何进步,我们仍然在探讨希腊人已经探讨过的相同问题。然而,做出这种评论的人不懂得哲学为什么不得不如此。这是因为我们的语言没有变化,它不断吸引人们提出同样的问题。只要继续有着'是'这个似乎与吃、喝之类有着相同功能的词,只要还有同一、真、假这样的形容词,只要我们继续谈论时间之流、空间的广延等等,人们就会不断碰到一些同等难以捉摸的困难。"〔2〕

令人迷惑的哲学问题到底根植于语言之中还是根植于生活之中?这本身就是个问题。也许维特根斯坦说对了一部分,有些哲学问题确实是特定

---

〔1〕 维特根斯坦:《纸条集》,涂纪亮等译,河北教育出版社,2003,§313;§314;§309;§312。

〔2〕 维特根斯坦:《杂评》,参见《维特根斯坦全集》,第11卷,涂纪亮等译,河北教育出版社,2003,p.22。

语言游戏的非法动作造成的。假如像维特根斯坦那样认清了语言游戏，因此抵制住了"多说几句"的诱惑，我们是否就真的没有困惑了？那可不一定。语言虽然表达生活，但语言问题的解决不等于生活问题的解决，生活中存在着语言**力所不及**的问题。大概可以说，凡是与"是"（to be）或真假有关的问题，都可以还原为语言力所能及的问题，而凡是与"自由"或价值有关的问题，则是语言无法解决的问题——这里让人回想起伟大的康德，他使我们意识到自由是一个和存在同样深刻的形而上学问题，而自由的问题不仅需要被描述清楚，还更需要有所决断和选择。

可以做个小实验。假设从语言游戏去认清"好人"这个概念，我们经过考察数万个用法实例（或足够多的实例）而发现"好人"这个概念的一个主要用法是"不欺骗他人"。可是根据苏格拉底的辩证讨论或孔子论证可知，是否应该欺骗他人要看具体情况，这意味着涉及"好人"的语言游戏包含着大量自相矛盾的情况。重要的是，这些语言混乱显然不是语言自身的问题，不是因为人们把话说乱了，而是因为生活是自相矛盾的，生活所包含的可能性太多（几乎包含一切可能性），其中必有互相矛盾的情况，这些不确定的可能性连生活本身都理不清，更不可能指望语言去说清楚。我们不可能通过理解语言就理解生活，不可能通过改善语言而改善生活，即使语言的一切问题都得到澄清，生活依然是自相矛盾的。即使我们知道了"话该怎么说"，也不可能因此知道"事该怎么做"，而人们真正困惑的是事该怎么做。语言分析或概念分析更不可能回答价值选择的问题：应该做好人吗？应该建立民主政府吗？为什么保卫自由？为什么应该维护美的事物？为什么反对战争？凭什么不能杀人？凭什么不能美丑不分善恶不辨？如此等等。即使语言分析给那些混乱概念罗列清楚在语言游戏中的四百种用法（就像孔乙己罗列了回字的四种写法），仍然是对真实问题的隔靴搔痒。比如说，哲学家发现"自由"这个概念其实是一组家族相似的用法，可以标记为 abrabra, abababra, brabraba 和 rarabra。假定人们接受了哲学家的条款，同意以后改为这样"正确地"提问：为什么需要保卫 abrabra, abababra, brabraba 和 rarabra 这四项基本原则？我们有理由询问：这种隔靴搔痒的"解决"有意义吗？或者，它真的是个解决吗？或者，问题消失了吗？维特根斯坦自己一点也不糊涂，他深知重要问题都没有解决，他说："哲学没有取得任何进步吗？如果有人在痒处挠痒，这算进步吗？难道不是真的在痒和真的在挠痒吗？在发明出能够治愈发痒的药品之前，这种应对发痒的方式难道不是只能长期持续下去吗？"[1]

语言游戏分析的方法论其实从来就没有成熟，这一点往往被忽视。维特根斯坦说，治疗思想疾病可以有许多种而不限一种"疗法"。可问题是，人们还没找到一种真正管用的疗法，更别提多种疗法了，这也是语言分析很难给思想彻底止痒的一个原因。维特根斯坦指出，要充分理解一个概念或语句，就不得不充分理解那个概念或语句所在的整个语言游戏。这个指示是正确的，但实际上做不到，我们只能偷工减料。这件事情有些诡异，如果说破了，其中的那种不可能性并非逻辑上的不可能，而是存在论上的不可能，准确地说，是时间上的不可能：如果要完全彻底地理解一件事情，就必须完全重复这件事情，而如果一件事情所需的时间足够长，那么重复所需的时间是支付不起的，比如说不可能去完全理解一段历史的所有细节。需要注意的是，这不是一个经济学问题，而是存在论问题，假如必须去理解存在的每个行为，那么，每个行为都只是在理解先前的行为，也就不可能有需要被理解的新行为了，存在完全只是重复。维特根斯坦的游戏理解确实具有难以捉摸甚至悖论性的性质：理解规则是理解游戏的最有效率的方法，可是，规则可能被灵活解释（考虑维特根斯坦的规则悖论），因此，必须理解足够多的用法或实例（examples）才能理解规则，但理解所有用法或实例是不可能的，那么，要理解多少事情才算是充分理解呢？怎样才算真正理解了一个游戏？

看来这要取决于我们试图理解的游戏的复杂程度。对于一个极其简单的游戏，比如说"猜硬币"，人们能够很快充分理解它的全部原理：硬币只有两面，猜中的概率各50%。但是对于一个比较复杂的游戏，比如象

---

[1] 维特根斯坦：《杂评》，参见《维特根斯坦全集》，第11卷，涂纪亮等译，河北教育出版社，2003，p.118。译文根据英文版略有改动。

棋，就很难"充分理解"了，就算是象棋国手，几乎理解了全部可能的博弈策略，也很难解释那些涉及游戏整体性质的"元定理"，例如为什么"单车难杀士象全"。这个原理是什么意思？它似乎是说，如果能够保证一步也不走错，那么，士象全就不可能输给单车。可是同样可以说，假如下棋时每一步都不走错，那么就永远不会输棋。就像两台同样精良的电脑那样，永远不错，永远和棋。可要是那样的话，这个游戏就不可能成为游戏了，它变成了无聊无意义的动作。

这个荒谬的象棋故事正是维特根斯坦想象的充分理解了语言游戏之后思想状态的写照：不再有作为思想疾病的哲学问题，一切都看清了，不再有错误，但也不再有思想，因为不再有生活，只有单纯的存在，不断正确重复的存在。事实上，生活必须有问题，或者说，问题造成了生活。那些似乎是思想疾病的哲学问题使人类思想和生活充满想象力和意义，它们也许不可理喻，但生活也许就是因为不可理喻而具有意义。取消了问题就是取消了思想和生活。有趣的是，维特根斯坦总是同时意识到事情的另一面，这次也不例外："既然我们的研究似乎仅仅在于摧毁每种有趣的东西，摧毁一切伟大而重要的东西，那么，我们的研究又是从哪里获得重要性呢？"但他马上又坚持认为破坏有理："我们所摧毁的只不过是一些空中楼阁。"[1]看来事情的两面都是真的：语言分析确实摧毁了一些误导思想的"空中楼阁"，但恐怕也摧毁了太多"伟大而重要"的问题和观念。

进一步说，假如我们试图理解的游戏是无比复杂的，比如一种语言或一种文化，那么，所谓充分理解就会更加可疑。前面已经论证了，充分描述复杂游戏的全部细节是几乎不可能的，那么，我们可以偷工减料吗？又应该根据什么标准去偷工减料？这个技术性问题可以被看作描述的"厚薄"问题。人类学家格尔兹受到日常语言学派的赖尔的启发，发展了一种"浓厚描述"理论（thick description），并应用于描述陌生的他者文化。这种人类学实践可以作为语言游戏理论的一个极好的应用实例，因为一种陌生的文化等价于一个需要去充分描述的陌生语言游戏。浓厚描述意味着，

---

[1] Wittgenstein: *Philosophical Investigations*. §118.

要充分理解一个事情，对它的描述笔墨就必须"足够厚"，必须"厚"到足以形成关于这个事物的全面而连贯的理解，而单薄的描述显然不足以深入揭示复杂细节和隐藏着的意义。这个理论听起来很有道理，几乎就是维特根斯坦观点的翻版。但问题是，什么样的描述才算足够浓厚？这似乎是个无底洞，因为情景和细节是描述不完的。假定真的让描述足够浓厚，几乎就像真实生活本身那样浓厚，就等于完全重复了生活，这显然不可能（已经说过，没有人有时间去完全重复生活，更没有人如此愚蠢）。那么，退而求其次，不去追求完全浓厚而只要求很浓厚（这是含糊的），这样仍然有些可疑，因为太浓厚的描述必定良莠不分事无巨细，这样反而失去重点——真实生活就是因为细节太浓厚太复杂而掩盖了各种秘密，所以才需要去繁化简以便理解。这里好像有个怪圈。事实上，根本不存在什么单纯的描述，任何描述都有所取舍，都经过剪辑处理。任何描述都必须偷工减料，可是偷工减料的标准是什么？这是个问题。任何描述都同时是判断，都暗中征引着观念和假设，而"隐藏"在背后指引我们如何描述的正是那些没有被描述的观念和假设。使描述成为可能的东西正是不被描述的观念，而使描述成为可能却不被描述的观念就是真正的哲学问题。描述正是一个必须被反思的事情：为什么这样描述而不是那样描述？为什么描述这些事情而不去描述那些事情？由此看来，维特根斯坦要求"不要想而要看"的描述之路是可疑的，因为人们在看的时候就偷偷想了。

无论如何，语言游戏所开拓的语用学之路还是发展出许多重要问题，其中很值得一提的是哈贝马斯的交往理论。如果说描述语言游戏是个知识论问题，那么，语言游戏中的交往则是个实践问题，所谓以言行事。哈贝马斯指望语言交往能够解决一个大问题，即消除冲突达成共识。这或许是人类最重要而又最困难的问题，因此非常值得反思。语用学哲学对通过语言活动去解决实践问题的厚望来自语言与实践的对称性：能做的都能谈。按理说，既然一切问题都可以谈，就应该能够以言为行地协商解决各种冲突和矛盾。按照哈贝马斯的想象，独白式的主体性所制造的麻烦应该能够通过对话的主体间性去解决，单边理性所造成的冲突应该能够通过交往理性（communicative rationality）去消解，语言交往行为应该能够协调生活行为从而解决各种冲突，应该能够通过建构合作的主体间性进而建构一个真正共享的"生活世界"，这是哈贝马斯的语用学理想。那么，这个理想可能吗？

按照假定，语言以言行事的能力取决于语言与实践的对称性。但是，这种对称性仅仅是从"现象"角度所看到的对称性：可做的都可说，也就是说，一个实践事实可以复制转述为一个语言表达。假如换个角度，从"问题"的角度去看，语言与实践之间就未必存在对称性了，实践问题未必能够复制为语言问题（多数不能），实践问题的解决未必能够还原为语言问题的解决（多半不能），于是，实践与语言之间又存在着不对称关系。对语言的崇拜就是仅仅看到语言与实践的对称方面而没有看到不对称方面。假定在一个充分对话和交往的语言游戏中，所有事实都被说到了（理论上可能），但说清楚问题并不等于解决问题，问题终究只能在实践中解决，而实践的选择往往并不听从语言的选择，人们往往言行不一，对利益的理性考虑或者对精神的坚守往往强过道理——道理既不是不可阻挡的真理也不是挡不住的诱惑。语言行为所能动用的资源仅仅是语词和语句，所能使用的手段仅仅是论证，一个语句只能与另一个语句合理地交谈，只能按照逻辑进行论证，只能指出另一个语句的逻辑错误，却不能因此改变心灵和利益的冲突，语言管不了实际选择和行动，人们可以一意孤行，可以说正确的话而做错事。哈贝马斯相信，虽然有些语言行为是无效的，但有效的语言行为却应该能够形成合作，为了说明这一点，他区分了"策略的"和"交往的"语言行为，前者只是传达信息而后者却积极地形成"社会整合"[1]。哈贝马斯假定社会是由符号建构出来的生活世界，因此进一步相信有效的交往行为能够形成社会合作，而策略行为只不过是一种"失败的交往行为"[2]。的确，唯利是图的语言策略行为无助于形成互动协调关系，可是"真诚的"语言的交往行为仍然在许多事情上无能为力，

---

[1] 哈贝马斯：《后形而上学思想》，曹卫东等译，译林出版社，2001，p. 59。
[2] 同上书，p. 83。

比如说在涉及根本利益冲突或者精神信念冲突的博弈中，真诚的交往行为也往往难免是"失败的"，这说明语言虽然可以表达一切问题但不可能解决一切问题。

可以考虑一个博弈论的经典问题，所谓"囚徒困境"，据说这个典型问题普遍反映了人类在合作方面的困境。故事是这样的：两个疑犯被警方分别单独审问，警方只掌握了他们的次要罪行证据，因此威逼利诱他们必须坦白更多罪行，并公开告知以下规则：如果其中一人坦白则被宽大释放，而抗拒者则从严重判 10 年徒刑；如果两人都抗拒，则由于缺乏重大罪行的证据而只能轻判两人 3 年徒刑；如果两人都坦白，则对应罪行公正判决，都是 8 年徒刑。根据个人理性，两个犯罪分子都不信任对方会愿意冒险抵赖，于是都选择坦白，结果都被判处 8 年，这是个两败俱伤的结果。犯罪分子之所以无法合作，以共同抵赖去取得最佳结果，问题出在互相不信任。也许语用学哲学家会说：因为他们无法沟通，无法攻守同盟，所以只好采取风险规避的"策略行为"。为了检验对话能力，我们稍加修改这个故事：假定有个律师名唤哈贝马斯，以人权为名说服警方同意让罪犯进行交流，于是罪犯以"真诚的交往行为"进行了协商，认清了坦白从严牢底坐穿的道理，认识到一齐抵赖才能获得共同最佳结果，甚至赌咒发誓必定攻守同盟，那么，两个罪犯最终会如何选择呢？按照个人理性铁律，他们仍然只会选择坦白以规避最差可能结果，因为语言不是互相信任的充分保证，即使真心实意充满激情的赌咒发誓也仍然不是可信的担保。因此，除非改变博弈规则和条件，除非能够创造一种在存在论上必然可信的担保，否则，罪犯不会改变其博弈选择。在这个例子中，哈贝马斯的语言交往行为对故事结局毫无影响（当然这不代表所有情况）。显然，决定命运的是存在之道而不是语言之理，语言无法为存在做主。

可见，语言可以思考任何问题，不等于需要被思考的只是语言问题，否则的话，哲学、经济学、政治学、社会学、心理学等等就都可以被还原为语言学了。思想终究必须听从存在之道，而不能满足于语言之理。语言只是生活的替身，假如这个替身是惟妙惟肖的，那么语言的真正对象就仍然是生活问题；如果这个替身有太多自己的表演，那么思想就会被误导。我疑心维特根斯坦的语言哲学被人们夸张地误解了，维特根斯坦本意只是通过分析游戏规则和实践去理解游戏行为的意义，而语言游戏只是他最感兴趣的一个特定分析对象而已，并不意味着一切问题都可以被还原为语言问题。

8. 一种对存在不惑的形而上学

现代哲学的最大成就大概是建构了主体性，这似乎证明了唯心论才是成熟的思想方式。在经历了对本体的迷惑之后，唯心论终于确认了本体（noumena）并不在现象（phenomena）背后，而就在现象之中，并且，本体是思想所构造的思想对象，而不是超越了思想的外在存在。虽然希腊人早已把本体定位为所思之物，但并不能确定它是思想构造出来的内在对象还是思想试图探究的外在存在。那么，本体到底在哪里？是思想所造还是事物本身？现代唯心论者终于解决了这个老问题：既然本体不可能通过现象而被给予，因此本体只能是思想所造，证据是，我思是无疑的（笛卡尔论证），我思意向着确定的东西（胡塞尔论证），我们用语言谈论着共同理解的东西（维特根斯坦论证），这就是本体乃思想所造之明证。

我们对唯心论的精妙思想赞叹之余，却仍然感到不安：即使抵抗了怀疑论，哲学仍然无法接近存在，仍然对存在无所言说。唯心论所说的世界只不过是思想的自述，是思想讲解了所思世界，就像维特根斯坦所指出的，我们只不过唯我论地（至少也是唯心论地）说明了"我的世界"，并没有说出多于所思的事情。因此，唯心论的成就仅限于思想为自身构造了一个所思世界，而对超越的外在世界无所言说，换句话说，思想自身功德圆满了，却失去了真实世界。唯心论专注于所思世界，因此没有注意到也不知道实在世界对我们意味着什么，于是，唯心论越是自身圆满，就离开存在越来越远。如果思想不理会超越在唯我论世界之外的真实世界，又如何解释我们之所在、所是、所依、所为呢？也许思想可以不理会外在世界，但人却不可能不理会外在世界，既然人存在于世界中，就不得不越出纯粹所思世界去思考如何存在于世界中的问题。即使我思占有了现象与本体，占有了语言与意义，我思在存在论上仍然一无所有，我思没有生活，没有土地和庄稼，没有敌人和友人，没有值得珍惜的事物。

假如孔子、老子或者墨子听说了笛卡尔的理论，估计会说，我思证明了**我在**，却没有说明**我在做**什么，那么我在的意义何在？显然，我在的全部意义只能由"我做什么"去说明。无论如何，我们的存在就是在与真实世界打交道，我们存在于真实世界中，而不是存在于所思之中，那么，存在论的首要问题就是：我做什么才得以存在？我相信无论孔子还是老子所思考的就是这个问题。有趣的是，海德格尔也意识到了比我思更基本的在世存在论问题，尽管与先秦思想家的问题相去甚远，但仍然形成一种有意义的呼应。海德格尔试图越出思想的自述去言说存在，这一点可以被看作对现象学的背叛，但也可以被看作海德格尔对胡塞尔现象学的超越（海德格尔有理由批评胡塞尔现象学没有触及真正的存在问题）。海德格尔对存在问题的回归路径也许有些偏颇，仍然没有摆脱现象学唯心论的影响，但确实回到了存在的问题上。

我们要说说道的形而上学，那是一种与存在的困惑无关的形而上学。道的形而上学几乎是中国所有古代哲学家共同承认的观点，很难归于某个哲学家的名下，也许可以说是基于《易经》的百家共同理解。道的形而上学与对存在的惊讶无关，更准确地说，对存在之为存在毫不惊讶，而把万物和世界之存在视为理所当然并且真实无疑，相反，对人之所是所为却多有疑问。可见，道的形而上学的追问方向完全不同于物的形而上学，它对存在不设问，相反，它试图站在自然存在一边对人设问，质疑人而不质疑天，并且以天正人。天是人的界限，所以人不可能质疑天，而天能质问人。从天的角度问的是，人之所为是否对天的正确回应，或者，人的存在方式是否天的存在方式所允许的。从天的角度质问人仍然需要由人来问，因此是人替天问人，而人要替天问人，就必须知天道，有人知道，别人才得以闻道，人们才得以行于道。

道的形而上学试图以天为准而校正人，这样的思想结构看上去似乎是个神学结构，但其实不然，天道不含任何特殊价值观因此不偏袒任何人

（如老子所说的"天地不仁"），也不需要任何绝对或至高的解释学权威；却又不是人学结构，天道不以人为准，不是天法人，而是人法天，因此也不同于康德式的为自然立法，相反，自然就是最终参照。道的形而上学既不偏向神也不偏向人，它所思考的是人的存在与自然存在之间的存在论关系。道就是关系，是一种存在与其他存在的互动关系，是一个存在状态到另一个存在状态的演变关系，简单地说，道的形而上学对存在本身既不惊讶也不困惑，它根本不认为存在是个问题，而认为存在者之间的关系才是问题。未定的可能性或不确定性才能形成问题，确定的事实就不再是问题，或者说，只有变数才是问题，定数就只是给定的条件。显然，存在乃是定数，所以不成问题，而存在者之间的关系却是变数，所以是问题。

据说，存在成为一个思想问题，在很大程度上与欧洲语言中"存在"作为系动词的语法现象有关，而汉语中却没有与此相同的动词，因此汉语思维就注意不到"存在"，如此云云。语言或许是导致注意或忽视某个问题的一个原因，但恐怕不是主要原因，更重要的原因很可能是生活方式和思想方式。假如一种生活方式遇到了语言尚未能够表达而又需要去表达的重要问题，人们一定会去发明相应的语言表达，没有人会因为缺乏现成词汇就放弃或忽略生活中的重大问题。没有必要说的，人们才可能不说，有必要说的，人们一定会说。语言根据生活需要而生长，而不是人们根据语言去生活。其实就传统汉语而言，并非没有关于存在的表达，而是对存在有着更接近现代逻辑语言的表达方式，即通过给出某物所在的可能世界及其描述去表达某物存在，比如"丹穴之山，其上多金玉，丹水出焉，而南流注于渤海，有鸟焉，其状如鸡，五采而文，名曰凤皇"[1]，此类表述几乎完全满足罗素的摹状词或蒯因的存在论承诺标准：某物之存在是通过限定的描述而确定其"有"。因此，汉语中没有关于"存在"的追问，并非因为关于何物存在的表述在语言中缺席，而更可能因为存在没有成为生活中的疑惑。

道的形而上学对人的定位是低调的，人只是"三才"（即天地人三种

---

[1]《山海经·南山经·凤皇》。

决定性的存在）之一，并非自然之上的立法者。存在者之间的关系首先是存在论意义上的共存关系，而不是主体与对象的知识论关系。人的特殊地位在于它是存在者中的唯一可调节者，自然万物不可能调节自身去迎合人的意愿，而只有人能够调节自己去适合自然。正是在这个意义上，人被认为居于天地之间，这隐喻着，人居于万物之间成为关系的调节者。既然人道也是自然之道的一种表现，于是人与自然之间没有分裂，没有必然的对立和无法协调的麻烦，也就没有关于存在的迷茫。

人与自然的决裂是因为人试图以人为准，这是主体性的灾难。主体性试图以人为万物之尺度而为自然立法，甚至征服自然为自然做主，而这种僭越必定导致对存在的迷茫。自然存在不是人的作品而是造物主的作品，人对自然并不拥有存在论的主权，自然存在对于人不是某个可以随心选用的可能世界，而是必须接受的唯一可能性，这就等价于必然性，因此不构成问题。就是说，只有当存在意味着可以主观选择的多种可能性（possibilities），存在才是个问题，而如果只是别无选择的必然性（neccessity），就无法对存在提出问题，因为必然的存在已经是问题的答案。在不存在选项时，问题和答案就是同一的。与主体性原则相反，在道的形而上学看来，**万物皆为人事之尺度**，人只能按照万物所允许的可能性去生活。既然生活与自然存在未被离间，也就无所谓令人惊讶的存在或者被遗忘的存在。在道的形而上学中，存在不是被遗忘，而是**从未被打扰**，因而从来不是困惑。这正是我们感兴趣之处：一种对存在不惑的形而上学会有什么效果？

人要成为存在的协调者，就必须知道得道，然而探究天道非人所能。天道之运行是永未完成的演变过程，人无法确知天道之未来运作。在这一点上，道的形而上学似乎与休谟理论有些共通见识（尽管所求完全不同）。知道，或者说对道的认识，不是对事物本质的认识，而是对事物的形势所意味的可能性的认识，所追问的是：如此这般的形势意味着什么可能性？这些可能性意味着什么样的命运？这是天问人，而不是人问天，是天给人出的题目，而不是人对天的疑问（屈原的"天问"或许是人问天，但此种质问与形而上学无关）。试图"知道"或"知天命"绝非谋求认识存在的终极永恒原理（这是不可能的），而是不断追踪存在的变化而达到与存在的运作一致。天道运作变化无穷，因此，道的形而上学只是一种关于存在变化的动态同步知识，它与任何完满或永恒概念无关，而只追求不被存在变化所抛弃的永远现时性。

此种关于天道的知识绝非科学知识，不是关于"物理"的形而下知识，可是，形而上的知识表达了什么？形而上学试图在万物变化中看出什么？显然不是仅仅意识到万物皆流，这种貌似深刻的觉悟只不过复述了变化的不确定性，其实无所领悟。形而上学必须看出存在万变不离其宗的东西。虽然人不可能看到一切存在之本质，但能够领会存在之**本意**。道的形而上学的意义就在于理解存在之本意。那么，什么是存在的本意？就是"继续存在"，就是存在对自身的不断肯定，所谓"天地之大德曰生"[1]，便是此意。何以得知这就是存在的本意？可以这样理解：既然不存在是对存在的否定，而存在不可能追求对自身的否定，因此，保持存在、继续存在、永远存在就是存在之本意，所以"生生"就是大德。除了继续存在，存在不可能有别的本意，因为，存在所分析的蕴含（analytically implies）的唯一意义就是继续存在，存在不可能分析出别的意义。可见，存在本身不是个问题，甚至，对存在无可追问，问不出问题来，因为存在的本意从未被遮蔽，而是一直清清楚楚地表现在继续存在的运作中。无从问天，因此只能问人：人之所为如何才能符合存在的本意？这才是需要反思的问题。

在道的形而上学中，人与自然没有形成对立，生活与存在不曾被离间，这种追随存在本意的生活和思想态度的一个结果就是**对现象的信任**。信任"所见"意味着对于所见现象没有怀疑论的普遍疑惑，但并不排除具体情景下的特定疑心（比如疑心眼花看错或者担心为幻术所骗），也不排除某些另类想法（庄子就谈论到一些疑似怀疑论的问题，诸如"梦蝶"或"鱼之乐"之类）。既然现象被认为是可信的，那么，现象就是明证（evidence），所谓"眼见为实"，表达的就是对所见的信任。如果老子或孔子听说要把一个事物划分为"所思之体"（noumena，即本体）和"所

---

[1]《周易·系辞下传》第一章。

见之事"（phenomena，即现象），恐怕会觉得怪异而多余。当然，老子或孔子没有听说过这个划分，因此没有讨论过。根据儒家精神，我们可以替古人提出质疑：（1）我们只能对"所见"进行思考，即使据说在所见背后存在着不可见的理念，也不可能知道甚至**无从**知道它是什么样的，而既然不可能知道不可见的东西，那么就无法证明其存在，为之焦虑是无意义的，其荒谬超过杞人忧天（至少天是可见存在）。不难看出这是一个仿"美诺论证"（Meno），有趣的是，美诺论证与儒家的务实精神颇有相通之处；（2）根据毫无证据的假想去思想和行为是盲目冒险，至少在理性上不成熟。理性之所思所为只能基于对所见世界的判断，至少必须**优先**所见世界，因为知道的必须优先于不知道的。儒家优先信任经验世界，道理在此，虽无否认超验之意，却有优先经验之理。孔子所谓"务民之义，敬鬼神而远之，可谓知矣"、"未能事人焉能事鬼"、"未知生焉知死"之类言论[1]，都从不同角度强调了经验世界的优先性；（3）尽管经验现象缺乏必然性和确定性，以至于人们经常看错事物，但这不是推论现象背后存在着不变的本质概念的必然理由，这种推论是或然的，与之相反的推论也同样可能，可见我们没有必然理由去推论事物本质之类的问题，事物本质是思想受概念的诱惑而想象的问题。

如果放弃关于本质的假设，经验世界的不确定性就不再是烦恼，而是需要适应的常态。如果事物本来就是而且一定是变动不居的，并无绝对不变的本质，那么，事物之所是就等于事物的存在状态，就是说，存在只有可变的"所在状态"（where it is）而没有不变的"所是本质"（what it is），因为"所是"总是在"所成"（becoming）中变成不是（is not）。存在状态由事物之间的动态关系所定位，这些关系就是道。正是这些不确定的关系决定了世界和生活都是永远开放的过程，不可能收敛为某种本质概念，因此，道的形而上学对绝对永恒的一切完满概念（perfection）缺乏理论兴趣，甚至缺乏实践兴趣，而试图追踪存在之"所示"。

如果试图知道世界之所是，就必须依靠所思。所思决定所见，因此主

---

[1] 孔子：《论语》，雍也；先进。

观性为世界立法。但主观性暗含一个令人不安的问题：如果所思决定所见（康德），甚至，所见无非所思（胡塞尔），那么，所见就不可能带来意料之外的新消息（message）。如此强大的主观性虽然达到了彻底的内在圆满性，在主观性内部拥有了一个属于自身的纯粹世界，但却在思想上失去了真实世界，在生活上离间了真实世界。从笛卡尔、康德到胡塞尔，一步一步走向了自身圆满的主观性，不过，康德并不想忽略外部世界，他所以坚持承认自在之物的地位，就是担心失去来自真实世界的新消息。很显然，假如所见不能提供新消息，主观性彻底倒是彻底了，可却陷于与世无关的状态，这与其说是主观性的凯旋，还不如说是主观性的绝境。但这不等于说康德的主观性比胡塞尔的主观性更为恰当，假如主观性不够彻底，就无法确证自身，也就给怀疑论留出了余地。在这个意义上，胡塞尔对康德的批评也是有理的。但无论康德还是胡塞尔，都终究对付不了休谟问题：主观性不可能必然地构造未来，或者说，主观性构造的内在世界不可能必然蕴含一个未来世界，于是，主观性越是自身完满，就越抛弃世界或被世界抛弃。

　　不仅涉及未来的问题难以解释，一切涉及"无穷"的问题都会成为追求完满概念的形而上学的难题。可以考虑莱布尼茨的一个有趣论证：在逻辑上说，可能世界有无穷多个，人无法穷尽所有可能世界，但全知的造物主能够，所以造物主必定知道哪一个可能世界是完美的，因此造物主把"最好的那个"可能世界实现出来成为现实世界。莱布尼茨的论证虽然强大，但造物主的知识能力却未必那么可信。按照想象，作为超级数学家的造物主应该对付得了涉及"无穷"的问题（一般认为，除了自相矛盾的事情，造物主都做得了），但其实未必，关键要看造物主处理的无穷性是"实无穷"（能够完成的无穷）还是"潜无穷"（完成不了的无穷）。可以想象，造物主对付"实无穷"尚有余勇可贾，但对付"潜无穷"就恐怕有些力不从心，因为永远都至少有一个可能世界未被计算在内。估计造物主一定拒绝"潜无穷"概念。对无穷概念的理解不仅是数学问题，同时也是形而上学问题。西方哲学家中支持"实无穷"的人数似乎较多，但中国哲学家多数会承认"潜无穷"，易经、道家、儒家等都相信无穷变化的无穷进程。

对于没有听说过"多个可能世界"的老子或孔子来说，世界只有一个，别无选择，而且这个世界不断变化，只有状态，没有本质，也就无所谓是否完美，也无所谓绝对和永恒。既然世界变化着的未来永不确定，那么，正确对待世界的方式就是使人道与天道保持同步的动态一致性（人如何与世界相处才是要紧问题），在这里，知识问题不知不觉转化为实践问题，所谓知行合一。道的形而上学就是与存在**相处**的理论。人与存在相处的"最好关系"就是道，正确的"知道"方式就是与道之运行保持动态同步，同于道而知道。人与自然的最好关系为什么是要顺从道？为什么不能反过来让道顺从人？为什么不去为自然立法？理由是，人并非自然的主宰，而是居天地之间，承恩并受制于天地，因此，自然之道是一切**实践的界限**，任何反自然之道必自食其果。老子曰："人法地，地法天，天法道，道法自然。"[1]这几乎就是关于道的一个先验论证：道以自身为准，所以道是万物运作的标准。在这个意义上，形而上学应该是对道的理解而不是对本质的想象。

既然可见世界是可信的，就意味着存在对自身之道不加隐瞒，而既然存在无所隐瞒，就必定对人有所**示意**，于是，道的形而上学的基本问题就是如何**会意**。对存在之示意，为了避免会错意，唯有"诚"的原则：既然人属于自然，人之自然就是人之本，因此，只要诚如自然之道，就必定理解自然之示意，也就是领会了存在之意图，所谓"诚者天之道也，诚之者人之道也"[2]。那么，如何能够"诚之"？或者说，如何实现人道？人们往往从伦理学去分析人道问题，儒家的伦理学分析固然十分突出显眼，但我们需要注意到，伦理学只是人道的一个方面。人的生活无非是与人或与物的交道关系，其中，人与人的关系必定产生伦理学问题，而人与物的关系似乎应该引出知识论问题，然而，一个奇妙的问题在此出现了：事物的启示抢在了知识之前，人与物之间最原初最直接的关系不可能是知识论的关系，在格物之前，事物尚未被知识所描述，却已经抢先启示了生活。事

---

[1] 老子:《道德经》25 章。
[2] 《中庸》。在《孟子·离娄上》中也有类似说法，作"思诚者人之道也"。

物抢先的启示不是指尚未发展成为知识的直接经验,比如儿童用手碰火苗得到的经验教训那种直接经验——事物的直接启示与经验论意义上的直接经验不是同一个问题——而是指万物代表存在所给出的启示。在直接经验中,一个事物仅仅代表这个事物自身给人以具体的经验教训,而在直接启示中,万物并不代表各种事物,而是代表存在之道。

关于事物如何启示生活,《周易》给出了最好的解释。每个事物所给的教训是有限而具体的,只在特定实践关系和经验情景中有效,这是事物的日用之法,属于形而下的经验知识,此种关于劳动或生产的知识固然重要,但远不足以表达存在所传达的关于命运的消息。命运的消息不是来自个别事物,而是来自万物之间不断展开的关系,是事物关系所形成的"势"。势虽是某种趋势,但仍然向各种可能性开放着,是诸种可能性的生成状态,并非无可逆转的必然性。势的未成性、不确定性和开放性决定了势不可能被收敛地表达为确定的概念或者命题,既然势不是必然性也就没有本质,没有本质就无法化为概念,因此,关于势,没有知识。于是人们寻找另一种既有普遍性又非收敛性的理解示意方式,这就是《周易》特别感兴趣的"象"。象传达了存在之势的消息,对于人来说,存在之势的消息就是人类可能命运的消息。既然存在的本意不可能是不去存在,不可能否定自身,而保持存在、继续存在、永远存在就是存在之意图,因此,存在的一切示意皆是生生之意。所谓"一阴一阳之谓道,继之者善也,成之者性也","富有之谓大业,日新之谓盛德"[1],便是此意。象之所以是形而上的,就在于它传达了存在之本意。存在之道不专为人所设,而为一切存在所设,因此,人道必须合乎天道,与天道同步同势,才能生生而日新,故曰"与天地相似,故不违"[2]。

自从《周易》以来,关于象的解释、讨论至今不断,古今百家的理解虽有相通之处,但也多有分歧,无须详说,只一个问题需加注意。庄玄传统所理解的所谓物我为一之类的高远境界,其意虽深,但偏离注重生存问

---

[1]《周易·系辞上传》第五章。
[2] 同上书,第四章。

题之古意，导致了后世（包括当代）的文人化解释。象所传达的存在本意首先是生生大事，并非诗意的栖居。无论如何寄情于山水笔墨，得意于玄机禅语，都是生存之余的有闲之事，终究不是人类如何生存的根本问题，无论其意境如何高远，终究与人类命运的挑战、生死存亡、治乱成败无关而缺乏思想的重量。如果远离生生之实践，只是象征各种闲情逸致，以末废本，绝非圣人设卦观象而关怀众生之意。《周易》有两段解释主旨的话说得很明白："天尊地卑，乾坤定矣。卑高以陈，贵贱位矣。动静有常，刚柔断矣。方以类聚，物以群分，吉凶生矣。在天成象，在地成形，变化见矣。是故刚柔相摩，八卦相荡，鼓之以雷霆，润之以风雨；日月运行，一寒一暑。乾道成男，坤道成女。乾知大始，坤作成物。乾以易知，坤以简能；易则易知，简则易从；易知则有亲，易从则有功；有亲则可久，有功则可大；可久则贤人之德，可大则贤人之业。易简而天下之理得矣。天下之理得，而成位乎其中矣。"[1]又曰："圣人设卦观象，系辞焉而明吉凶，刚柔相推而生变化。是故，吉凶者，失得之象也。悔吝者，忧虞之象也。变化者，进退之象也。刚柔者，昼夜之象也。六爻之动，三极之道也。是故，君子所居而安者，易之序也。所乐而玩者，爻之辞也。是故，君子居则观其象，而玩其辞；动则观其变，而玩其占。是故自天佑之，吉无不利。"[2]清楚可知，观象是为了领会存在之意图和形势变化而知成败得失之道，所关注的无非是生存问题。

象所启示的存在意图是最平凡之道，所谓"易简而天下之理得矣"。存在之道，无论天道人道，并非主观感悟，不是私密境界，而是事关万物众生之生存通理。《周易》曰："形而上者谓之道；形而下者谓之器；化而裁之谓之变；推而行之谓之通；举而错之天下之民，谓之事业。是故，夫象，圣人有以见天下之赜，而拟诸形容，象其物宜，是故谓之象。圣人有以见天下之动，而观其会通，以行其典礼，系辞焉，以断其吉凶，是故谓之爻。极天下之赜者，存乎卦；鼓天下之动者，存乎辞；化而裁之，存乎

---

[1]《周易·系辞上传》第一章。
[2] 同上书，第二章。

变;推而行之,存乎通;神而明之,存乎其人;默而成之,不言而信,存乎德行。"[1]显然可见,存在之道无非平凡通理。张盾给过一个清楚的现代解释:存在之道就是"自一然"的本义,存在所以存在,就在于重复到场,可重复性越高,存在的力度就越大,存在的可能性就越大,而存在所传达的消息就越平凡,因此,存在的根本特征就是平凡性,普遍必然的存在就是绝对平凡的存在[2]。这是我读到的关于存在的真知灼见之一种。总之,象传达的是最平凡也最有力的存在之道的消息。

象其实很抽象,一点也不像事物,并不是形象或意象(image),象甚至可以无形(如老子所说的"大象无形")。象也不是变相的概念,因为象没有描述性,象与"某物是什么"无关,对于象来说不存在知识论的符合性或似真性问题。象只是一种示意,一种启示,它提示或许发生的可能性,但又不是预言,它不说"事情将是什么"。象显示的是道之运作的迹象,是存在动态的消息,简单地说,象表现的不是物,而是不可定义的势。至于象所传达的内容是否正确,这不是一个关于象的正确问题,因为象提示人们关注未来的可能性,却没有预告未来,而未来之事本来就不可能提前讨论真假。既然指向未来,象的指示就类似于一种忠告,忠告并非普遍必然真理,因此忠告的意义不在于真假,而在于意图。象所表达的是生生不息的善意,是生存的希望。如前所论,存在之本意就是**永在**(to be is to be for good),因此存在必须**善在**(to be is to be good)。在这个意义上,象意味着先于知识论的存在之存在论意图。 象善意地表现世界,人以希望的意向去构象,正是存在论的善意使象具有了形而上学意义。

存在必须是向善的,否则违背存在之本意,此种存在论的善意本身并非伦理性的,但却是一切伦理学问题的基础。既然存在就是为了永在和善在,存在论就必须展示生生之条件,为了理解生生之条件,人类就必须以充满希望的意向去理解世界,甚至必须建立对事物的一种爱情,以便在自然中发现利于生生的亲善原则。奇妙的是,人类生生所需要的一切亲善原

---

[1]《周易·系辞上传》第十二章。
[2] 张盾:《道法自然:存在论的构成原理》,中国政法大学出版社,2001,p.21。

则同时也意味着看世界的美学观点——善与美果然是同一的，诚如维特根斯坦所言："伦理与美学是同一的。"[1]就是说，对事物的善意总是自动地成为对事物的美学理解，对世界的形而上学解释也因此总是善意的和美好的。在这个意义上，形而上学的确不是知识，而是人类关于世界的美学图景。维特根斯坦所谓善与美的一致性，理由就在于它们都是来自对永恒观点的理解："艺术品是从永恒的观点（sub specie aeternitatis）去看到的对象；好生活是从永恒的观点去看到的世界。"[2]

尽管形而上学的世界图景各有不同，但其根本意向都是善意和美学化的，可以注意到，在形而上学的世界图景中，所有缺乏善意的、恶劣的以及"难看的"因素都被排除或至少被淡化，而各种宜人的、友善的、祥和的因素都被突出和强调。按照善意和美学观点所组织的世界图像使生活具有希望，使世界成为家园，各种形而上学世界观尽皆如此。当然，世界图像的"优美秩序"是不可能被证明的，世界**本身**究竟什么样，我们不知道，也不可能知道，但我们知道我们想看到什么。人们在美感上不喜欢混乱又不喜欢单调，所以**希望**世界能够既丰富而有序，这是美学观点而不是科学观点。阴阳、动静、气象、和合、变化、通顺、反复等等概念表述的是一个美学风格世界观，尽管"多样/齐一"、"必然/偶然"、"因果/自由"、"普遍/特殊"等等概念似乎接近知识论概念，但其实是与美学观点相通。

有个有趣的问题值得一提，李泽厚宣称美学是第一哲学[3]，这是关于第一哲学的一个很另类的看法，这与李泽厚强调"乐感文化"有关，其根源是孔子"成于乐"的说法。不过，孔子却恐怕不会同意把美学看作第一哲学，而估计会把以仁义为本的伦理学或者源于易经的道的形而上学看作第一哲学。根据前面的分析，形而上学的世界观虽然是一种美学观点，但美学观点并非形而上学的根据，相反，美学观点是形而上善意的一个结果。

---

[1]　维特根斯坦：《逻辑哲学论》，§6.421。
[2]　Wittgenstein: *Notebooks 1914–1916*. Oxford Blackwell, 1961.（7，10，1916）
[3]　李泽厚：《实用理性与乐感文化》，生活·读书·新知三联书店，2005, pp. 52–53。

第二部分:

从世界之谜到

生活之惑

1. 没有答案的问题仍然是问题

如果失去与生活的相关性（relevance），思想就失去根据，至多是智力游戏。思想与生活的相关性意味着思想必须对生活负责任，也意味着在科学和逻辑语言中不可说的问题终究不得不说。在对待不可说的问题上，维特根斯坦的态度颇为意味深长："即使一切可能的科学问题都被解答了，我们的人生问题还是全然没有被触及。当然那时已不再有什么问题留下来：而这就是解答了。"[1]维特根斯坦似乎暗示说：对于生活问题并没有科学答案，人们只能自己去体会，如果实在领会不到生活的意义、幸福和价值，那也没办法，别人帮不上忙。一个人即使自己是幸福的，也不可能教会别人幸福——"幸福的人的世界与不幸的人的世界是完全不同的世界"[2]，无法沟通因此爱莫能助——于是"除了说，幸福地生活吧，人们似乎没有更多可说的"[3]。维特根斯坦自认为这种理解是一种独特的唯我论："我走过的道路是这样的：唯心论把人从单一存在的世界中分离出来，唯我论又把我单独分离出来，最后我看到，我也属于余下的世界，因此一方面没有余下别的什么，另一方面唯独留下这个世界。"[4]这样就能够理解维特根斯坦所说的"世界与人生是一回事。我是我的世界（小宇宙）"[5]。既

---

[1] Wittgenstein: *Tractatus Logico-philosophicus*. §6.52.
[2] Wittgenstein: *Tractatus Logico-philosophicus*. §6.43.
[3] 维特根斯坦：《1914—1916年笔记》，见《维特根斯坦全集》，第1卷，涂纪亮等译，河北教育出版社，2003，p.161。
[4] 同上书，p.173。
[5] Wittgenstein: *Tractatus Logico-philosophicus*. §5.621；§5.63.

然"我的世界"无论是幸福的还是痛苦的，都与别人的世界不可通约，不具有通理，因此我的生活真谛对别人无所教益，而我的生活真谛对自己却如此明显，对自己无需废话，我至多指出：瞧，我的生活就是这样的。

维特根斯坦的唯我论有一种惊心动魄的深刻，但唯我论的世界并非百毒不侵而总能独善其身。也许唯我论可以定义自己的幸福，也许还可以定义自己的美学观点，甚至定义自己的伦理观点（这一点恐怕有些疑问），也许唯我论以我的幸福观点、我的美学和我的伦理观点定义了我的世界，可是唯我论的世界里没有**他人**，这是唯我论世界的局限性和致命的存在论隐患。唯我论所界定的世界不包含他人的观点或追求，这个世界就没有交往和对话，没有比较和差异，甚至无所事事，万籁俱寂。换个角度说，唯我论的世界里没有**政治**（维特根斯坦不讨论政治，这在伟大的哲学家中极其罕见），而缺乏政治维度的唯我论世界不仅无法解释现实世界，也对付不了来自现实世界的挑战，唯我论世界在政治挑战面前不堪一击而难以存在。

假定唯我论的主体可以确定一个世界和生活的标准，那么，另一个唯我论的主体也同样可以确定另一个世界和生活的标准，不同的唯我论世界之间有可能存在无可回避的冲突，而唯我论世界的精神边界无力抵抗任何物质性的入侵，无法处理和应对暴力和权力的入侵：人要杀人怎么办？别人试图将其观点强加于我怎么办？多数人民主集体决定每个人必须服从某种观点或只能选择某种生活怎么办？强人试图压迫剥削支配控制别人怎么办？即使唯我论者具有难得一见的以身饲虎杀身成仁之决心，也仍然没有解决这些问题。唯我论的世界也许在精神上自身完满自足，但精神拯救不了物质，而且有可能在物质上被彻底摧毁。唯我论的世界缺乏存在论上的自保能力，无法处理真实世界里的问题，经受不起政治和经济问题的挑战，唯我论世界在真实世界中无处藏身，因此，唯我论的世界至多在意识上达到自身圆满，而在存在论上却是一个不可能的世界。

每个人都存在于众人之中，因此必须思考如何存在于众人之中，必须思考我的生活如何在众多他人的生活之中得以展开。这里的问题不再是世界之谜，而是**生活之惑**。这是哲学问题的一个根本转向。生活之惑事关命运，事关生死存亡，生活的时时刻刻都是对命运的一个选择，生活之惑一刻都不让人消停，迫使人们必须立刻——就在此时此刻——去思考和解释，无法像求解世界之谜那样，可以慢慢探索。生活之惑之所以总是"就在此时此刻"而无法回避，是因为生活始终在未定因素中展开着，生活有着永远的现时性，生活之惑也就有着永远的现时性，而永远的现时性意味着永远的未来性。凡是包含未来性的行为都关乎命运，而命运不是知识对象，而是没有定论的创作过程，生活的未定性和自相关性注定了生活的每一步都是困惑。生活之惑不可能在维特根斯坦式的"沉默"中自动变得清楚，沉默至多显示"我的世界"之界限，却不能显示"我们所在世界"之界限。维特根斯坦对生活有着一种高贵的理解，但无助于解决人类所遇到的生死存亡问题。理解无法改变事实，幸福的人只能使自己幸福，却不能使不幸的人变得幸福，而人类整体的不幸却会淹没任何人的幸福。对于人类命运，唯我论是不够的。

据说维特根斯坦甚至没有耐心去了解海德格尔，分析哲学家们更是乐意证明海德格尔无非玩弄了逻辑混乱的语言（这一指控并非无稽之谈），但海德格尔却深入讨论了维特根斯坦报以沉默的生活问题（不过海德格尔似乎也没有认真研究过维特根斯坦）。海德格尔从关于一般存在的存在论转向关于人的存在论，这是极其重要的转向。这个存在论转向的理由大概是：人是唯一能够就存在发问并且反思存在的存在，因此，任何关于存在的问题必定首先是关于人的存在问题，或者说，如果不通过人的存在，存在就无从显现也无以揭示。这个理由虽非必然（不排除有的人只想讨论"灿烂的星空"或者"独角兽"什么的），但肯定是个相当有力的理由。毫无疑问，任何关于存在的问题都是因为并且通过人的存在问题而被定位的，因此，人的存在理应占据存在论的首要位置。不过，把人的存在当成思想的首要问题并非海德格尔之首创，希腊哲学家对人的兴趣至少不弱于对自然的兴趣，只不过后来的神学和科学轮番遮蔽了生活问题。中国的传统哲学家自古就以人的生存作为首要问题，即"生生"的问题，阴阳之道，变化之数，仁义之理，礼乐之制，历史之论，兴亡之忧，一切思虑皆因生生的问题而具有意义，甚至可以说，中国的绝大多数传统哲学家都只关心人的存在问题。

海德格尔的思想转向是对笛卡尔—胡塞尔思路的背离。按照海德格尔的思路，笛卡尔的"我思故我在"其实仅仅思考了"思"（cogito），并没有讨论"在"（sum），可是如果不去讨论我在，我思又有什么意义呢？〔1〕海德格尔的批判击中了意识哲学的要害。显然，存在首先就是存在，而不是别的，人的存在"总是从其生存来领会自身，总是从其本身的可能性——是或不是其自身——来领会自身"〔2〕，因此，我在优先于我思，我在必定是"在世之在"（being-in-the-world），于是，我在之原初问题就是我的在世遭遇。海德格尔的这番道理无论对于儒道法墨诸家来说都只是平平无奇的共识，对于希腊哲学家也不稀奇，但在现代哲学语境中却是对知识论长期统治地位的颠覆。现代的知识形而上学制造了一种心灵离世幻觉：当心灵思考世界，好像是处在世界之外的"对面"去看世界，于是心灵成为"此处"的主体，而整个世界连同万物都成为心灵对面的"彼处"对象，就好像意识世界和实在世界平行而同辉。无论经验论还是理性论，包括从笛卡尔、休谟、康德到胡塞尔和维特根斯坦在内的现代哲学家都在这个格式中去思考（按照维特根斯坦的比喻，心灵与世界的关系就像眼睛与视野）。心灵与世界的这种知识论关系掩盖了人与世界最直接最基本的关系，即在世界中亲身与万物打交道的关系。当知识问题遮蔽了存在问题，思想就忘本了。为了拨乱反正，海德格尔直面作为"达在"（Dasein）〔3〕的人，而人的最基本生活状态是"挂心"（cura, care, sorge）〔4〕，而不是现代知识论所突出的"思想"（cogito），就是说，挂心先于思想，必先有

---

〔1〕 海德格尔：《存在与时间》，陈嘉映、王庆节译，生活·读书·新知三联书店，1987，p. 57。
〔2〕 同上书，p. 16。
〔3〕 Dasein 通常翻译为"此在"、"亲在"等，我觉得翻译为"达在"不仅语音接近，而且含义也近似。
〔4〕 Cura 德文为 Sorge，英译为 care，含义都似乎稍有损失，cura 几乎是中性的，也比较外向，是对各种事情的关心。相比之下 care 较为相近，而 sorge 有些内向之忧的心境，也许海德格尔故意强调此种忧心感觉。常见中译有烦心和操心，而古汉语的"忧"似乎较为贴切，但现代汉语更习惯双字词汇，王歌女士建议采用"忧心"，因为 sorge 总是带有忧心的味道，特此致谢。我在文中主要使用比较中性的"挂心"，在某些情景下也用忧或忧心。

"挂心之忧"（cura），然后才有"思虑"（cogito）。人的存在状态无非就是挂心[1]，这是真知灼见，的确，如果无可忧心，思想又有何必要？由此，哲学焦点由世界之谜回归生活之惑。

人之在世，必须与他人共处。这个基本事实正是孔子与老子最为重视的问题，也是海德格尔必须面对的问题。对于儒家来说，与他人相处正是人生意义之所在，无共处就无生活，因此，无论与他人共处是多么麻烦、困扰甚至危险的事情，生活都只能在与他人的积极共处中去创造和展开，或者说，只有积极的共在才能肯定存在，才能实现存在之生生本意，否则必是存在之否定。与儒家在他人问题上的积极肯定态度有所不同，海德格尔对他人的理解是沉重而紧张的，这种忧心忡忡揭示着他人问题的另一面。海德格尔对紧张不安状态的强调很可能与现代生活有着密切关系，而海德格尔对紧张的深刻揭示又通过一度十分流行的存在主义反过来加深了人们的现代情绪。从海德格尔选择了cura一词的典故来表达人的存在境遇就可以看出其中的形而上紧张感，cura的拉丁含义是多重的，是挂心、忧心、关心、关注、负责、愁事、焦虑、麻烦、任务等含义的综合体，其基本意义虽是中性的，但似乎稍偏向沉重和拖累的消极意义（大致相当于古汉语的"忧"）。海德格尔对他人的理解是中性而偏消极的，而儒家的理解则是中性而偏积极的，对他人理解的微小差异隐含了理论上的深刻分道扬镳。

人之在世，"我挂心"确实比"我思"更基本，不过，既然我的存在论地位被假定为优先的，怀忧之我仍然是一个唯我论的存在，仍然以唯我论之忧心去理解世界和他人，这种在世方式在本质上仍然是在排斥世界和他人。海德格尔相信，我只有处于完全自主状态中才是"本真的"状态，才是具有唯一性的本真自我（authentic self）。本真自我坚决要求自主地位，拒绝被淹没在匿名的"常人"之中（das Man，即"随便谁"，大概相当于世俗大众）。在常人主导下，人就会失去本真自我而形成扁平化（level down），陷于"谁也不是"的平均状态，也就失去了存在的本真意

---

[1] 海德格尔：《存在与时间》，陈嘉映、王庆节译，生活·读书·新知三联书店，1987，pp. 240–241。

义。海德格尔对"我在"的分析透着一种典型的现代纠结情绪：一方面接受作为现代性的个人主体性，另一方面又拒斥作为现代性的大众性。事实上，个人和群众是现代人的配套产品，是现代人不可分割的两面，只要人被制造成为独立自主的个人，那么个人就势必同时成为平均化的人人，就是说，如果人人都是个人，个人就难免是人人，因为每个人得以成为个人的精神资源、权利空间和价值观是高度相似的，因此必定形成大众，个人正是因为人人都成为个人而失去个人性。个人性与大众性的搭配无可挑选。

海德格尔的态度隐含着精英主义，他试图拯救无可奈何地"丧失在常人之中"的人的本真概念，因为本真存在才能证明人的绝对尊严，可是，"从常人中收回自己"[1]不可能是每个人的存在使命，否则就不存在常人了，由此可见，人的本真概念并非对任何人都普遍有效的人的概念。海德格尔甚至讥讽说："常人总是我呀我呀说得最响最频"[2]，却根本不理解什么是本真自我，可是，谁又能证明自己有个独特的本真自我呢？这里对精英主义的质疑与所谓"政治不正确"的现代大众标准无关，事实上精英主义不乏透彻见识，可这里的问题是，精英主义只能是一种文化观点，而不可能支持任何形而上学观点，因为形而上学问题必定是普遍有效的问题。人的存在的形而上学问题只能是一个**对所有人都同样有效**的普遍问题，而不可能是一个关于特殊人或特殊存在的问题，普遍有效的形而上学问题不可以甄别人或分裂人，形而上学要理解的是在普遍意义上的人，而不是特别之人，同样，形而上学要研究的是普遍的生存问题，而不是特殊的"本真"状态。因此，任何以主体观点或唯我论观点为准的存在论都是无效的。唯我论可以是一种知识论观点，甚至可以是一种另类"伦理学"观点，唯独不可能成为存在论观点。很显然，根据存在之生生原理，任何人之生存都因他人之生存而成为可能，因此，人的存在必然蕴含着人的相互依存，没有任何个体能够超越相互依存而具有存在意义，没有任何个体

---

[1] 海德格尔：《存在与时间》，陈嘉映、王庆节译，生活·读书·新知三联书店，1987，p. 321。
[2] 同上书，p. 382。

能够超越相互依存关系而被理解。个人的独立性（independence）可以是一个伦理学或政治学原则，但却是一个存在论神话。

个人独立性或主体性概念基于自由。康德对自由的理解是深思熟虑的：自由虽然超越了因果关系，却服从理性的普遍法则，因此，康德想象的自由并非自我的自由，而是理性为人人宣布的自由。康德的努力就是试图证明自由与理性是一致的，而理性是自由成为可能的条件。尽管按照宾默尔的分析，康德的逻辑错误使其伟大理想功亏一篑：即使康德能够论证我自由地意愿遵循理性法则，也不可能形成普遍有效的实践法则，因为我不是人人，由我愿意不能推论每个人愿意。康德的自由虽然不能解释实践的普遍法则，但至少能够解释自律。可是海德格尔的存在主义自由甚至失去了自律性，海德格尔所理解的自由似乎摆脱了理性负担，于是自由成了人的**唯一**本真状态，据说这种本真自由能够通向完善："人能够为其最本己的诸种可能性而自由存在，而在这种为他最本己的诸可能性自由存在筹划之际成为他所能是的东西，这就叫人的完善。"[1]如果按照康德的思路，理性指导下的自由通向完善，虽非普遍必然，却还是可能的，但如果按照海德格尔的思路，没有理性负担的自由通向完善，就有些难以置信了。自由本身不能提供任何客观准则，无准则的自由也许是"本真的"，却难免因为无标准而失去意义，并且使人陷入选择的迷茫。摆脱了理性限制的自由无处借力，结果反而使本真自由成为虚构，使人失去必然的立足之地，这个后果在海德格尔晦涩艰深的理论中并不显眼，但在萨特对存在主义的流俗发挥中则清楚可见。存在主义虽已成往事，但其不良后果至今尚存，人们仍然喜欢声称要"找回自己"或"做自己"。可事实是，追求自我的绝对独立必然试图挣脱他人，而越挣脱他人，自我就越空洞，因为任何人的生活内容、意义和价值都是他人的恩赐，而他人对我在的恩赐正是我在的存在论条件。

现代存在论的可疑之处就在于以意识哲学的概念去分析存在论问题，

---

[1] 海德格尔：《存在与时间》，陈嘉映、王庆节译，生活·读书·新知三联书店，1987，p.241。

可是意识哲学的概念与存在论问题却根本不匹配。存在论不需要主体概念，在存在论的世界中不存在主体。对于存在论问题，主体是个不合逻辑的概念，在存在论意义上，一切存在都是平等并存的，每个人都是对称互动关系中的一个行为者，没有什么存在是个对象，人也不是主体，而仅仅是行为者。主体概念是存在论中的知识论残余，知识论之所以需要主体概念，是因为一切事物都被对象化而成为知识对象，可是在存在论中，行为主体对其他存在没有任何立法性——主体性只能为现象立法而不可能为存在立法，主体性只能为意识提供标准而不可能为存在树立标准，人只是万物的知识尺度，而决非万物的存在尺度，于是，主体性概念在存在论中完全报废，或者说，在存在论中，主体仅仅是行为主体（类似法律说的行为主体），而不具有主体性（subjectivity）。在知识论之外使用任何主体性的观点，无论是 cogito 还是 curo，都是僭越，既是渎神的，也对他人不敬。如果没有意识到这一点，就不可能理解存在论。既然存在先于价值和知识，那么，存在论就先于任何价值观和知识论，存在论就必定意味着一视同仁，万物平等，众生平等，在理解存在问题时就不能预设或征引任何价值观或者知识原理，只能以存在理解存在。存在论不可能承认任何主体性，不承认任何主观角度，不承认我的优先地位，否则不可能理解存在的纯粹原理。

以存在论的观点去看，即使每个事物都是特殊的，也不具有特殊地位。假如以不平等的观点看待不同事物，那就不是存在论了，而是文化、道德或意识形态观点。对事物的任何爱恨都不是存在论观点，存在论要表达的不是任何主观观点，而是"万物存在"的道理，老子的"天地不仁"原则就是最纯粹的存在论观点。当存在论研究人的存在，也只是试图研究普遍有效的生存问题，而不是表达特殊的存在体会，同样只能"不仁"地看待一切人，恰如理解万物那样无偏无私。存在论不可能眷顾特殊的人，不可能支持任何一种主观观点，不可能许诺任何人的特殊地位，不可能偏爱某种价值观，在存在论中，所有存在（包括人）都是平等匿名的存在，任何存在都是本真的，雄壮的狮子和野牛是本真的，丑陋的鳄鱼和蛇是本真的，苹果和橘子是本真的，君子和小人是本真的。以存在论去思考人的问题，所见只是人们所做之事（factum），所思只是什么事情是做得成的（或做不成的），或者说，什么事情能够存在（或不能存在）。人的存在论问题是如何存在，而不是如何体会存在，这一区别就像战争与战争文学的区别，或者恋爱与情诗的区别。人在生存中体验到的烦心、恐惧、决心、勇气、迷茫和绝望，诸如此类的深度情感，都是关于存在的意识问题，却不是关于存在的问题，这两种问题虽然相关，但有毫厘千里之别。无论诗意还是俗心，无论本真的领悟还是常人之浑浑噩噩，都是关于生存的意识问题，近乎心理学、美学和文学的题目，却不是存在论问题。简单地说，存在论不关心存在之体验，只研究存在的可能性。

无论海德格尔还是维特根斯坦，都发现了在知识论之外有着更重要或更基本的哲学问题，都意识到生活之惑是比世界之谜更根本的哲学问题，但他们都没有摆脱或超越知识论的方法论。对于生活之惑，维特根斯坦报以深刻的沉默，而海德格尔试图表达深沉的领悟，虽有天才之见，但终究没有触及生活的存在论问题，那就是无论贫富智愚、无论本真或庸俗、无论幸福或不幸的每个人都必须处理的存在论问题：如何存在？何以善在？我们必须小心区分存在问题与生活意义问题，或者说，存在与为什么存在的问题。生活意义或者为什么存在的问题无疑是个重要的形而上学问题，但不是严格的存在论问题。存在论不可能解释生活的意义是什么。当说到生活的意义，我们显然预设了生活有某种超出存在本身的目的，此种目的也许有，但并非存在论所能够表达，存在论的最大表达额度也许只能够表达存在之善在状态，通常称为幸福的那种状态。幸福可以被理解为一种生活意义，但并非形而上的那种"生活意义"（我曾经在《论可能生活》中试图论证，除非把生活的意义约束为生活的内在意义，生活意义才是可以表达的，而生活的内在意义在于幸福，即自成目的的行为。但这只是一种有限制的解释，仍然不是对形而上的生活意义的解释）。

本来，当海德格尔发现了 curo 优先于 cogito，就已经从意识哲学的侧面（尽管不是正面）接近了存在论问题，但海德格尔专注于"挂心"的意识性质，而没有去深究所挂心的事情，于是错过了那些对生存构成根本挑战的问题，即每个人疲于奔命穷于应付的战争与和平、权力与权利、冲突与合作的问题。这些事情似乎属于伦理学或政治学问题，但最终是存在论问题，或者说根植于存在论问题，从根本上说都是关于存在或不存在的抉择。海德格尔关心如何本真地领悟存在，这个问题固然诱人，但并非存在论问题而仍然是关于存在的意识哲学问题。俗人的生存也是生存，活在被遮蔽的状态下也是生存，缺乏对本真存在的领悟是一种意识缺陷，却不是生存的缺陷，因为对生死存亡的存在论问题毫无影响。

如果生活不出问题，其他一切问题或者不会出现或者可以悠然待之。对生活之道的形而上学困惑与日常困惑无关。人们对生活的理解往往似是而非，经常错误地认识生活，这些只是日常困惑，并非哲学困惑。既然信息永远不充足，那么，人们经常看错生活就不足为奇。对于日常困惑，那些貌似智慧的格言就足以糊弄人。我们真正为之所惑的是生活的悖论状态：即使生活之道是显而易见的真理，或者是几乎人人同意的原理，但却很少有人知而为之，人们甚至明知故犯，故意选择错误，即使其行为后果适得其反，人们仍如飞蛾扑火前仆后继地自取灭亡，如此悲剧性的怪事才是存在论的困惑。此种怪事意味着，知道并不必然导致行道。假如知而不行，还能算是知吗？又有什么意义？人类的无节制掠夺和消费、无必要的竞争和冲突、无休止的暴力和战争已经为自取灭亡的行为方式提供了无数事例，对此难以理解的怪事，人们只有迷惑，也只能迷惑。

很显然，错误的存在方式完全违背生生之理，违背存在之本意。苏格拉底曾经指出：无人自愿犯错。道理是对的，可是事实证明，人们往往明知故犯各种错误。这个于理不通的事情正是人的最大存在论困境。理性难以解释为什么存在会去否定存在的本意，为什么生活会变成对生活的否定，理性为什么居然对此无能为力，而据说理性是我们唯一的得救之道。这就是生活之惑。在某种意义上，维特根斯坦的沉默与苏格拉底的茫然无知（aporia）意境相通。人类历史上不断重复出现的所有关于生活的质疑和迷茫都触及了存在的神秘性和悲剧性。人类似乎至今仍然不懂生活之道，即使懂了某些生活之道，也不相信生活之道，即使相信了生活之道，也不去实践生活之道。人们为什么故意犯错？一定是什么地方出了问题，而这个问题一定触及存在的真正秘密。

假如凡是能够想清楚的都并非生活的根本问题（维特根斯坦困境），假如碰巧知道的道理也终究不可能落实（苏格拉底困境），那么，思想的意义何在？这让人想起阿里斯多芬在《云》中所讥讽的事情：用心良苦的严父斯瑞西阿斯准备把不肖子菲狄庇得斯送到苏格拉底的"思想所"接受教育，可是菲狄庇得斯听人说，那里貌似有智慧，但其实"没什么有用东西可学"，斯瑞西阿斯训斥道：谁说在那里学不到东西？你学了就知道原来人是多么愚蠢和糊涂[1]。斯瑞西阿斯这个解释很有喜剧感：如果所能学到的智慧无非是让我们知道自己是多么愚蠢，事事糊涂透顶（暗指苏格拉底"自知无知"的教诲），那么这样的知识正好证明了这种知识百无一用。当然，自知无知对理性有着警醒作用（孔子、老子与苏格拉底有着部分类似的看法）。不过，自知无知另有一种副作用：假如不知道必须做什么，就有可能随便做什么。承认无知就间接地承认没有标准，没有标准就意味着可以"无知者无畏"甚至胡作非为，因此导致混乱和冲突，甚至形成霍布斯的无序丛林。前面说到的阿里斯多芬故事的结局是：菲狄庇得斯学完"自知无知"的智慧后，深刻体会了由无知到无畏的精神，因此变得更加肆无忌惮，他甚至很有创意地认为，既然没有必然的理由不许人重新制定法律，因此不妨制定一种"殴父有理"的法规以便教训其父[2]。阿里斯多芬这是在讥讽哲学所谓的智慧只不过就是知道无知，而既然不可能辨别好坏是非，那么无知就是无赖的合法理由。如果无知可以合法地导致无赖，问题就严重了，我们又能拿什么标准去对生活负责呢？

在缺乏必然答案的地方就出现怀疑论。针对外在世界的怀疑论尚可忍

---

[1]　Aristophanes: *Clouds.* 840–843. 这里是根据我们叙述的语境稍加改写的。原文是这样的：菲狄庇得斯说：可是跟那些人（哲学家）到底能学到什么有用的东西？斯瑞西阿斯回答：这还用问吗？当然是智慧了，那可是人类思想的最高境界，学完了你就知道了你有多么糊涂，多么愚蠢（Pheidippides: But what could anyone learn from those men, that is any use at all? Strepsiades: You have to ask? Why, wise things, the full extent of human thought, you will see how thick you are, how stupid）。

[2]　Aristophanes: *Clouds.* 1421—1425.

受，但针对生活的怀疑论就是对人类命运的挑战了。人类可依靠的只有理性，可是我们又必须承认理性的种种局限性：（1）无法知道世界总体原理；（2）无法知道关于事物的绝对知识；（3）无法知道未来；（4）无法确定价值的普遍必然标准。前三种局限虽是对知识的严重挑战，但仍然可以忍受（缺乏必然知识的生活或许另有一种"诗意的"美感），可是失去价值标准的生活却忍无可忍。虽然价值难以找到事实根据，可是价值却必须看护存在。

2. 到底哪些东西是超越的?

抵制怀疑论的一种办法是像摩尔那样憨厚无辜地举起双手说：这真是一只手，另一只手也是真的呀。还可以用真实的手指出这个和那个真实的事物，石头、树木或房屋什么的。这是个可爱而不可信的笨办法，摩尔无法证明这样做是可信的，我们也不能。但这不要紧，这种知识论的争论无论有什么结果，都对事物没有影响，对行为也没有影响，因此对生活也没有影响（哲学经常争论一些有趣而无用的问题）。如果摆脱概念的诱惑或话语的困扰，人人本来都知道，世界中有这样或那样的事物，发生这样或那样的事情，于是形成这样或那样的问题，这些事物、事情和问题都存在，其中有些事情和问题将决定人类的生死存亡，对于这些要命的问题，我们无法慢慢地奢谈怀疑论。

思想比生活走得远。越是遥不可及的终极问题就越吸引人，所谓"人生不满百，常怀千岁忧"。假如人生千岁，生活的许多问题就会有很大变化，比如说，教育、工作和时间观念会有所变化；假如人生万岁，所有问题就恐怕会有实质变化，人们的道德、政治到历史的观点都会发生根本变化，至于是否变得更有趣就不得而知了；假如不朽如神，生活的绝大多数问题都将消失，估计连真理、善恶、公正、平等之类的问题都失去了意义，大概只剩下艺术或美学问题（想想维特根斯坦所说的：艺术是从永恒角度去看事物），由此似乎可以解释为什么造物主对俗世苦难不太重视，因为造物主埋头于艺术问题。正因为人是有限的存在——海德格尔相信，由于人会死，所以存在才是问题——所以遇到的都是难以割舍的困难问题。生活的问题如此难以解决而令人绝望，因此，**一揽子**解决所有困惑的终极想象就具有无法抗拒的诱惑力，人们明知此种想象是幼稚的，但还是忍不住希望能够有一个一劳永逸的终极解释。

终极问题和终极解释都与超越的存在有关。人们喜欢说，有一些最为根本的存在是"超越的"（transcendent），那么，到底什么是超越的？有哪些存在是超越的？这却是个未必清楚的问题。超越的存在原本与宗教和神学语境有关，不过这里要讨论的是哲学语境中的超越性。关于超越的存在，似乎没有一个标准说法，但可以有多种同样合理或殊途同归的表述。在康德看来，凡属于经验意识之中的表象，就称为内在的；凡是超越了经验界限的存在，就称为超越的。这是一种知识论意义上的经典理解。我们可以给个更广义的说法：凡是理性无法做主或管理不了的领域；凡是知识无能为力的领域；凡是对人的自由构成了外在限制的事物，都是超越的。也可以说，凡是在主观性的能力或权限之外的存在，无论如何也不可能由主观性所解释、安排和支配的存在，不可能由主观性做主和立法的存在，即对于主观性来说，永远保持其无法克服的**外在性**（exteriority）的存在，就是超越的。这个解释不仅考虑到了经验的界限，而且考虑到意志和权力的界限，这样，关于超越性的理解也许就比较全面了，简单地说，超越性就是相对于主观性或主观意识而言的绝对外在性。

"主观性"概念（在某些语境中也称主体性）可以是一般主观性，即代表人类的普遍主观意识，也可以是特殊主观性，即个人的主观意识。通过这两个层次的主观性可以确定到底有哪些超越的存在项目。在知识论里，主观性指的是普遍意义上的我思的全部性质，即人类性的、非个人的、普遍通用的我思的一般性质，这个"一般的我思"是无名的、通用的、共同的，不代表个人而代表人类整体心灵，以人类的名义去思想和说话，因此其相关的核心问题是真理和意义。对于一般主观性而言，第一种超越的存在是外在事物本身或由所有外在事物构成的世界本身。如果按照个别事物去计算，超越的存在就无比多，但对于需要分析的问题而言，显然无须这样计算，所有外在事物可以合并同类项地归入世界本身，因此，世界就是第一个超越存在。世界是相对于我思的超越存在，世界的外在性是主观性消化不了的，我们无法彻底认识也无法操纵和控制它。超越的世界是自然存在，人的自然存在，即身体，也是自然世界的一部分，因此应该是超越的。不过，人的身体存在有些特别，它至少部分地受到意识的支配，于是又似乎并非完全是超越的。自笛卡尔以来，许多哲学家讨论了这个"身心问题"，但没有获得决定性的答案。这个问题虽然有趣，但其实无关宏旨，它并不影响世界的超越性。

第二个超越存在是造物主。造物主本是宗教和神学意义上的超越存在，对于哲学并非必要问题，造物主所以值得一谈，是因为造物主的概念使得世界发生了精神化，使世界的超越存在不仅仅是自然性的，而且还具有了精神性，尤其具有了伦理意义。大概可以说，世界的自然存在加上绝对价值就变成了造物主，而形而上学就变成了神学。当然，这里无须考虑造物主的宗教意义，那么，在哲学上，给超越的自然存在加上超越的精神性是否有意义？在纯理论上说，超越的精神存在不仅缺乏证据，而且是个多余的假设（属于奥卡姆剃刀可以剔除的项目），因为超越的精神存在并不是解释超越的物质世界的必要理由，同样，超越的精神存在也不是解释生活意义、价值和规则的必要理由，尽管是一个解释生活价值的方便理由。不过，即使假定了造物主这个超越的精神存在，其实也无法自圆其说地解释人的行为。既然人的心灵是自由的，能够自由选择，那么就不必然非要承认和接受造物主所给的价值选择（比如异教徒就不承认造物主的价值标准而自得其乐），于是，造物主与人的关系就只是一种互为主体、互为对象的关系，双方对于对方都是超越的存在，都具有无法克服的外在性，尽管造物主比人强大得多。而且，由于造物主不在人的生活里出场，不是人的生活的参与者，也就不是人的生活的必要条件，人可以悬隔造物主问题而对生活的选择毫无影响。因此，造物主只是一个疑似的超越问题或虚拟的超越存在，它可以是某种精神象征，可以是神学问题，但既不是一个思想问题也不是一个实践问题，并不像自然世界那样是无法回避的超越存在。

第三个候选的超越存在是自我（ego），这是意识哲学制造出来的一个似是而非的超越存在。如果说，每个人反思自己时都能够反身地意识到"自身"（self），比如说自己身体或自己的意识统一性，这是容易理解的，这个自身在存在论上等价于个体存在本身，即个体的身心整体，其中，身体属于自然存在，心灵则是意识，即主观性，这些都不成问题。但是，人们进一步想象了一个主宰着意识而不被意识内容所定义的"自我"，自我发动并支配着我思而又不被所思所描述和定义。假如果真如此，自我就是一个超越的存在。人意识到自身是意识的自然能力，可是自我却显然不是意识的自然发现，自我是个想象的概念。我猜想（尽管并无确证），那个幽灵般的自我是作为造物主在人的身体中的代理者而被虚构出来的（在这个意义上，自我也是神学的存在），自我作为身体之灵就像造物主作为世界之灵，这两者甚至有着对称的虚构性，无论造物主还是自我都缺乏在场证据。不现身的自我果真可能吗？假如它不被所思内容所定义，自我就无法显现而且无所显现，它就变得非常可疑了。假定一个人从来没有想过任何事情，意识是白纸，那么这个人就没有我思，即使假定他有个从未被使用的自我，那也因为缺乏内容而无法被界定，这意味着，自我既不在实践中也不在概念中存在，它根本就无所指。我思的全部意义必须由所思去定义，在意识反思自身时，我思就必定完全对称地表现在所思中，不能在所思中被反思的也就不属于我思，显然，在所思之外，自我无处藏身，而在所思之中，我只是主语而不是自我，所谓的"自我"其实只是个语法存在，并不是实质存在，因此，自我对于主观性是一个多余的假设。

　　第四个超越存在是他人，这是与生活问题最为密切的超越存在。对于主观性来说，世界虽是超越的，但世界只是个被动对象，被我们的知识所表达或被我们的行为施予作用，世界的"反应"只是自然反应，并无针对人的特别心机或意图，因此世界的超越性是惰性的。他人则完全不同，我和他人互为自由和创造性的超越存在，其间的互动形成了一切可能的主动挑战。当我对待他人时，我的观点总是被优先：我把他人看成这样那样，认为他人应该如何不应该如何，总想左右他人，就好像我是天赋的立法者，有着先天或至少是优先的立法权利，可问题是，他人也是这样想的，于是我的观点和行为往往落空甚至事与愿违。正因为我和他人同为自由的超越存在，因此我和他人的共同存在很容易出现无效率的存在论状况。也许人类整体的主观性可以给世界立法，但个体的主观性却没有权利也没有能力给他人立法，即使以普遍理性之名或者诉诸暴力为他人立法也不可靠，因为他人也可同样以普遍理性之名或暴力而反其道而行之。我没有理由代表他人，而只能与他人商量。

与他人商量也非易事。他人与我是互为主体的对称关系，他人总能与我想得不一样，甚至能够故意想得不一样；他人总能按照他自己的想法去做事，能够拒绝我，不理我，故意让我恶心，与我斗争，甚至压迫我，就像我什么都干得出来，他人也什么都干得出来。因此，他人与我互为超越存在的存在论关系决定了他人首先是一个存在论问题，而后也是经济学、伦理学、政治学、知识论和美学问题。总之，他人是个全方位的问题，他人是我的衣食父母，是我的兄弟，是我的敌人，是我的对话者，是我的合作者，是我的对手，是我的全部爱恨情仇，他人实践地（不仅仅是意向地）构造了我的整个生活，这是一个善恶兼备而又不可拆分的事实。他人于我是个十分沉重的存在，这一点使许多人对他人采取偏激的理解，比如萨特把他人说成是地狱，而列维纳斯则相反地把他人看作我的造物主，这些带有太多文学激情的夸张理解都是误导性的。

在诸种超越的存在中，他人最为特别。他人虽具有绝对外在性，却又必然出现在我的世界之中而不是居于我的世界之外。我们知道，自在之物是外在于我的世界的超越存在，而相对于外部事物，我的意识内容可以独立自足，正如胡塞尔所证明的，我的意识所理解的事物可以不依赖外在事物，我的意识可以全权决定我的所思，因此我能够完全决定我的世界。可是在他人这里，情况发生了深刻的变化：我的全权意识在理解他人时失去了决定性，我对他人的理解如果没有获得他人的认同，就只是一面之词，而不具有普遍有效性。尽管我可以故意坚持唯我论态度，比如说坚决把他人看作混蛋或白痴，但这完全无济于事，白费功夫，他人是什么还是什么。我的意识无法改变来自他人存在的消息，无法改变他人的意向，我的主观性无法虚构他人之心，我的主观性不再能够构造出由我做主的客观性（现象学的主观性对于他人是无效的），我的主观性对于他人失去了普遍有效性，我无权也无力为他人树立标准。

还有更严峻的挑战。我的意识不仅无法改变他人，连自保也不容易。他人必定入侵我的世界，我的意识的独立自足性必定被他人所干涉，我的意识内容并不全由我做主，而不得不接受他人的参与。必须注意的是，他人的挑战并不能简单地被理解为灾难，因为如果我的意识拒绝他人的参与，我的意识就反而因此失去意义，或者说，如果我的世界不是部分地为他人所决定，我的世界就反而失去意义参照和价值标准，因此——此事确有些特别——他人既在我的世界的外面，又同时在我的世界里面，他人是我的世界**内部的一个外在存在**，我的意识对他人的意识无法设防，他人的意识以各种信息的形式渗透到我的世界中来，参与建构我的意识，因此，我不可能完全自由或完全主观地构造我的意识。

我思与他思的互动往来关系被认为是"主体间的"（inter-subjective），主体间性被认为是以互动交往行为所确定的、由共同可理解的符号、语言、规则和制度所表达的生活性质，如果混用维特根斯坦和胡塞尔的概念，主体间性可以说是由"生活形式"（forms of life）所规定的"生活世界"（life-world）。主体间世界当然不是一个唯我论世界，奇怪的是出没于主体间世界的那些主体。独立自主的主体是一个可疑的形而上学假设，它是由概念定义出来的，但没有相应的真实所指。哲学家们注意到了飞马和独角兽仅仅是概念，却忽视了主体也仅仅是个概念。如前所论，他思是我思的共同建构者，如果没有他思的参与，我思不可能形成，也无意义。这就像独自一人的足球赛是不成立的，也是无意义的，同样，单独的我思是不可能的。我们必须承认一个令唯心论者感到失望的事实：完全自足的我思并不是一个事实。我思与他思是你中有我、我中有你的关系，我思与他思同时存在于互相入侵或互相渗透之中，因此，我思与他思之间的主体间性是以**跨主体性**（trans-subjectivity）为前提的。跨主体性意味着我思与他思的互相建构，而不仅仅是主体之间的互相交流。

我思与他思的互相建构关系与我和他人在生活实践中的互相建构关系是同构的。他人侵入我的生活，与我一起决定我的生活，这种干涉无疑是麻烦，甚至造成痛苦，可是如果拒绝他人进入我的生活，没有他人可以对话、互动、博弈和印证，我就根本无法开展生活，因为**无处**可以开展生活，也就根本没有生活，正因为他人的来临，我与他人之间才形成了生活空间，就像两点才能成一线。互相干预、互相建构的生活关系使得无论我还是他人都不可能拥有一个单独属于自己的封闭生活，就像任何一个我思从来都没有拥有过一个仅仅属于自己的世界。他人打破了我的世界或我的生活的封闭性，打破了我对我的世界或我的生活的独裁，取消了"我的世界"或"我的生活"此类幻象，我的世界不得不向他人开放而成为共同世界，我的生活不得不让他人参与而成为共同生活，这就是生活事实，而他人就是必然嵌入在我的生活中的超越存在。

在我们讨论的四种超越存在中，造物主和自我是虚构的超越存在，即使不是虚构的存在，也至少是虚构的问题，因为造物主和自我都不在世界和生活中现身，都不构成世界或生活中必须对付的问题。只有世界和他人是无法回避的超越存在，它们的超越性对每个人的可能生活有着必然的限制或必然的干预，因此它们构成了真正的终极问题。简单地说，凡是对可能生活没有形成必然限制的，就不是超越存在，至少不是超越的问题。终极问题不是对超越者本身的研究，因为超越者意味着不可能被研究，因此，终极问题只能是关于我们与超越者之间关系的问题，而不是关于超越者本身的问题。

可见，存在论问题就是超越者之间的实践关系问题，因此存在论完全区别于知识论。任何一个可能世界或者任何一种可能生活的存在状况最终都是由超越者之间关系所决定的，在这个意义上，存在论问题就是终极问题。确实现身为证的超越者只有两种存在：世界和人。世界的存在所以是超越的，因为它是自然的，自然之道不是人能够支配的；人的存在所以是超越的，因为它是自由的，自由超越了因果律，因此人对于自然是超越的；同时，更重要的是，人与他人也互为超越关系，因为两个自由的存在也是互为超越的。

3. 存在论问题只出现在超越者之间

　　存在论的任务不是解释超越的存在，而是解释超越存在之间的事情。对于人来说，超越的存在就是存在那样，存在已经显示了自身，因此，世界的存在不是存在论的一个问题，也许是造物主的存在论问题（只有造物主才有资格思考世界的存在问题）。存在论需要思考并且能够思考的问题是：超越的存在之间如何相处？在存在论的有效问题中，只有两个实际有效的超越存在：世界和他人。如何与自然世界相处，这是一个已经基本上被澄清的问题，但如何与他人相处的问题却至今晦暗不明，而如果不能理解他人问题，就不可能理解人是什么。

　　自然世界只是摆在那里（being there），自己待着（in itself），无论是好是坏，人类都没有选择权，甚至没有发言权，因为自然世界不是人类创造的。既然世界具有麻木不仁的外在性，人与世界唯一可行的相处方式就是以世界为准调整自己去达到与世界和谐相处，也就是说，对于世界这个超越者，人只能**单方面**地去接受它，至多在不至于冒犯自然的情况下加以利用。**天地不仁**，因此只能追求**天人合一**，这可能是对待外部世界最合理的态度了，除此之外，很难想象还有什么更为理性的态度。外部世界是惰性的，假如人类与世界的关系出现问题，责任必定在人类一方，这个问题十分清楚明显，我们有理由认为天人合一原则已经是人与自然这两个超越存在之间关系问题的最优解，无须多论。

　　他人问题的根本困难在于我与他人都是自由的超越存在者，对于每个人来说，他人有着积极有为的**主动外在性**，人们积极地互相干涉，而这种互相干涉决定了每个人的命运——由决定"运"（fortune）而决定"命"

（fate）。他人与我是互相冲突又互相依存的悖论关系，他人不仅是每个人所必须的生活条件，是构成每个人的生活内容和价值的来源，但也可能破坏每个人的生活和意义。我对于他人是超越者，正如他人于我，我与他人之间关系的主动权并非单边地在我手里或在他人手里，因此任何单边观点或行为都是无效的。我不可能消除他人的超越性，正如他人无法消除我的超越性，这种**对称的超越性**就是他人问题所以难以解决的原因。主体性原则对于解决我与他人的关系问题没有任何帮助，甚至总是适得其反。他人的超越性直接宣布了主体性的失效。主体性原则的失效不仅仅表明现代哲学没有能够理解他人问题，而且没有能够理解人的问题——现代以来一直以主体性去解释人的概念（康德最为典型），尤其是人的精神。主体性原则的失效意味着精神隐没。

主体性原则虽是现代思想主流，但并非无人反思，列维纳斯就是一个反思者。列维纳斯说，我的本性就是以占有和享乐为目标的利己存在方式（egoism），我总是妄想消除各种事物的异己性，试图把它们纳入我可以当家做主的"地盘"（site），从而把各种东西变成"我的东西"，可是这种野心在他人那里遇到根本的挫败，因为他人是超越的，"我拿他人没有办法，就算我能够任意处置他，他也在本质上摆脱了我的掌握。他根本不属于我的地盘"[1]。哪怕征服了他人的身体，也征服不了他人的心，就算狠心把他人杀掉，也无法克服他人精神的超越性，因此，我想独霸生活世界的阴谋必定破产。在列维纳斯看来，难以抑制的利己主义导致了人类一切类型的战争，这是人类悲剧性的宿命，但他仍然相信一种以他人为尊的伦理道德或许能够"克己复礼"。当然，这种批判并不新奇，人们自古就知道私心乃万恶之源。真正令人迷惑的事情是：为什么人们知道什么是罪恶却无法放弃罪恶？孔子早就对此大惑不解，甚至几乎失去克己复礼的信心[2]。

霍布斯关于人人相互为战的说法早已成为危险关系的经典表达。战争

---

[1] Levinas: *Totality and Infinity*. Martinus Nijhoff, 1979, p. 39.
[2] 关于这个问题，《礼记·坊记》里有大量传说属于孔子的言论，大意是说：伦理道德是如此清楚明白，众所周知，可是人们还是忍不住违礼乱纪。

这个隐喻可以用来概括人类的所有严重冲突，不仅指军事战争，也可以指各种利益争夺（比如经济战争）和精神斗争（宗教或文化冲突）。尽管战争司空见惯（历史学家早就发现，人类社会只是"偶尔"才有和平），但却不能说是人类的正常状态，战争虽是经常状态，却不是"平凡"的存在状态，人类总是因为生存竞争或文化权力竞争才"迫不得已"发动战争。人类社会另有一种非战争状态然而更深刻的消极状态，一种互相冷漠的存在状态，这才是真正平凡而危险的存在状态。施米特的敌友概念过于激情，可以解释人们如何寻找敌人，可以解释战争，但无法解释冷漠。冷漠并非把他人当成敌人，而是无视他人，对他人毫不重视，视而不见，麻木不仁地漠视他人。基于主体性的现代性无疑强化了冷漠关系，现代创造了个人，想象了自我，使自我成为一种虚构的身份（identity）和价值标准制定者，于是，他人的自我便成为烦心之事，变成对我的烦扰和阻碍。自我之争所导致的紧张关系与战争有着完全不同的性质：战争试图在物理上消灭他人，而追求自我则在精神上否定他人。

　　哲学一直把他人问题看作伦理学问题，这个可疑的思路可能掩盖了问题的真相。事实证明，无论什么样的伦理道德都不可能阻止战争和冷漠。哲学家以为问题在于伦理学还不够清楚，因此苦苦地为各种伦理观念进行辩护，这是个典型的错觉。除了哲学家，人人都知道伦理道德是清楚明白的，甚至罪犯也清清楚楚知道什么是违背伦理道德的事情。尽管各种伦理原则之间确实存在某些互相矛盾之处，但这并非因为伦理道德不清楚，而是因为生活本身是自相矛盾的，因此我们必定会有互相矛盾的伦理原则，表现为哲学家喜欢讨论的各种两难选择。可问题是，包含矛盾的伦理道德并非伦理无效的原因（伦理观念的内在矛盾并不多，远远不至于导致礼崩乐坏），更不是无法克服自私和冷漠的原因，真正的原因是，伦理道德并不是爱他人的理由——这一点可能要求太高——也不是尊重他人的理由。孔子以为人们只要习惯于行为符合礼，就能够爱人（不是今天所说的爱，大概相当于尊重他人），这是一种接近行为心理学的想象，但其实至多达到貌似尊重人。规范能够形成习惯，但不能形成精神，精神只能来自形而上的理解。另外，伦理道德的号召力或吸引力远远不如存在的理由强大，除了形而上的精神，没有什么理由能够阻止对生存、安全、自由、权力和利益之类存在需要的追求。因此，如果试图从根本处理解他人或人的问题，就必须把他人或人的问题理解为存在论问题。

到底什么才是人的存在论问题？这一点很需要明确。唯物论、进步论和实践论可能误导了某些唯物论者错把改善物质生活状况或者提高生活水平之类关于"如何活得更好"的生活追求当成了人类的存在论问题，这些单纯的形而下问题（并非贬义）虽与人类的存在事实密切相关，但并非存在论问题，而是经济学、社会学或政治学的问题。活得更好是人的正当生活要求，无可非议但也毫无精神性，如果以此种物质追求去解释人的问题，就成为告别精神的庸俗唯物主义。如果说唯物论把人类存在论问题的层次下放得太低，那么，唯心论却又把人类存在论问题提升得太高，按照理念传统，唯心论寻求完美概念的人，超越了庸俗欲望的人，康德的自由道德人或海德格尔的本真人，诸如此类，莫不如此。人的完美概念虽然具有形而上的精神性，却又脱离了人的存在论事实。哲学家们想象的人的完美概念虽不尽相同，但都把精神性寄托在人对存在的形而上追问或反思之中。可问题是，追问或反思存在并非存在的本意，而是存在之余的奢侈经验。如前所论，存在的本意无非追求存在，也就是生生之理。形而上的**追问**只是偶然特殊的领悟，生存的**追求**才是普遍必然的问题，人人都追求存在，却并非人人都必须追问存在，即使不去追问存在也并不影响存在，因此，追求存在才是存在论问题的原生地，而追问存在只是一个冒充为存在论问题的意识哲学问题。

无论是否**追问**存在的形而上意义，人都必须**追求**形而下的存在，这意味着，存在的形而上精神性不能超越形而下的存在事实。单纯的生存追求不是人的存在论问题，纯粹的精神生活也不是，人的存在论问题只能是在追求生存的物质行为之中所表现的精神问题，或者说，人的存在论精神性既非物质生活所能表达，也非纯粹概念所能表达，而是存在事实所直接蕴含的精神性。于是，人的存在论精神性是本源性的，是一种先于任何追问或反思的精神性，是先于伦理生活或宗教生活的精神性，人类的一切精神生活都以人的存在论精神性为基础。假如人的存在事实本身没有精神性，那么，任何追问或反思都不可能无中生有地发现精神性。精神性必定发生于某种自由选择，假如无可选择，人就只能像物理事物一样按因果关系而平凡地存在着（康德把自由看作最重要的形而上学问题，实乃天才之见）。人的精神性发生于既简单又质朴的存在事实：与他人共在，并且对他人的超越性做出回应。因此，人的精神性就在于一个自由存在的超越性对另一个自由存在的超越性的回应，而本源性的精神问题就是：**肯定还是否定他人**？

人的存在论与物的存在论是不可通约的两种问题。假如我们思考的是事物的形而上学，那么就是在思考"物理学之外"（metaphysical）的问题，相当于猜想造物主的创世奇迹，或者说，为什么世界存在而不是不存在的问题。不过此种超验的僭越之思是无效的，既不可能被证实也不可能被证明，何况造物主之思不可能让人猜中（为什么造物主"说"要有光就"有"了光呢？这个简单问题就难倒了人）。如果我们思考的是人的形而上学，就不是经验之外的问题了，因为这是人自己的事情，可能生活都是人自己的选择，就像哈姆雷特发问的"存在还是毁灭"（to be or not to be）那样，是人的抉择问题。这意味着，在人这里，形而上问题隐藏在形而下问题之中，存在（to be）问题隐藏在生存（to exist）问题之中，或者干脆说，存在与生存变成了同一个问题，存在的形而上意义就在形而下的生存之中，形而下的生存问题构成了形而上的存在问题界限。生存是存在论问题的发生地，如果回避了生存之争的问题，对存在的反思和领悟都是无可附着的。

海德格尔背叛胡塞尔的意义就在于把存在问题置于意识问题之上，可是海德格尔朝向存在论迈进一步之后，又退回到意识问题中去，这一点说明海德格尔哲学仍然是一种现象学而不是存在论。海德格尔的关键词 cura（挂心）就是一种意识状态和意识问题，尽管所忧心的是存在状态。Curo（挂心的动词）是与 cogito（思想）并列的意识行为，知识论所关心的 cogito 是理性思想，而 curo 是先于思想的感性经验。按照传统假定，感性意识的地位低于理性意识，海德格尔的创意是，体验性的 curo 反而比知识性的 cogito 更本真更基本，这是深刻见识，但问题是，cura 仍然是意识问题，是对存在状况的意识，而不是决定存在的行为，它没有选定哪一种可能生活，因此属于意识哲学而不是存在论。存在论问题并不存在于意识中，不是想出来的，不是问出来的，而是做出来的，就算不想也已经在那里陷入于实践困境。

存在论问题具有**先于反思的直接性**，是"我在"就必须以"行"（facio）去应对的问题，而不是"我思"经过反思而提出来的问题；同时，存在论问题必须**对存在具有决定性**，必须决定存在之未来可能性，因此，存在论问题必定具有未来性：我的行为所选择的未来是否实现了存在之本意？这是一个关于生生的问题（《周易》问题），或者是一个关于存在或毁灭（to be or not to be）的问题（莎士比亚问题）。很显然，决定存在之未来是唯一与存在直接相关的问题，与未来性无关的问题就与存在无关，简单地说，如果人人、某些人，或者某人，决意这样存在，事情将会怎样？因此，人的存在论问题不是源于知识性的 cogito，也不是源于体验性的 curo，而是发源于 facio（行动）。cogito 或 curo 所解释的是意识，而没有解释存在。

海德格尔的问题意识距离真正的存在论问题并不遥远，他谈论了在世之在（being-in-the-world）以及与人相处（being-with-the-others）的事实，却又视而不见地绕过这个事实必然蕴含的事关人类命运的存在本意问题，而去讨论淹没于常人之中所遭遇的精神困境。从纯粹理论上看，这个不合理的焦点相当奇怪，但在海德格尔所处的那个充满精神危机的时代就似乎可以理解。现代性一方面在政治权利和利益追求上肯定了个人，但又在生活经验和精神性上通过大众文化否定了个人，这个悖论相当于使个人在主权上获得独立性的同时又使之在价值上变成虚无，使个人获得唯一的自我的同时又使之成为无面目的群众，这种荒谬冲击了那个时代所有比较敏感的人。海德格尔相信哲学有一种拯救存在的本真意义的宗教式使命，必须摆脱常人的匿名性而找回本真自我。这个问题确实深刻，但也确实不是最重要的。在这个世界上，战争摧毁无数的生命和家园，剥削使无数人万劫不复，饥饿是无数人的噩梦，因此，无论对"我在"的意义多么烦心、不安、恐惧和绝望，人首先必须能在，否则甚至没有机会去体会忧郁和绝望。存在比本真存在更重要，理性比诗歌更重要，粮食比自我更重要。海德格尔在追问"被遗忘的存在"时却反而背离了存在论的基本问题：存在直接要求善在。

　　他人是每个人不可逃脱的命运，无论我们是否喜欢**每个**他人，无论我们如何看待他人，在存在论上却只能承认"与他人共在"构成了每个人的全部可能生活。陀思妥耶夫斯基的《卡拉马佐夫兄弟》中有个人物提出一个关于他人的意味深长的问题："我对全人类爱得越深，对单独的人，也就是说对一个个的个别人就爱得越少。"[1]他说，他甚至愿意为了人类的命运而走上十字架就义，但却不能容忍和任何人在一个房间里住上两天，会因为别人吃饭太慢而恨上那个人，而别人稍微碰他一下就可以成为敌人，但他确实爱着抽象或整体的人类。陀思妥耶夫斯基甚至思考了一种类似存在主义的经验："现在每个人都想尽量让自己远离别人，愿意在自己身上感到生命的充实，但经过一切努力，不但没有取得生命的充实，反而走向完全相反的自杀。"[2]此类现代困惑至今尚未消除，或许更为严重。毫无疑问，他人是个悖论：他人有可能给我们造成麻烦、痛苦甚至灾难，但每个人的生活意义都来自与他人共处，如果脱离了他人，生活以及生活的意义就不存在。如果不能理解共在的存在论优先性，就不可能消除他人的悖论。共在的优先性意味着，每个人的存在意义都是在共在中被同时制造出来的，因此，不存在一个在理论上或实践上优先于他人的我，也不存在优先于我的他人。海德格尔对我的优先或列维纳斯对他人的优先都同样是误导性的。

　　他人的超越性在于他的自由，正如我的超越性在于我的自由。康德理论宣告了自由成为最重要的形而上学问题，不过，使他人成为问题的自由却不是康德式的理性自律自由，而是霍布斯式的生存自由。自由最大化就是生存最优化，而谋求自由最大化正是人类生活的一切冲突之源（经济学说的利益最大化是自由最大化的物质方面）。作为纯粹意志的内在自由并不造成存在论难题，内在自由只是精神，不是生活，每个人的内在自由可

---

[1] 陀思妥耶夫斯基：《卡拉马佐夫兄弟》，第一部第一卷第四节。耿济之译，人民出版社，2008。
[2] 陀思妥耶夫斯基：《卡拉马佐夫兄弟》，第二部第三卷第二节。耿济之译，人民出版社，2008。

以相安无事，互相无涉。一旦自由意志越出内在意识进入生活行为，意识问题就转变为存在论问题，事情便严重起来。换句话说，每个人的内在自由只具有形而上的超越性，这是有益无害的超越性，而一旦形而上的超越性转变为实践上的外在性，那就是祸福未定之事了，有可能是正面的外在性：合作、支持、救助和爱护，也可能是负面的外在性：冲突、反对、背叛和侵害。

实践上的外在性无论祸福都表现为积极自由（positive freedom），即"得以"实现自己意愿的自由（free to）。正因为人人追求积极自由，所以每个人都需要消极自由（negative freedom）以保护自身"免于"受到强制（free from）。正如伯林论证的，消极自由必不可少，如果失去消极自由，势必人人自危而难以生存。然而，消极自由并没有实现意志自由，没有达到自由之目的，自由意志的意图是实现自由的最大化，消极自由显然没有满足这一意图，消极自由没做什么，因此，积极自由才是自由意志的最终图谋。这就是自由所蕴含的危险所在：为了自由的最大化，人们总要越出消极自由的边界去实现更多的积极自由，从而对他人构成威胁——当然，积极自由也可能用于帮助他人。那么，是否可以通过增加更多的消极自由去限制积极自由的危险性？这可是测不准之事。增加"一定量"的消极自由或许有助于减低积极自由的危险性，可是尺度却难以把握，过多的消极自由或许效果适得其反，约束太多会使人人寸步难行，结果反而普遍地损害了自由，比如现今流行的各种"政治正确"就是在保护自由的同时损害了自由。可以想象，假如任何偏好都标记为人权而被保护，生活一定是灾难性的，不仅公共事业和公共福利不再可能，而且个人自由也将互相抵消而名存实亡。因此，消极自由总是有限量的，社会必定需要很大的公共自由空间，也就是自由竞争的空间，在其中人们可以合法地使用积极自由，为了实现个人自由最大化而"合法地"冲突，剥削、压迫，损人利己甚至损人不利己。每个人到底应该拥有多少消极自由，至今缺乏普遍合理的客观标准，因此只好通过积极自由去建立主观标准——专制和民主就是两种最典型的积极自由。

伯林的消极自由和积极自由的概念简洁有力而因此被广泛使用，但实际上并没有完全澄清自由问题。有些自由的性质是清楚的，例如生命权和财产权无疑是消极自由，而民主选举权则明显是积极自由。但有的权利的性质却很难界定，比如言论自由权，它看起来既属于消极自由也属于积极自由。言论自由的"量子式"暧昧性质在于，它一方面应该属于个人权利，但另一方面又可能合法地干涉损害他人利益（造谣诬陷之类的非法言论不算在内），原因在于，言语也是行为（维特根斯坦和日常语言学派深知这一点）。也许我们可以把消极自由更严格地定义为"免于强制同时无损他人"的自由，把消极自由所允许的行为严格限制为仅仅属于捍卫个人领域并且止于捍卫个人领域。可是，即使按照这个改进后的标准，言论自由的性质还是难以确定：一方面，言论自由的结果显然不可能止于个人领域而有可能侵犯他人权益，由此看来似乎应该属于积极自由；另一方面，言论自由又似乎属于不可剥夺的个人权利，就像人身自由一样，仍然应该属于消极自由。假如对言论内容进行限制而达到让所有人满意，不难想象，那将完全不是自由了，而变成了每个人对每个人的专制。言论自由只是一个例子，类似问题还有许多，例如市场的自由竞争，等等。

显然，用于规定政治或伦理自由的价值标准是否正当，还是个悬而未决的问题。政治或伦理自由无法以其自身的价值观为其正当性辩护，比如说，很难以市场自由竞争为名去为剥削正名，同样也很难以集体需要为名去为剥夺正名，如此等等。假如把某种价值观不加反思地视为当然，即便堂皇如民主平等仁义忠恕，也不再是思想观念而是政治宣传或道德说教了。当生活问题需要某种必然理由，就必定需要存在论的证明，即排除任何预设价值观、仅仅根据给定的存在条件的分析和论证。因此，思想有必要回到政治或道德之前的状态，也即存在论状态，去重新理解未被价值观所粉饰的自由，即在权利和规范被建立之前的自由，可以称为存在的自由，由此或许能够看清什么是自由之实和自由之名。在自由被特定制度定义为权利之前，自由就其本身而言意味着权力。当自由被制度定义为权利之后，权利就是自由之名，而权力仍然是自由之实。如果没有权力作保，权利就有名无实。尼采对权力意志的洞察就是对自由之实的敏锐直观。表现为权力的自由就是随时随地随心所欲可动用的可及资源（available accessibilities），也就是对各种资源（包括自然或人力的）或利益（包括物质和精神）的占有和支配，如果以存在论的语言来说，以权力为实的自由意味着随心可及的诸种可能性，意味着随心可得的诸种可能生活。以权力为实的自由才是自由的真正诉求，生存之争无非权力之争，权力之争无非自由之争。在所有的存在论问题中，真正难以解决的问题——或许是无解的——就是互为超越者（我与他人）之间的自由问题。自由使人成为超越者，使我与他人互为超越者，互为超越性使自由成为唯此为大的存在论问题。

4. 如果给每人一个世界

在传说的人猿揖别之后，自然个体向个人的演变可能是人的存在状况的最大改变，这是一次革命。自从现代社会把自然人制造成为个人，从此人就以个人的方式存在，从此世界由无数个人世界组成，从此快乐变得廉价而幸福成为奢侈。

假如人们的心灵同属一个精神世界，即使因为利益冲突或意见分歧使人们互相为敌，人们仍然能够互相理解并且容易化敌为友，生活在传统共同体中的人们就是如此。属于不同精神世界的人们不仅互相超越，而且互相隔绝，不是因为遥远不相往来，而是因为缺乏可以共享的精神。互相超越可能导致战争，互相隔绝可能形成文明的冲突（亨廷顿的说法）。如果每个人都有一个专属自己而不可分享的精神世界，一个以维特根斯坦所不相信的私人语言写成的精神世界，那么，人的存在状况又如何呢？人渴望拥有一个由自己立法的世界，一个享有个人主权的世界，现代社会一直在努力满足人的这种愿望。现代人是一种被命名为"个人"的现代产品，现代给每人一个自己的精神世界和主权世界。莱布尼茨在现代个人尚未完工之时就预告了这个革命性的产品，他说，每个心灵是一个"没有窗户"的自足世界，称为单子（monads）。单子所预告的就是后来被称为原子式个人的心灵，莱布尼茨的预告是乐观主义的，他相信单子们虽然孤独，但造物主却为单子们设计了皆大欢喜的"预定和谐"。这个想法太乐观了，事实并非如此。

在个人被制造出来之前，人只是自然个体存在。每个自然人的自身（self）区别于他人的理由是身体的自然唯一性。身体是我的自然边界，此种意义上的我只是一个宾格的我（me），因为每个人尚未拥有仅仅属于自己的自主精神，尚未成为精神的我（I）。在现代之前，精神是共享的公共资源，公共精神代表着**人们的精神**，我们的或他们的，而我总是属于"我们"而区别于"他们"。比如说，一个人的精神意义在于他所属的家庭、部族、城邦或者教会。个体尚未由自身（self）发展出自我（ego），因此只是自然个体而不是个人。自然个体的价值是可以比较的，因为自然个体的价值被认为是可比较的能力和行为。可比性意味着对人的认识和评价有着社会标准甚至客观标准，公正、智慧和勇敢（希腊最推崇之德性）或者仁义礼智信（儒家推崇的德性）都是明显可识别的，比如勇士和懦夫是一目了然的。因此，传统社会更多地从品质（virtues）和道理（logos）的优劣去解释人和价值。在传统社会用来规定社会地位的等级制度背后存在着品质的等级制度，如果社会等级制度与品质的等级制度之间存在着自然正确的对应，就被确定为公正的，孔子和柏拉图都是这样想的。既然有了无可辩驳的自然正确，他们就不会去想象更不会去承认莫衷一是的"政治正确"。

在传统社会里，个体对自身的自然之爱总是参照社会普遍承认的价值标准，而不是对自我的自由之爱。历史悠久的镜子（可以追溯到青铜时代）早就让人能够认识自己并按照社会标准去调整自己的形象。苏格拉底就曾经让醉汉照镜子以便知道自己是多么堕落。人类也早就会为自身辩护，柏拉图《申辩篇》里的苏格拉底就试图以普遍之理为自己行为的正当性进行辩护。无论认识自己或为自己辩护，都是以外在标准为准。文艺复兴突出了对人的关注，这明显促进和强化了人们对自身之爱，但在成熟的自我出现之前，自身之爱仍然是按照社会标准的争风吃醋，无非是时尚之竞争。镜子在现代的流行[1]，表面上是认识自己，其实是认识自己是否符合时尚。时尚给了人们规划自己形象的机会，恰如齐美尔所言，时尚是"需要将自己与他人区分开来的诉求"[2]，"那些天性不够独立但又想使

---

[1] 根据梅尔基奥尔－博奈的《镜像的历史》，镜子在1650年之后得到广泛传播，以至于三分之二的巴黎家庭都有镜子。广西师范大学出版社，2005，p.23。
[2] 齐美尔：《时尚的哲学》，费勇等译，文化艺术出版社，2001，pp.76-77。

自己变得有点突出不凡、引人注意的个体"就特别喜欢追随时尚，因为"时尚甚至可以提升不重要的个体"[1]。可是这种对特殊化的追求又总是不幸地被大众模仿，于是就不再时尚了。化妆品工业和美容业诱导人们认同它们所定义的美、健康、青春、体形等概念，整形、节食、化妆、健身房成为"定制自己"的方式，成为与众不同的根据。可是，社会标准之意并不在使人与众不同，而是试图导致千人一面的时尚潮流，因此，时尚貌似表达个性，却是最没有个性的表达方式。悖论性的时尚不仅无法成就"自我"，反而连"自身"也变得面目不清，而时尚的不稳定性代替了传统关于真善美共识的稳定性，使价值标准失去确定性。由此可见，通过物质方式去塑造"自身"不足以定义个人，自身的独特性总是依赖着可比性，依赖着社会标准，因此，塑造自身未能造就不可还原的独特性，不足以定义个人，不能创造自我。个人独特的自我显然需要一个精神世界。

既然仅仅通过塑造自身不足以创制个人，那么更重要的事情就是对自己内在意识的反思和发现，这意味着从塑造身体性的自身转向创造一个精神性的自我，从而建立主体性而定义自己的主观世界。对于我的主观世界，我拥有主权，即决定一切判断和价值的自主权。对内心世界的反思（反省）并不是现代的独特行为，古代人也重视反思，但其中有一个根本差别：古代人的反思是以自然正确的标准、社会标准或文化共识去检讨自己的观念和行为，力图向公共价值看齐，校正自己的错误或不良行为；现代人的反思是反社会、反传统、反历史的行为，试图以我为准去重新理解和定义价值标准，于是，我的**现时性**成为我的世界的标准和我的历史的起点，这样的反思性（reflectivity）就同时变成了自返性（reflexivity）：当我的评判根据就是我自己的主观性，也就形成了自相关（self-reference）。一旦反思性成为自返性，自身就开始转化为自我。

一些有趣的细节似乎透露了自身到自我的转化过程。古代人感兴趣的精神世界是由神话、诗歌和戏剧构成的，这些精神作品讲述了他人的故事及其内心（通常是众所周知的英雄、伟人或圣人），几乎与己无关，但人人可以从

---

[1] 齐美尔：《时尚的哲学》，费勇等译，文化艺术出版社，2001，p. 78。

中分享有益的经验或精神。作为典型个人作品的自传则是现代人的兴趣，现代人热衷于写作自己的内心世界和独特经验。自传可以追溯到奥古斯丁的《忏悔录》，虽然并非现代意义上的自传，但已经明显涉及自己的内心世界。奥古斯丁的反省影响深远，奥古斯丁的反思甚至是笛卡尔我思的理论根源。不过，现代人对写作自传的广泛热情更可能与卢梭富于感染力的《忏悔录》有关，卢梭之后，自传写作风靡至今。另一个并非巧合的情况是自画像也成为类似自传那样的热门作品。自画像的起源也许更早，据说早至公元前2000年的埃及作品，早期的自画像并非真正的自画像，只不过是画家将自己入画成为作品中的某个人物，此种自画显然"仍非为了审视自己"而是作为作品的签名[1]。自画像成为一个流行的画种与文艺复兴有关，真正表现了内心精神世界的最早现代自画像据说属于范·艾克（Jan van Eyck）1433年的作品，而善于审视自己的伦勃朗的自画像多达90幅。

　　关心人是文艺复兴的精神转向，这为自我埋下关键伏笔。彼特拉克嘲笑当时人们拥有无数似是而非的知识，却对人一无所知："有的人对野兽飞禽和鱼类的事情知道得很多，对狮子头上有多少鬃毛、鹞子尾上有多少羽毛、水螅下沉时要打多少个旋涡，了若指掌。还知道凤凰如何被芳香的火烧死后又会复活，刺猬能够阻止航船行驶，但一见水就失去力量，如此等等。所有这一切或大部分都是无稽之谈，即使这些说法都是真的，对我们寻找幸福生活又有什么用处？知道飞禽走兽的特性而对人的本性一无所知，不知道我们从何处来、到何处去、为什么生活，这又有什么好处？"[2]在当时的背景下，彼特拉克的这番话算得上惊世骇俗。彼特拉克被认为是现代个人意识的开端，他明确讨论了"按照个体去思考人"[3]。

　　1487年皮科在罗马的哲学辩论会上以"论人的尊严"为题的讲演更彻底地摆明了现代问题，他预告了现代人的心声：任何动物都受其本性限制，狗只能像狗那样生活，狮子只能像狮子那样生活，如此等等，只有人

---

[1] 约翰·伯格：《抵抗的群体》，何佩桦译，广西师范大学出版社，2008，p. 103。
[2] 加林：《意大利人文主义》，李玉成译，生活·读书·新知三联书店，1998，pp. 22–23。
[3] 参见吉莱斯皮：《现代性的神学起源》，张卜天译，湖南科学技术出版社，2012，p. 82。

没有自身限制的本质，人能够选择和创造各种生活，人是自己的主人，所以人能够是并且应该是自由的[1]。关于人的这种理解早已平平无奇，甚至过时或恶俗，但在当时堪称石破天惊。如果比较亚里士多德对人的传统理解就更能看出其中的革命性变化，亚里士多德断言："人生来是政治动物……在城邦之外非神即兽。"[2]所谓政治动物就是属于城邦共同体并且参与城邦公共生活的人，而"城邦以正义为原则"[3]，因此人的价值在于追求公共正义。皮科却相信人所以异于动物在于自由，而不在于社会生活和公共价值。以自由去定义人的价值就是定义了现代人。

成为精神主体的人就是"自我人"。自我人意味着精神上独立自主的个人，他相信自己是自己的精神权威，自己有全权去进行价值判断，自己的精神不依赖他人而具有完整意义，而且，私人经验或私人知识是不可替代和不可还原的，于是，无论多么渺小的自我都具有绝对和至高的价值。这种夸张的自我追求显然有某种自恋倾向，浪漫主义者，例如卢梭，就是自恋的典型。不过，迷恋自我并不能证明自我拥有绝对至高地位的合法性，因此，自我的浪漫主义想象还需要理性主义的可信证明。这就不难理解为什么伯林把康德也归入浪漫主义，他称之为拘谨的浪漫主义[4]。这个称呼倒也恰当，康德是"拘谨的"，缺乏浪漫气质，甚至反感浪漫主义，但其实是更为彻底的浪漫主义，他不在情感上浪漫，而是在思想上浪漫，康德试图让最不浪漫的理性去证明一个最浪漫的人的概念，确切地说，康德试图证明自我具有无可置疑的主体性，而不是想象的主体性。

假如自我真的具有对价值和行为的全权主体性，那么，自我的绝对地位就得证了。笛卡尔对自我的证明是远远不够的，证明了"我在"（I am）并不能证明自我的绝对地位，因此，康德试图证明"我是主体"（I am the subject）。康德的问题是：人凭什么成为主体？何德何能成为主体？答案

---

[1] 参见加林：《意大利人文主义》，李玉成译，生活·读书·新知三联书店，1998，p. 124。
[2] 亚里士多德：《政治学》，吴寿彭译，1253a。
[3] 同上书，1253a。
[4] 伯林：《浪漫主义的根源》，第四章。吕梁译，译林出版社，2008。

是理性。首先，康德试图证明理性有能力建立普遍必然有效的知识，因此人类有充分理由成为知识主体。人类性的知识主体只能证明人类的绝对地位，仍然不能证明个人自我的绝对地位，因此，还必须进一步证明个人能够成为道德主体，就是说，自我有全权为行为的正当性负责，能够仅凭理性而获得普遍有效的价值判断。可以看出，一旦证明了道德主体，就证明了个人的精神独立性，证明了每个人都是终极目的，证明了每个人具有最高价值，也就证明了自我的绝对地位。康德这个极端浪漫又无比诱人的论证虽然在理论上并不成功，但在实践上非常成功地促进了自身向自我转变的想象，人们往往宁愿相信这个伟大的想象而忽视其理论漏洞。总之，康德的主体性原则成为个人精神的立足点。

创造了自我就创造了**不可比**的个人存在，于是，关注个人，尤其是浪漫主义地关注个人，就必定强调个人经验的绝对价值。对于每个人来说，个人经验高于共同经验，个人判断高于集体判断，个人价值观高于德性共识。康德的"哥白尼式革命"其实很不像哥白尼革命，至少是貌合神离的。哥白尼革命纠正了一个错觉，使人们知道太阳并非绕着地球转而是地球绕着太阳转，可是康德的"哥白尼式革命"却制造了一个错觉，使人们误以为世界以人甚至以自我为核心。这个想法确实过于浪漫了，尽管人人闻之心喜，但这个错觉却注定事与愿违：假如每个人的经验、判断和价值观都是优先的和绝对的，同时也就意味着绝对不重要，因为每个人的判断和观点都只能获得来自自己的唯一一票，结果是，人人重要就无人重要，听人人自己的就无人被听。个人主义是一个自我挫败的概念，这个悖论在现代生活的方方面面中逐步展开着。

从现代小说与古典文学（神话、戏剧和史诗等）的区别可以看出现代个人主义经验方式所遇到的困境。古代的叙事文学是故事，而作为现代产物的小说虽然有所叙事，但不再是故事，小说的重点是叙心，是关于个人经验、感悟和情感的表达。故事必须是关于他人之事，因此故事构成了人们的共同知识、共同经验和共同命运。关于这个区别及其后果，本雅明有透彻的理解，他说，在现代，讲故事的人越来越少，因为现代人已经被剥夺了"分享经验的能力"[1]，而故事的重要性在于它总要包含一些"有用的东西"，能够给人某些忠告，让人知道生活的普遍意义，并因此建立起可以共同信任、共同分享和交流的精神价值。故事建构着生活，可是在现代小说那里，文学失去了建构生活的功能，而只是诉说了对他人未必有意义的心声，正如本雅明点破的："无论对我们自己还是对别人，我们都没有忠告"[2]，因为"小说家封闭了自己。小说的诞生之地是孤独的个人"[3]。

如果小说在表达生活经验时，只是表达了属于自我不可通约的那一部分，那么，自我到底有什么特别的东西可以表达呢？假如是仅仅属于自我的、关于自我本身的体验，大概只有迷茫，一种迷路或迷失的感觉，因为自我表达是一种自相关，是表达的悖论状态，是任何道路都自我堵塞自我否定的状态，当自我转向自我本身，只能是此路不通。这是现代人的"先验的无家可归"状态（transcendental homelessness，据说是卢卡奇的用语）。因此，当小说试图表达自我，所真正得以表达的只是生活的困惑，而不是生活的意义，所以小说毫无教益。卡森·麦卡勒斯的杰出小说《心是孤独的猎人》就深刻地揭示了现代心灵的困境：现代人的孤独是无法解决的问题，孤独不是因为双方有着根本差异而无法理解，而是因为各自的自我都没什么值得理解的，所以才形成了彻底的形而上的孤独。每个自我都没有什么特别意义或特别之处，每个自我由于空洞而孤独，而由于孤独就更加空洞，除了一些缺乏交流价值的大同小异的欲望，并无值得探索的心灵内容。因此，心灵的鸿沟并非因为巨大的差异，而是因为渺小的相似。

与此类似，从戏剧的演变也同样可以看到心灵走向孤独的过程。希腊戏剧或古典戏剧表达的是人与命运的冲突，或悲或喜之命运是人们的共同问题或是普遍存在的问题，于是人们找到了可以不断反复交流而不厌烦的

---

[1] 本雅明：《写作与救赎》，李茂增译，东方出版中心，2009，p. 79。
[2] 同上书，p. 83。
[3] 同上书，p. 84。

事情，人们也因此建构了心灵的相互性，无论悲剧喜剧，人们都能够在可分享的经验中印证什么是值得信任的价值。可是现代戏剧却转而去揭示人与人的冲突，这虽然消极但仍然不失为某种可以共同抱怨的事情，而极端现代的戏剧（或者是后现代）则表达了自我内在的冲突或无从选择的荒谬状态，此种荒谬状态即使是深刻的也是对生活意义的釜底抽薪，是对生活的否定，它表明自我既不是一条道路也不是家园。

　　自身到自我的演变还只是在精神上走向个人，仍然不足以形成完整的个人存在。个人的建构不仅需要一个独立自主的自我，还需要一个获得合法承认的自身，也就是说，还必须承认自私欲求的合法性。在现代，与自身到自我的演变几乎同步进行的正是对自身之自私的合法化或合理化，其成果是"经济人"。这是一个相当委婉的说法，假如直陈其实质的话，自私的合法化就是允许自私变成贪婪，而贪婪的堂而皇之的学术表述是"自身利益最大化"。经济人的本质就是理性地追求排他的自身利益最大化。自私乃自然天成，人性如此，几乎不可改变，但所幸自私有其自然限度，这个限度就是自然需要（needs）。正如霍布斯指出的，自然人的需要无非是生存的需要。这意味着，在生存的自然需要被满足之后，自然人追求更多利益的积极性就减弱了。这种自然限度是大自然或造物主的精明设计，算是一种"先定和谐"。显然，追求并非必要的额外利益而招致额外的危险并不合算，从动物或者早期人类的生存方式都可以看到这种自然自发的合理算计。可贪婪不是自然人性，而是一种文化。现代人以为在理性的帮助下就能够"更精明地"计算各种机会，于是，利益最大化变成了一种信念或使命，人们赴汤蹈火去追求利益最大化，还以为理性的算计万无一失。个人主义承认自私是正常人性，这一点没有问题，事实上还曾经起到某种解放作用，因为古代社会为了克制自私而往往以宗教或伦理为名矫枉过正地压抑了正常人性。可是现代性却是对古代生活的另一种矫枉过正，自私的合法化制造了一个错误的文化事实，既然确认自私是正当的，就再也没有正当理由可以克制自私了，自私必定膨胀为贪婪，这就是现代文化的逻辑。人类不是这样矫枉过正，就是那样矫枉过正，很少达到过（也许从未达到）孔子想象的那种尽皆相宜的中庸，这是一个值得反思的悲剧。

现代的最大错误大概就是自私的合法化。因合法化而无节制发展的普遍贪婪已经威胁到自然资源、社会安定、世界和平甚至人类生存。贪婪几乎可以解释人类的全部悲剧，包括一切经济冲突、文化冲突和政治冲突，诸如囚徒困境、搭便车、公地悲剧和反公地悲剧、争权争霸、国际无政府状态和文明冲突等等至今无计可施的困境。并非人类理性不够发达，问题在于，在"合法的"贪婪面前，理性已经无计可施，当排他利益至上，个人利益永远优先，就已经在逻辑上排除了理性解决冲突的可能性——这一点可以解释为什么极尽理性之能事的博弈论也难以发现必然有效的解决方案。在自私合法化的情况下，理性越发达，人们越善于谋取利益的最大化，也就越深陷于各种困境。理性本身就似乎是个悖论。理性的执行者是个人，因此，理性通常只用于为自己谋幸福而不是为人民谋幸福，而人类种种困境的共同原因是：个人理性很难导致集体理性，更准确地说，个人理性的结果几乎总是**集体非理性**。我们有理由疑心，个人主义游戏本身有着深刻的缺陷，在这个游戏中，人们玩得越精明，就越陷入共同的灾难，就像越挣越挣不脱的绳结，各种机关算尽的个人主义策略都只能使人们在集体非理性的陷阱中越陷越深。一旦个人观念成为思维和行为的方法论，集体悲剧就几乎无法避免。作为方法的个人主义思维是单边主义的，由单边主义所支配的个人理性一心追求排他利益的最大化，这必定导致他者如法炮制的不合作和反击，结果人人所为总是事与愿违。这是个人主义的宿命。

从自身到自我的演变，加上从自私到贪婪的演变，已经使个体非常接近个人概念了，但仍然欠缺决定性的最后环节，这就是从个体的自然存在（natural being）演变为个人的政治存在（political being），就是说，从自然人发展为自我人，再发展到经济人，最后还必须发展为政治人，才是一个充分实现了个人概念的产品。事实上，有一部分人很早就成为了政治人，但最初的政治人不是以个人为单位，而是属于共同体的"人们"，比如说属于城邦（polis）并有权利参与城邦事务的人们，而那些无权参与城邦事物的人就是奴隶、未开化的人或者神（亚里士多德所谓非神即兽云云）。现代创造的是一种新型政治人，是政治个人，即对个人事务拥有全权的个人，是人人都有资格成为的那种政治人，这种人人皆是之政治人彻底改变了人的存在论状态。假如个人主义仅仅是一种道德主张或价值主张，就未必能够彻底改变社会，而一旦落实为政治事实，生活就完全变质。很显然，如果个人的独立价值（独立于家庭、共同体和社会而仅仅以自我而被定义的价值）没有得到政治法律制度的保证和保护，就只是一厢情愿的主观想象，而自我所想象的个人边界无法设防，只有政治法律制度才能够为个人划定存在论的个人边界，从而建立可靠的个人领地。个人的政治边界是个人权利，而个人权利是个人主权。

创造个人权利的前提条件是人人平等的身份。平等身份的创造与基督教有着极其密切的关系，在这个意义上说，个人的基因可以追溯到基督教的基本精神，尽管基督教是通过创造了群众而**迂回地**创造了个人的基因。基督教的社会革命首先在于它发明了具有**通用心灵**的群众，从而打破了人在家庭、共同体和社会中的传统身份，使任何人都可以获得一种通用身份（基督徒），而基督教的信仰就成为通用心灵，信徒就是最早的群众。摧毁自然形成的社会关系所定义的特殊身份是残酷的，就像一个人被逐出家庭和村庄那样失去依靠。不过基督教给出了一种新身份作为诱惑和补偿，鼓励人们为了这种理想主义的新身份而去主动超越家庭和共同体。与被逐不同的是，主动背弃虽然也是痛苦的，却是为了一种想象的更高诱惑。耶稣给出十分夸张甚至恐怖的说法："凡是为了我和福音的缘故而撇下房屋、父母、兄弟和财富的人，必得到百倍的回报"[1]，甚至"若不恨自己的父母、妻子、儿女、兄弟姐妹和自己生命的，就不能做我的门徒"[2]。背弃家庭、社会关系和共同体而后获得一种新身份，一种人人相同、人人平等的身份，一种以基督教信念作为普遍精神的通用身份，这就是基督教发明的群众。群众的魅力在于，每个人在这种新身份中似乎分享了所有人的力量，每个人都似乎因此变得强大而且安全，人们迷恋成为群众，正是谋求可信的力量感和安全感。每个人只需要相信造物主而不再依赖特定共同

---

[1]《新约·马可福音 10: 29》。
[2]《新约·路加福音 14: 26》。

体，每个人就都有了不依赖**任何他人**的精神独立性，这种独立性不是他人给的，而是造物主给的，每个人都相对于他人而独立，又都依赖着造物主。这一点蕴含着群众与个人的一致性和奇妙转换。

人人拥有一模一样的通用平等身份，这个情况导致了双面结果：人们变成群众的同时，人人也都变成了孤独存在。正因人人平等，是以每个人独立于他人，人人无须通过他人去定位自身，每个人就开始悄悄地变成个人。创造群众势必走向个人，这就是基督教的社会革命的深层变化。路德的宗教改革（实际上是恢复原教旨）使人向现代意义的个人逼近了一步。路德重申在造物主面前人人平等（相当于真理面前人人平等或法律面前人人平等），这是一个决定性的突破。只有当每个人是平等的，才有可能拥有独立于他人的自我意识，才可能成为仅仅因其自身而具有独立价值的个人。既然平等，就没有人在作为人的价值上高于别人，于是，每个人的社会地位、社会关系、特定身份就变得相对次要，每个人都因其超越社会关系的新身份而具有价值，即造物主给予的信徒身份。既然人人都可以获得平等身份，就无须由别人来代表，每个人也不能代表别人而只能代表他自己，所以说，人人平等因而人人独立。可见，平等是个体变成个人的一个关键条件。

从一个有趣的历史变迁可以看出人们多么喜欢平等。在欧洲古代，座椅（chair）是地位和权力的象征。文艺复兴之后，座椅开始慢慢变成人人可以使用的普通生活用品，人人都喜欢座椅，因此座椅成为时尚。人们对座椅的热爱暗示着，平等的隐性本质是**独裁者的梦想**或是对权力的嫉妒。人人都想成为独裁者，但显然不可能，而且绝大多数人毫无希望，于是退而求其次，人人都想在自己的小小地盘里当个小小独裁者。成为个人就是成为独裁者，尽管是权力非常有限的小独裁者。可见，追求成为个人是在追求一种特权，一种受制度保护的有限特权。个人无论在精神上还是在物质上都坚决与他人划清界线，与社会划清界线，与国家划清界线，就好像自己是一个拥有主权的独立王国，所以现代人一定要明确个人的经营范围和地盘边界（所谓个人空间和个人权利），以便有效捍卫个人。传统人总是属于他人、社会和国家的存在，当每个人与他人、社会、国家划清界线，就意味着反对传统、反对古代、反对权威、反对等级、反对一切高于个人或者压缩私人空间的事物，力图把自己从种种对自由的限制中解放出来——所谓"解放"（liberation）就是摆脱束缚而获得自由（liberty），使自己属于自己，让自己拥有对自己的主权，这是人所以成为现代人的关键条件。在这一点上，自我人与经济人的意图是一致的，都试图通过解放而成为政治人以便捍卫自由，因此，不切实际的自我人与唯利是图的经济人在谋求成为政治人时终究合二为一了。

正如前面分析的，仅仅作为意图或价值观的个人概念是不够的，自我无法保卫自身，因此，个人必须获得制度确认而由意向性的存在变成制度性的存在，其中的关键是，自由必须落实为权利。自由是权利的实质，但权利却是自由的一个悖论性表现：权利是人人互相普遍承认的有限自由，它既是对自由的保护也是对自由的限制。如前所言，自由的意图是权力最大化，但显然不可能，因此人们只能谋求一种不太自由的自由，就是有限权利所限定的自由。权利是对普遍权力的否定，也就是否定了自由最大化而后获得的有限自由。霍布斯对自由有着透彻的认识，他把天然的自由看作"自然权利"。霍布斯相信，在无法无天的自然状态中，每个人都有天然许可的自由，想干什么就干什么，但结果是灾难性的：人人互相为敌（bellum omnium contra omnes），人人饥寒交迫、孤立无援、危在旦夕、在劫难逃，于是必须有个强大的政府对每个人的自由有所管制。

霍布斯的政治意图其实很不现代，但其理论却成为现代性的奠基理论，其中奥妙在于，人的自我保全欲望是自然事实，而霍布斯从这个自然事实推论出普遍有效的自然权利。毫无疑问，这个"推论"根本不是逻辑推论，而是**命名**，即把自然人性命名为自然权利，这可能是自私合法化的最早理论。既然自然权利的内容等于自然人性，那么意味着，只要为了自身生存，一切不择手段的行为都是正当的，就是说，贪生怕死、见利忘义、损人利己甚至损人不利己等等一切自私的选择都因为天然因而合法。此种自私合法化创造了一种全新的权利概念，它认定自然权利并不需要承担对等的相关义务，甚至不需要承担任何义务，它是一种无义务的权利，这是自然权利的要害之处。列奥·施特劳斯对此分析得十分清楚："如果自我保全的欲求乃是一切正义和道德的唯一根源，那么，基本的道德事实就不是一项义务，而是一项权利。所有义务都源于自我保护这一根本的和不可转让的权利。因此，不存在什么绝对或无条件的义务；只有当履行义务而不至于危及我们的自我保护时，那些义务才是有约束力的。唯有自我保护的权利才是无条件和绝对的。按照自然，世间只存在一项不折不扣的权利，而不存在不折不扣的义务。确切地说，构成人的自然义务的自然法并非一项法律。既然基本的绝对道德事实是一项权利而非义务，那么公民社会的职能和界限就必须以人的自然权利而非自然义务来界定。"[1]正是这种无义务的权利概念奠定了"权利为本"的现代政治文化，而权利优先或权利为本的现代文化为社会和生活埋下了深刻的隐患。

根据人的欲望或诉求，能够被声称为权利的东西实在太多，那么，什么权利是一切权利之中最重要或最优先的？或者说，何种权利最能够保证自由的真实兑现？显然需要对权利有个正确排序，否则不可能有效地实现自由。有一种权利是不言而喻的首要权利，那就是生命权，对此无争议。除了生命权，什么是权利的重中之重，就是问题的关键了。关于这一点，洛克的见识极为朴实又切中要害，洛克发现，除了生命权，保证个人自由的最重要条件就是在政治法律上得到保护的私有财产权。财产是实现自由的资源，只有当个人拥有神圣不可侵犯的私有财产，他才有能力去实现各种自由，显然，一贫如洗的自由只是一纸空文的自由。人们所以需要国家和政府，根本上说是因为国家和政府拥有可信的能力去防止对私有财产的侵犯，从而人们能够"安稳地享受他们的财产"[2]。

当自我人、经济人和政治人三者为一，就形成了充分的原子式个人，创造个人的工程就完工了。这个完工的个人拥有全方位的边界：身体是个人的自然边界，自我是个人的精神边界，财产是个人可支配空间的边界，而权利是个人的政治边界。个人堪称现代所创造的首要产品，它从根本上

---

[1] 列奥·施特劳斯：《自然权利与历史》，彭刚译，生活·读书·新知三联书店，2003，p. 185。
[2] 洛克：《政府论》，下册，瞿菊农译，商务印书馆，2003，p. 59。

改变了人的存在状态,现代的各种价值都附着于个人概念而生效,现代生活也以个人作为基本存在单位而展开。但是,个人这个产品并未无懈可击,个人的存在边界虽然划分得很清楚了,可是个人的存在基础却很不可靠,个人是个"非良基存在"(non well founded existence),它有两个存在论困难,分别是"自我悖论"和"无效率的方法论"。

首先,自我是个悖论,或者说,主体性是个悖论。这里有必要回顾笛卡尔的"我思故我在"。我思无疑是"我的",但我思之所思虽在心理意义上是我的,然而在观念意义上不可能仅仅是我的,所思必须同时可以成为他人之所思,就是说,所思的内容必须是公共可理解的,否则无意义。维特根斯坦的"反私人语言论证"已经无可辩驳地证明了思想内容必然依存于公共标准。这意味着,我思不能独自为所思建立标准,所思必须能够成为公共产品。接下来问题就严重了,我在(I am)意味着什么呢?首先,我的存在意味着**我是**(I am)什么。假如自我是自足的,我就必须能够决定我是什么。我之**所是**能否由我而推出?这里遇到一个自相关问题:我试图由我推出我之所是,可是我之所是却必须事先定义了我。于是,我是什么?我是谁?就是一个必然难倒我自己的问题。现代人喜欢说的"我做我自己"是典型的自欺欺人,这是一个毫无内容的命题。也许可以把我看作未来时态的存在:"我尚未是……"可是这似乎只能说明我不是什么。很显然,"我是"(I am)必须落实为"我做"(I do)才能够获得实质内容,或者说,"我做"是"我是"唯一真实的存在状态。

康德很可能意识到了这个困难。当康德试图解释"人是什么"这个问题时,他的重点就是在实践上去建构个人主体性,就是说,我是什么取决于我的实践选择。不过康德的解释方案却有些奇怪,在康德看来,个人主体性就是个人自由加上普遍理性,可是,既然理性是普遍的,并无个人特征,那么,个人主体性之我性(I-ness)就只是个人自由意志了。"我愿意这样做"的宾语会是什么呢?康德为了保证意志的纯粹自由,于是要求意志必须拒绝听从任何欲望和利益,身体被抛弃了,自身被排除了,剩下了只听从普遍理性的纯灵自我,可是,唯理性是从的自我是毫无特色的,无法区别于任何他人之自我,于是,个人主体性消失在普遍主体性之中。

康德要求人们听从普遍理性的原则（绝对命令），这个要求是不切实际的，事实上人们往往理性地见利忘义。假如对自我采取现实主义的理解，自我大概相当于个人事务的独裁者，类似于人们喜欢说的"我的事情我做主"。于是，自我就具有这样的逻辑形式："X 是我的选择"意味着"X 是好的"。这是试图由事实推出价值，休谟已经证明这是不可能的。事实上，假如每个自我都认定我的意向等于价值标准，每个自我的价值也就同时互相解构了，每个自我的价值就都成为不被他人承认的价值。而且，假如自我就是衡量价值的尺子，那么又如何量自身呢？自我的自相关状态一方面貌似建立了自我的绝对价值，同时却又消解了一切价值，因为没有一把尺子可以衡量自身。在不存在可比性的情况下，也就没有一种价值是确定的。自我正是一把无刻度的尺子，而主体是个最大的虚构作品，因此，基于自我或主体性之上的个人是非良基的存在。

个人概念的第二个困难与其方法论相关。除了自我或主体性，个人概念的另一个基础是作为方法论的个人主义（methodological individualism）。方法论的个人主义与价值观的个人主义关系密切，但不可混为一谈，主要区别是，价值观的个人主义不是中立的思维方式，而是专门为个人主义进行辩护的立场，而方法论的个人主义则被假定为中立的，据说是"政治上清白的"（politically innocent）。尽管方法论的个人主义这种"中立的"分析方法往往有利于个人主义的价值主张，但被认为不是故意所为，而是"碰巧"证明了个人主义的正确性。这一点相当可疑，可疑之处在于，方法论的个人主义与价值论的个人主义明显共享了最重要的一些基本假设（个人理性和自身利益最大化的优先地位）和基本分析单位（原子式个人），而这些假设和分析单位正是需要被论证的，不能未加证明地自动成为当然的理论前提。基本假设的共享形成了理论上的暗度陈仓，因此，方法论的个人主义恐怕并非如其声称的那样中立或政治清白。

方法论的个人主义的核心假设是个人理性，意味着从个人出发、为个人着想、以个人为准、谋求个人利益最大化的理性思考方式。它通常被假定为心同此理的普遍思维方式（尽管不排除存在个别大公无私的人，但人数太少因而对于整个社会来说可以忽略不计）。从霍布斯、洛克、亚当·

斯密以来的大多数现代哲学家和经济学家都承认此种个人理性。个人理性也许没有一个标准定义,但人们大致都承认以下假定:(1)个人是自私的,总是谋求排他利益的最大化;(2)个人总是能够选择实现排他利益最大化的最有效策略,也就是能够对所有可能的有效策略进行排序;(3)个人对有效策略的理性排序是逻辑协调的(consistent),不会出现循环排序。

此种个人理性很难说能够实现其理性目标。由于每个人的知识或信息局限性,加上个性偏好的影响,因此,每个人所意识到的策略集合不一定等于他所可能采用的策略集合,就是说,某个人的"实际所思"往往小于其"可能所思"。既然眼界有限,实际所思的策略集合通常小于客观可能的策略集合,那么,个人所知道的策略有可能全都是愚蠢策略,或者可能把最佳策略漏掉了。在这样情况下,所谓"最佳策略"其实是个含糊不定的概念,它只是主观以为的最佳选择,不一定就是客观的最佳策略,于是,策略的理性排序在客观上有可能并不高明,甚至是无效的,或者说,相对于客观可能性而言,经济人的主观策略排序其实可能是很不经济的。事实上,人们自以为是理性的策略选择,在许多情况下只是得不偿失、自取其祸、两败俱伤的无效率决策。历史表明,人们的愚蠢选择似乎远多于正确的选择,所以历史主要由各种悲剧构成,最典型的就是战争(包括军事战争、经济战争和文化战争),战争都是灾难性的,通常得不偿失,但人们却几乎从来没有吸取教训。在大多数情况下,人们并非平白无故发动战争(激情冒险的情况不太多),而总是"有原因有理由的",显然经过了利害得失的理性分析。

我们没有理由认为人们总是利令智昏或者智力低下,以至于经常算错(利害分析对智力要求并不高),真正可疑的是人们通常使用的理性分析模式,尤其是个人主义的理性概念。如果人们所使用的理性概念本身就是误导,那么无论多么正确的使用,都已经偏离了真正的理性。按照个人理性的逻辑,即使拥有充分信息,个人理性也恐怕很难保证集体理性的结果,更多时候导致了集体非理性。经济学家和政治学家们发现的囚徒困境、搭便车、公地悲剧和反公地悲剧之类不仅是个人理性难以克服的困难,而且多半正是个人理性的结果。个人理性无法理性地解决人类冲突问题，甚至反而助长冲突，因此我们有理由怀疑个人理性没有能够正确和充分地表达理性概念，就是说，在个人理性（rationality）与理性本身（reason）之间存在着明显的差距。

每个人拥有自己的世界，同时却又导致人类世界的深刻分裂。世界的这个存在状态使所有存在者都陷于危机之中，这又让人想起莱布尼茨的周到想象。莱布尼茨的那个由单子构成的世界所以是合理的，关键条件是必须有造物主未雨绸缪的先定和谐，可是人的世界所缺少的正是这种先定和谐，世界之分裂在所难免。基于自我概念和个人理性概念的个人是个**排他存在**，因此一切存在都陷于被排挤的危机，一切可共享的价值都陷于被解构的危机。在存在论上说，排他存在是无效率或低效率的，甚至导致无法共存。莱布尼茨有个形而上学概念称为"可共存性"（compossibility），对于说明排他存在的无效性十分有用，他说，只有可共存的事物才能够形成一个可能世界，而不可共存的事物导致世界不存在[1]。莱布尼茨是从逻辑上的矛盾命题不可共存去推论存在论上的矛盾事物不可共存，这个推论过于强硬，并不必然成立（黑格尔肯定不同意）。在真实世界中，某些矛盾的事物似乎可以共存，但无论如何，排他存在所构成的生活世界肯定是无效率或低效率的，因为排他存在必定互相伤害或互相妨害。我相信这个弱化的可共存概念是成立的。既然排他性非常可能导致个人在使用理性时反而错过最好的可能选择，因此，人们是否能够发现并实现最优选择，首先需要寻找或建构一个非排他的最优理性概念，即能够充分表达普遍理性（reason）的个人理性（rationality）概念，然后才能够选择客观最优而不是主观最优的行为。

---

[1] Leibniz：*Philosophical Papers and Letters*. Ed and tr. Loemker, Dordrecht, Reidel, 1969, p. 662.

5. 互为超越性：报复与报答

如前所论，主体性原则在知识论中是有效的，但在存在论中无效，因为在存在论中所遇到的是如何与超越存在相处的问题。我与他人的存在论问题是一个极端挑战，因为我与他人具有**对等的互为超越性**，于是主体性和个人理性都遇到直接的挫败。我与他人具有对等的主动性、对等的自由、对等的无限性和对等的超越性（列维纳斯已经深入地分析了他人的无限性以及由无限性所决定的超越性）。就可能性而言，他人可以成全我，也可以毁灭我，他人等价于一个包含一切可能性的自由行为集合，因此是一个几乎无法预测无法控制的外在存在。

在我与他人的互为超越性中，有一种最为关键的可能行为，这就是**报复**。如果我试图损害他人，他人的报复必定消解我的行为效果，使我的行为变成无效率的苦劳，使我的自由成为画饼，使我的意向落空，使我的存在衰减为无意义的时间流逝。同时，还有另一种同样重要的可能行为，那就是**报答**。他人的报答使我事半功倍，使我如愿以偿，使我的自由得以落实，使我的存在成为充满意义的生活。无论报复还是报答都是超越了因果性的自由行为，因而不可预料，它们构成了每个人命运的悬念。报复和报答都具有建构生活的能力，正因为人们能够进行报复，恶行才可能被限制或消除，而因为人们有可能报答，善行才得以盛行。在此意义上，报复和报答蕴含着人类生活的一切存在论转机，它们就是生活的临界点。他人对我的行为的自由回应或为报复或为报答，因此或带来灾难或赐予幸福，他人就是每个人的命运，或者说，每个人都是别人的命运。与霍布斯的"每个人对每个人的战争"相比，"每个人是每个人的命运"应该是对人类生活的更准确或更全面的概括,这个视角不仅承认灾难的可能性也承认幸福的可能性。假如不考虑幸福的可能性,所谓文明就只不过是把无秩序的战争变成有规则的战争而已,毫无理想和价值可言。

把他人看作哲学第一问题的思想线索最早可以追溯到周代思想,而且此后在中国的哲学主流始终把他人看作哲学的第一主题,儒家的核心概念如仁、义、忠、恕等等,都是以他人作为核心的问题。此种思想态度绝非特异,其实再自然不过了。虽然我与他人在超越性上是对称的,但在存在状态上却不对称,他人是一个比我大得多的集合,即使每个人在主观上都优先考虑自身利益,在理性上也不得不优先考虑他人观点,就是说,欲望以自身为准,但观点以他人为准,因此,他人就是存在论问题之核心,理解人就是理解他人。

现代哲学把主体性看作核心问题才是异常思路。主体性这个所谓"哥白尼式革命"其实是逆向的哥白尼式革命,它的两个维度都是违背常理的逆向革命:人类主体性反对自然;个人主体性反对他人,于是制造了人与自然和人与人的紧张关系。这种革命思路至今如此。作为现代哲学的另类,列维纳斯试图拨乱反正地树立他人观点,列维纳斯相信他人是首要的存在论问题,因为与他人遭遇先于任何知识,而且,他人的无限性使他人具有绝对的超越性,因此重自我轻他人必定导致存在者的存在危机(crisis of the being of a being)。列维纳斯指出,真正的存在论问题不在于存在这个"神奇的动词"里隐藏有什么秘密,而在于"我开始问自己,我的存在方式是否正当?我的在此存在(Dasein)的那个'在此方式'(Da)是否侵占了他人的存在地盘?"[1]这个问题堪称一箭穿心,它使那些无关痛痒无关疾苦的哲学问题颜面尽失。因此,哲学不应该盘问"为什么是存在而不是不存在"之类有闲思之的问题,而应该去追问"存在如何证明自身的

---

[1] Leibniz: *Philosophical Papers and Letters.* Ed and tr. Loemker, Dordrecht, Reidel, 1969, p. 662. 这句话是按照学术习惯翻译的,其实反而不够清楚,真实意思大概是"我首先得问问自己,我往那儿一等,是不是碍着人家的事儿了"。

合法性"这样即判生死的问题[1]。列维纳斯对他人的神圣化理解带有一种令人感动的宗教精神,他相信,我与他人的最初始关系是"面对面"的直接相遇,在如此单纯的相遇中,通过他人的脸,我们能够直接读出的意义只能是纯粹的人性呼声:"不能杀人。"他人无辜的脸无条件地要求我对他人无条件地负起人的责任,或者说,我对他人先验地负有责任,一种以他人为尊的责任。因此,对待他人首先是个伦理学问题,而伦理学才是第一哲学[2]。

现代哲学几乎只关心主体或自我,正如列维纳斯所批评的,自苏格拉底以来的西方哲学只建立了"自我中心主义"(egoism),"这样的哲学就只是自我学(egology)而已"[3],而"第一哲学的智慧这样就被还原或降低成了自我意识"[4],因此形而上学需要一个彻底的转向。在列维纳斯之前,海德格尔在形而上学上有过一次不彻底的改革,海德格尔把一般存在的问题转变为我在的问题,从而打开了生存境遇的领域。不过,尽管Dasein在逻辑上说是任何一个人,但"这个人"仍然从"我"的角度去看待和对待他者,所以经验到的只是烦心,这仍然是自我中心的视角,仍然是唯我论的生存经验。因此,海德格尔只是展开了传统存在论中没有被涉及的生存经验,却不能有效地解释他人的超越性问题,因此并没有进入展开于我与他人之间的存在论问题。

估计孔子会欢迎列维纳斯关于伦理学是第一哲学的说法,在某种意义

---

[1] Leibniz: *Philosophical Papers and Letters*. Ed and tr. Loemker, Dordrecht, Reidel, 1969, p. 662. 有趣的是,维特根斯坦也嘲笑过"对存在惊讶不已"的哲学,估计是在讥讽海德格尔。大概是维特根斯坦在维也纳小组听到海德格尔的哲学之后所产生的感慨。维特根斯坦说,对世界存在感到惊讶不已,这种说法是在滥用语言,而绝不是深刻,因为,世界当然存在,我们又不能去选择世界的不存在,而如果不存在至少两种以上可选择的可能性,那么,对唯一的事实感到惊讶是无意义的。参见 Wittgenstein: "*A Lecture on Ethics*", *Philosophical Review*, 74 (1965)。
[2] Levinas: "Ethics as First Philosophy", in *The Levinas Reader*, ed. Sean Hand, Blackwell, 1989.
[3] Levinas: *Totality and Infinity*. Martinus Nijhoff, 1979, p. 44.
[4] Levinas: Ethics as First Philosophy, in *The Levinas Reader*, ed. Sean Hand, Blackwell, 1989.

上，列维纳斯与孔子的思路多有相似之处，但并非殊途同归，而似乎应该说是同途殊归。列维纳斯以带有神性的伦理学观点看待他人，而孔子却以现实主义的伦理观点看待他人，也许孔子会把列维纳斯看作类似墨子那样的理想主义者（墨子的兼爱与列维纳斯以他人为尊的观点几乎完全一致）。列维纳斯由他人的超越性去推论伦理学的第一地位，虽然大致不错，但并非唯一有效，比如说他人的超越性也可以推论政治哲学的第一地位。列维纳斯把他人以及我与他人的关系神学化，这种宗教热情恐怕会掩盖我与他人的复杂的爱恨情仇，也会掩盖这种复杂关系所包含的政治、文化、经济等等用伦理学无法处理的问题。对于孔子来说，他人并不是一个神圣的存在，而是一个混合了情感与利益、道德与政治的世俗存在，因此，仅仅一张脸不足以代表他人，仅仅面对面不足以理解他人，假如人面兽心怎么办？假如言行不一怎么办？脸不能代表心。

假如仅仅面对的是他人的脸，那么，列维纳斯是对的。确实，单纯从一张脸不可能读出除了"人"以外的意义，可是不幸的是（事情经常如此），他人的脸背后之心未必总与脸相似，我们不可能由脸推知背后之心，所谓"知面不知心"，也许当场显现的脸只不过是面具。显然，心比脸更真实地代表他人，因此心是一个比脸更重要的问题。真实的他人是一个包含各种可能性的存在，他人可能是恩人或仇人。没有他人的帮助就没有我的生活，所以我受恩于他人；同时，他人限制了我的生活，所以又是仇人。事实是，**人人都在恩将仇报**。正因为人人恩将仇报这个惊心动魄的背景，伦理学所要求的以德报怨才具有了感天动地的意义。不过，以德报怨的伦理原则其实缺乏充分理由，正如孔子所反驳的："何以报德？以直报怨，以德报德。"[1]

他人的脸当然是某人的脸，但列维纳斯将具体存在的他人的脸变成一个形而上概念，或者说，列维纳斯的目光越过具体的脸而看到概念的脸，于是，具体的脸只不过是关于概念脸的隐喻。抽象代表了人类的概念脸传达了理想化的人类本质，因此，概念化的他人必定是善意的，是爱和尊敬

---

[1] 孔子：《论语·宪问》。

的对象，是伦理原则。这是把他人升华为形而上学概念的逻辑结果：面对他人的脸等于面对人类概念，而我和他人都属于人类概念，于是，面对他人等于面对自己，我不可能仇视他人，否则等于仇视自己。可是这样的话，列维纳斯就很难回答前面讨论过的陀思妥耶夫斯基问题：一个人热爱概念上的人类，却又憎恨那些具体人；也恐怕回答不了孔子"何以报德"的问题。因此，我们有理由询问：概念能够推出存在吗？形而上学概念能够解决存在论问题吗？理想能够替代现实吗？

把每个人都看作缺乏具体性的"同样的"抽象变元是现代哲学的通病（这可能是基督教把每个人的身份简化为造物主的子民的一个后遗症）。人在生存中所遭遇的并不是概念人，就存在事实而言，某人总是具体的，和我有着特定关系，无法还原为通用概念，不能等价于任意某人，就是说，一个存在论上特定的人并非逻辑上的人人，否则你的母亲等于他人的母亲，你的子女等价于他人的子女。哲学不能用概念伪造事实，人们也不可能无差别地对待一切人，不可能恨所有人也不可能爱一切人，尤其不可能同样恨或同样爱一切人（墨子和列维纳斯都过于迷恋概念），不可能无缘无故地爱人或恨人（毛泽东说过这个朴实道理）。列维纳斯对他人的善意令人心生敬意，但他却是在试图使事实符合概念而不是使概念靠近事实，这是伦理学，却不是存在论。存在论不可能听从伦理学概念——正如天地不仁——而只能在特定关系中去理解人。一个人**是**什么，是由其**所为**去定义的（a man does rather than is），人不是概念，而是一个存在。

为什么不能用概念去超越事实？为什么一个人不可能被定义为一个独立存在，就像莱布尼茨的单子那样？我们只能给出非常朴实的理由：因为任何可能生活都不是一个人**自己的**生活，而是**人们**构成的生活。在生活之前，在我们之前，我不存在，他人也不存在。无论我还是他人，都是生活事实所定义的，因此，在存在论上，主体性原则和他人原则都是不可能的，我不可能是优先的，他人也不可能是优先的，只有生活才是优先的。因为生活中有他人存在，所以我才有了我的生活，因此他人是我的恩人；另一方面，他人又是限制干涉我的自由的外在者，于是他人又是我的仇人。因此，他人不是一张形而上的概念脸，而是一张存在论的可变脸。

我与他人的关系通常被过于含糊地表达为"主体间性"。对于生活的存在论来说，主体间的根本问题不是出现在心思（minds）之间，而是出现在心意（hearts）之间。虽然人们心思不一，意见相左，但不同的心思毕竟都以普遍理性在思考（比如说，不同的意见都使用同样的逻辑和论证方法），因此，使用普遍理性的心思是同理的。人们所见不同只是因为短见、偏见和错误信息等等知识论缺陷所造成的分歧，在理论上说，这些分歧能够通过理性对话和论证而得到解决，正如哈贝马斯指出的，"更好的论证"（better argument）总有令人信服的道理，人们也一直相信"有理走遍天下"。但是对话和论证所能解决的只是知识论的主体间问题，却不可能解决存在论的主体间问题。人是**整个人**在生活，而不是生活在思想中，假如人的问题被压缩为理性心思的问题，生活问题就被削减为知识问题，生存关系就被简化为论辩关系。从苏格拉底直到哈贝马斯都相信主体间问题能够通过理性论辩而获得解决，现代哲学也把语言当成拯救哲学的方舟，可惜这只方舟太小，或许捞起了心思，却把人丢了，更把存在丢了。

哲学家在心思问题上的可敬努力除了显示了高超的思维技艺之外，心思哲学并没有解决任何一个真实问题。在此又想到了胡塞尔，在现象学的纯粹意识里，我们看不到价值、利益和政治生活，只有关于"事物本身"的那些"真金不怕火炼"[1]的恒定思想意义。纯粹所思虽然完美，可是不能解决任何实际问题，世界仍然如其所是，生活仍然一如既往。不能解释人的哲学是隔靴搔痒，海德格尔意识到了这一点，所以他要转向人的存在问题。生活的所有问题都来自人的顽强心意，人们念念不忘百折不挠去追求的那些事情。如果不去解释自由与幸福、爱情与友谊、权力和权利、公正与不公、剥削与压迫、战争与和平、称王与称霸、统治与秩序、安宁与安心、美丽与健康、光荣与梦想、成功与成就、作威又作福、生存质量和生活品质、荣华富贵和花天酒地、杀人放火与快意恩仇，如此等等，那么就不可能解释人的存在。

假如理性心思不被幕后之心意所操纵的话，理性心思之间本来并不存

---

[1] 胡塞尔自己喜欢的说法是，纯粹意识是"烧不掉的"。

在不可化解的问题。理性心思之间的分歧并非心的分歧而是理的分歧,等价于对于一个问题的不同解法。严格地说,理性心思的主体并不是人,而是理性思想的某一个可能方案,因此,理性心思代表的并不是人,而是某种理论可能性,思想的各种可能性存在于一个普遍共享的理论平台上,人们只是选择了不同的理解。因此,理性心思的分歧总能够依据合理的标准去解决。这意味着,理性心思并不构成主体间的困难,甚至严格地说,理性心思之间的关系根本不是主体间关系,而是不同理论间的关系。心思不具有超越性,他人的心思不是他人成为超越者的原因或理由,他人的超越性是由他人心意造成的,只有心意才能不讲理,而且对心意也无法讲理,只有不讲理才会形成难以克服的冲突。当心意表达为"我愿意"、"我希望"、"我只想要"之类意向时,意志或愿望就是最终的理由、无可商量的理由、自明的理由。可见,心思不超越,而心意才是超越的,只有自由心意使人成为超越者,只有心意才能决定报复或报答、背叛或合作、敌对或和解。可见,我与他人的问题就是心意之间的问题,心意所决定的生活事实就是存在论的事实。

心思哲学(philosophy of mind)漏掉了心意问题,这个局限性可以解释笛卡尔、康德到胡塞尔和哈贝马斯所遇到的根本困难。哲学到底需要反思什么?是解释思想自身还是解释生活?毫无疑问,两者都需要,但生活问题才是哲学的第一问题,而生活的核心问题就是与他人这个直接决定我的命运的超越者如何相处。既然他人的超越性不在于心思而在于心意,那么,由心思(mind)向心意(heart)的问题转变就是"任何一种未来的形而上学"(套用康德的话)的一个必要条件,就是说,对人的理解不能够局限为"心思的哲学",而必须是"心意的哲学"(philosophy of heart)[1]。生活问题不可能通过知识论得到解决,也不可能通过语言哲学以及对话理论得到解决,甚至不可能通过伦理学或政治哲学得到解决。只剩下一个选择,就是存在论,一种以生存逻辑说话的存在论。

---

[1] 我原来的说法是"心事哲学",现在改称"心意哲学",所指并没有变化。

6. 初始状态与演化状态

维特根斯坦发现了一个对人类生活普遍有效的客观分析模型，即"游戏"（game）。尽管游戏模型更多地被分析哲学家包括维特根斯坦自己用于分析语言游戏，但游戏模型的潜力远远大于语言游戏分析。事实上，所有行为都可以看作属于某个游戏的行为，因此，只要对某个游戏的规则（rules）和运行情况（practice）进行足够清楚的分析，就能够理解和解释这个游戏。游戏模型具有以往哲学所没有的许多优点（所以维特根斯坦有理由自认为发明了"全新的哲学"），它不仅普遍有效，而且屏蔽了各种先入之见或价值观，因此游戏分析是调查性的而不是辩护性的，它是一种实验性的"实地调查"。

与维特根斯坦大约同时代的数学家们（冯·诺依曼以及纳什等等）发展了另一种游戏理论，称作博弈论（theory of game），尽管对游戏的观察角度不同，试图解决的问题也不同，但却不谋而合地意识到游戏是一个普遍有效的分析模型。博弈论不是专门针对哲学问题的游戏分析，而是对人类行为的一般分析，它试图发现，在理性的情况下，人们最可能做出什么选择。博弈论对哲学的启示甚至大过维特根斯坦的游戏分析。博弈论也具有实验性的优点，也几乎屏蔽了预设的价值观，但并非彻底干净。博弈论采取理性人的假设，这个假设是可以争论或可以改进的，但理性人并非一个未加证明的主观假设，它"大概是"事实，只不过不是完全的事实（人们在有些情况下是非理性的）。应该说，这是一个无伤大雅的假定，而且有改进余地，如果需要的话。博弈论之名虽是晚近的事情，但博弈分析之实可以追溯到两千年前，孙子兵法很可能是最早的博弈论杰作，老子的博弈思想更是深不可测，荀子、法家和纵横家的博弈见识至今有所启示。

我们首先需要讨论人类生存游戏的初始状态问题。在这个问题上，影响最广的是霍布斯的自然状态分析，但最早的是荀子的初始状态分析，这两个理论存在互补性，相得益彰，可以称之为荀子—霍布斯问题。人类生存游戏的初始状态是人类社会游戏的起点，是一个先于道德和政治的状态，其中必定隐藏着人类生活的基因密码，包括道德和政治原理的基因，所以说，伦理和政治问题最终必须还原为存在论问题才能得到彻底的解释和证明。

初始状态不是真实状态，而是一个理论虚构的实验状态，它不仅是解释伦理和政治如何发生的一种模拟，更重要的是给定了伦理和政治问题的条件清晰的理论环境。历史上真实的初始状态是特殊和偶然的历史语境，它所遭遇的生活问题未必能够覆盖**所有可能**的生活问题。生活是慢慢展开的，生活所蕴含的各种可能性通过偶然情景而变成现实，特定的"形势"使某种可能性现实化，但如果缺乏时势，某些可能性就一直潜伏着，而形势在很大程度上是人们的偶然行为创造出来的。生活的关键词不是逻辑推理，也不是自然因果，而是自由创造，这意味着我们需要一个理论上的初始状态，它足以蕴含自由行为的全部可能性，不仅是一个想象的生活起点，而且蕴含着一切可能性和未来，或者说，它不仅是过去时，而且是现在时和将来时。历史真实的初始状态反而缺乏普遍的理论意义，所以我们需要虚构一种能够覆盖所有生活问题的理论语境，这也是为什么人们不满足于历史叙事而需要理论反思的一个重要原因。

初始状态虽是理论虚构，但它对于说明真实生活必须是有效的，其有效性至少表现为：（1）在虚构的初始状态下开展的初始游戏与真实生活游戏之间是可通达的或可过渡的，或是原理相似的，能够大致反映真实生活的思维方式和策略选择模式；（2）作为思想实验的初始游戏必须能够表达比真实情况更合理更正确的博弈选择，这意味着必须排除真实博弈的特殊语境和偶然因素，这样才能发现普遍有效的原理。历史特殊语境不可重复，因此，真实历史不可能成为普遍模式，这也是人们为什么必须活学活用历史而不能完全复制他人或他乡的原因。不过，追求"比真实更正确"的理论似乎有些荒谬：理论或许更正确，但人们未必愿意追求更正确的事情，错误的行为往往造成戏剧性的生活和历史。这就像真实世界中并没有严格的直线，人们也未必认为严格的直线比不太直的线更好。但问题在于，理论上的直线对真实而不太直的直线具有普遍说明力，同样，作为理论实验的游戏试图发现比真实更正确的选择，就是为了更深刻地理解生活，这也是理论和理想的意义所在；（3）初始游戏必须包含生活的**最坏可能性**。这一点最为重要。如果一种理论能够解释最坏可能性，就必定能够解释任何可能性。这个道理有些类似于"假命题蕴含一切命题"这个逻辑定理。只有覆盖了最坏可能性的理论才是普遍有效的，或者说，如果对付不了最坏可能性，就不可能是普遍有效的理论。真实的初始状态所以不是最优的理论分析对象，理由在此，真实状态通常不够极端，没有达到生活最坏状态之极限，也就没有达到理论局限，因此对生活没有普遍而充分的说明力。所以，根据理论解释力最大化的要求，初始状态必须包含生活的最差可能性，这样才有可能充分理解生活并发现生活需要什么改进。

于是，我们至少需要假定：（1）初始游戏是一个尚无共同承认的游戏规则的充分自由游戏，一个无法无天或无政府状态的游戏。这意味着，初始游戏是在无限制的策略选择中进行的，没有什么是非法的或不允许的，人人可以不择手段无所不为，人们将在充分自由选择的碰撞中慢慢形成策略均衡，然后形成共同认可的游戏规则；（2）既然人人享有充分自由选择，就必定暴露出"前道德的"或"前政治的"真面目，此时，任何人的唯一限制就是他人的行为选择（自然限制不算），任何人的选择都不得受到他人选择的制约。这是分析人与他人之间关系最彻底的理论环境，所有的规则和制度都只能在人与他人的互相制约关系中产生；（3）初始游戏首先是生存博弈，核心问题是如何由冲突形成合作，这就是生活的存在论问题。在生存博弈中，可能会有人宁愿选择道德行为，但我们不能预设人们的道德觉悟，而且，能够坚持下去的道德行为必定**碰巧是**具有生存优势的行为,否则必定被淘汰(参考宾默尔原则[1]),就是说,如果道德原则在生存博弈中是无效率的,就是不可能的;(4)每个博弈者都是自私的理性人。这是通常使用的假设,确实存在争议,因为事实上人们并非都如此不可救药。我们选用这个假设是为了能够表达"最坏可能性"。如前所论,理性人意味着:个人总是谋求排他利益的最大化(maximization of exclusive interest),或者说,总是追求使自己处于博弈优势地位的一切因素;并且,个人总能够对所有可能的有效策略进行排序;而且,个人对有效策略的理性排序是逻辑协调的(consistent),不会出现循环排序。必须承认,这个假定有着强烈的经济学偏好,而且存在理论隐患:由于每个人的知识和信息以及偏好的局限性,每个人所意识到的主观策略集合往往小于他所可能采用的客观策略集合,于是,个人有可能把客观上的最佳策略漏掉了。虽然这个理性概念显然不完善,但足以表达博弈的最坏可能性,因此仍然适合作为初始理性,而完善的理性可以慢慢发展出来。

哲学家们给出过多种初始状态的具体设想。霍布斯的"自然状态"可能是最知名的初始状态,比霍布斯更古老的荀子假设与之相似但别有深意。《礼记》则相信早期社会是充分合作的"大同"社会,后来才变成私心压倒公心的"小康"社会。马克思主义的想象与《礼记》有某些相似,也相信在私心和冲突的社会之前有过原始共产主义。卢梭则相信自然状态中人们虽有自然的不平等(体力和智力),但不足以导致霍布斯想象的普遍残酷冲突,因为那时没什么值得拼命的利益,直到后来出现"万恶的私产"才使人奋不顾身(这是个有趣的想象)。晚近的初始状态构想有罗尔斯的"无知之幕"游戏和艾克斯罗德的循环赛游戏,都是博弈论思路下的实验状态,如此等等。这些构想各有所长也各有所短,其中特别有价值的是霍布斯、荀子、罗尔斯和艾克斯罗德的方案。

霍布斯对初始状态的构思十分简洁有力:在形成制度之前的自然状态中,每个人都是孤独的原子式个人,人人贪生怕死、趋利避害、自私自

---

[1] 肯·宾默尔:《博弈论与社会契约》第一卷,王小卫译,上海财经大学出版社,2003,§1.2.4。

利、漠视他人而且不信任任何人，于是，人人都是人人的敌人，生存游戏就是每个人对每个人的战争。尽管这种人人互相为战的状态从来没有存在过，但这种最坏状态却是可能的，而且部分地出现在真实生活中。霍布斯举例说，人人互相猜忌钩心斗角，人们外出旅行要带武器并且设法结伴而行，在家锁门，甚至箱子也要锁上，这些已经说明了人们对自己的同胞、子女和仆人是什么样的看法；至于发展军备在边境上筑碉堡架枪炮就更说明了对人类的一般看法[1]。霍布斯的自然状态几乎满足了初始状态所必需的各种有效条件，唯一的隐患是其孤独个人的假设（这是现代理论的通病）。原子式个人使人的问题简单化，好像把人变得容易理解和计算，其实是否认了人的概念的丰富性和可变性，因此难以发现生活优化演变的可能性。

更为古老的荀子假设如与霍布斯假设互相配合则可相得益彰。荀子这样描述初始状态："人生而有欲，欲而不得，则不能无求。求而无度量分界，则不能不争；争则乱，乱则穷。先王恶其乱也，故制礼义以分之，以养人之欲，给人之求。使欲必不穷于物，物必不屈于欲。两者相持而长，是礼之所起也。"[2]荀子版的初始状态与霍布斯版所见略同，但有一个重要区别：霍布斯的自然状态是每个人反对每个人的战争，人们实在忍受不了冲突而后寻求合作，即冲突先于合作；荀子却相信合作先于冲突，而且，**合作正是导致冲突的原因**。荀子更深刻地看到人类生存的悖论性：必定合作而合作又必定导致冲突。荀子的解释是：人的能力如此弱小，甚至不及牛马，因此必定合作在先，所谓"人生不能无群"[3]。人不可能作为个体而生存，而必须是群体存在，否则无人能够生存，于是人们首先合作成为群体，可是人们虽以合作方式创造了财富，但每个人都想多得多占，为了自己利益的最大化就必须把他人的利益最小化，正是合作之后的**分利问题**才导致了冲突。荀子指出，从自然条件上看，人类所能够获得的

---

[1] 霍布斯：《利维坦》，黎思复译，商务印书馆，1997，pp. 94–96。

[2] 《荀子·礼论》。

[3] 《荀子·王制》。

利益永远不够满足每个人的欲望,人们必定冲突,"物不能澹则必争";而从社会条件上看,在利益上没有形成人们普遍同意的合理分配,人们就要冲突,"群而无分则争"〔1〕。自然局限无法超越,分利就成为关键问题。基于社会矛盾的荀子假设比基于自然矛盾的霍布斯假设更深刻地揭示了人类冲突的复杂性。

荀子把共存看作任何人的存在条件,合作先于冲突,而分利不公导致冲突,这是极其深刻的见识。如果没有这个社会化的假设,就简化成了霍布斯的自然状态。霍布斯的自然状态完全没有社会性,这个极端化的假设虽然使冲突显得惊心动魄,但也使得从冲突向合作的演变缺乏普遍必然理由,甚至连可以借力的条件都没有,这难免可疑。另外,霍布斯理论还有漏洞,按照霍布斯条件,自然冲突未必会成为持续冲突,既然冲突使双方利益受损,人们也有可能选择互相回避而不一定非要冲突到底,除非其中一方具有胜者通吃的绝对实力,否则,互相回避各过各的生活,似乎是更好的选择。如果假定人们天生好勇斗狠,坚决冲突到底,那样的话,就不可能突然改变主意去寻求合作了,因此,霍布斯想象的冲突并不能自动转化为合作,除非增加新的变量。霍布斯版的初始状态正是缺乏能够导致由冲突转为合作的可信变量,可见霍布斯的设计是不够严格的。

荀子把共存看作一个初始条件,这就避免了霍布斯的困难。人们互相依存而生存,初始合作带来的好处足以建立人们对合作的依赖性,于是,生存压力和合作的诱惑构成了人们寻求更好合作之道的必然理由。无论人们多么自私,多么希望多占便宜,但终究不愿意放弃合作的好处,于是只好去改善初始合作关系而发展出比较成熟合理的合作制度。在这个意义上,荀子比较可信地解释了从冲突到合作的转变必然性。荀子的初始状态另有一层深刻含义:尽管合作是人们生存的必要条件,但人们难免利令智昏,总是忍不住破坏合作,总是试图以更精明的策略去形成对己有利的不公正合作,因此,合作与冲突必定是一个循环矛盾。这个悖论暗示着,人性虽然不可救药,但人的关系并非毫无希望。

---

〔1〕《荀子·王制》。

无论设想冲突在先,还是合作在先而后冲突,都同样把焦点问题落实在如何解决冲突问题上:给定人人自私,什么才是众望所归的合作原则?荀子相信分配公正(所谓"分")是关键所在,只要解决了分配公正,其他问题就迎刃而解。这个看法非常接近现代观点,比如罗尔斯理论。不过,冲突问题显然不仅仅是分配问题,荀子的初始状态并不能完全覆盖霍布斯问题。霍布斯假设对于社会内部情况虽不十分合适,但对于无政府状态的国际社会却有良好的解释力,就是说,霍布斯理论对于解释国际冲突更为有效。因此,荀子理论和霍布斯理论应该结合起来,从而形成一个更为充分的初始状态理论,可称作荀子—霍布斯假设。

如前所论,作为有效的理论起点,初始游戏必须能够表达最坏可能性,否则就是无理由地省略了最具挑战性的问题。荀子—霍布斯方案最为简洁:不仅人人自私,而且不择手段。"不择手段"就是一个不可省略的初始条件,否则不足以表达最坏可能性,可是当代理论家们往往避重就轻地回避这个经典困难,比如罗尔斯理论。许多人相信社会契约能够保证合作,可是,在特定社会条件和时代背景下形成的社会契约未必公正,而不公的制度本身就是导致冲突的隐患。于是,罗尔斯引入"无知之幕"这样一个别具匠心的博弈条件,试图人为制造一个人人完全平等的处境,以便考察什么是人们仅凭理性所做出的"真正的"公平选择。无知之幕据说是"完全公平的"博弈环境,相当于人人被蒙住双眼,人人对自身状况一无所知,不知道自己与他人在各方面的差异(地位、能力、资源等等),甚至不知道所处的社会和时代[1],相当于不知己又不知彼,甚至不知"魏晋"。正因为无知之幕遮蔽了一切信息,罗尔斯相信,这个完全公平的处境必然能够使人们形成一致同意的公正选择,而一致同意的事情显然是最合法的公共选择(当然,最合法的选择未必是最优选择,一致同意的蠢事也可能发生,这是另外的故事了)。

罗尔斯这个广受称赞的方案有许多疑点。在博弈条件的设计上,罗尔

---

[1] Rawls: A Theory of Justice. Cambridge, Massachusetts, the Belknap Press of Harvard University Press. 1971, p. 137.

斯虚构一个充分公平的博弈环境，以无知之幕来使弱肉强食的自然差异暂时失效，这是令人佩服的想象，只可惜存在着一些难以克服的困难。无知状态的博弈与有知状态的博弈之间无法过渡或无法兑换，因为它们是**本质不同**的可能世界，这一点限制了无知之幕模型对真实世界的说明力。任何真实的社会博弈都处于某种程度的有知状态，人们必须知道自己有什么需要保护、有什么值得争夺以及是否有条件争取自己想要的东西，总之人们不能无的放矢。无知之幕规定，人们甚至不知道"关于好东西的理解"（conception of the good）以及自己的"生活计划"（plan of life），这样人就不知道想要什么了，可是人必须知道想要什么才会做出可信的选择。盲目选择不仅在行动上不可信，在思想上也不可信，其错误相当于"我思"没有确定意向之"所思"，或者相当于及物动词缺乏宾语。胡塞尔早就指出，如果没有明确的所思，我思就是无意义的。罗尔斯为了自圆其说，于是又假定，虽然人们的偏好被屏蔽了，但仍然知道"对任何人生计划"所必需的"基本所需"（primary goods）。这个辩护暗含更大的麻烦，它涉及一个从未被解决的"价值排序"问题：在哪些东西算是"基本所需"这个问题上，人们没有一致意见，而所以没有统一意见，是因为人心各异。如果假设所有博弈者是同心同好的特殊人群（比如说一群葛兰台或者一群弗洛伊德），那倒是说得通了，可是那样的话，罗尔斯理论就缩水为特殊人群理论而不是普遍理论了。

就罗尔斯推荐的"基本所需"（个人权利、个人自由、机会和财富）而言，他想象的是自由主义群体。可是并非所有人都是自由主义者，从生存需要上看，每个人最想要的恐怕是安全（霍布斯会同意），有些人会首选权力（尼采会同意），很多人会首选家庭利益（孔子会同意），如此等等。总之，罗尔斯对基本所需的排序并非不证自明，而是基于信念。许多人知道，权利的好处恐怕就没有权力的好处那样明显，权利、自由和机会甚至加上财富也不见得能够换来权力，而权力却能够换来一切，这才是更加显而易见的。即使局限于罗尔斯推荐的基本所需，人们恐怕也有不同意见，哪些权利是基本的？哪些权利应该优先？这些都是未决问题。由此看来，罗尔斯隐去了对价值的理解（conception of the good）而又承认关于基本所需（primary goods）的知识，此间难免自相矛盾。总之，罗尔斯的无知之幕屏蔽了初始游戏的最坏可能性，诱导人们选择罗尔斯预先准备好的自由主义社会契约，这个事先安排并不能代表人们的真实选择。

值得注意的是，即使局限于罗尔斯条件就事论事，无知之幕也**并非必然地**产生罗尔斯契约，尤其不能保证其中最有名的"差异原则"。差异原则声称，如果社会需要某些不平等的制度安排，这些不平等的制度安排必须有利于弱势群体的利益最大化，这样才是正当的。很多人赞赏这个具有劫富济贫倾向的制度安排，我在情感上也大致同意，但理论不能感情用事，我们不能因为同情罗尔斯的道德选择而断定其理论有效性。事实上许多人否认罗尔斯理论的正当性，例如诺齐克。罗尔斯理论有一个不可忽视的漏洞：罗尔斯契约并不是罗尔斯条件的**唯一必然**结果，而只是多种并列同等可能的结果之一，甚至不是可能性最大的那个结果。换句话说，罗尔斯契约并非罗尔斯问题的唯一理性解，而是多个理性解之一。根据罗尔斯条件，无知之幕的博弈至少有三个理性解，分别是罗尔斯解、绝对平均主义和古典公正分配。分析如下：

按照罗尔斯条件，给定人人自私而漠视他人利益，人们将理性规避对自己最不利的情况而选择风险最小的结果。无知之幕使得人人自危，无人知道自己实际拥有的资本、能力和地位，因此人们最可能选择一种最保险的社会契约，以免自己处于不利地位时明显吃亏。罗尔斯相信，出于风险规避的考虑，人们将必然选择一个保证人人同等自由权利、机会均等然后又偏袒弱者的制度安排。首先，罗尔斯契约以自由主义偏好去猜想人人必然优先考虑个人自由权利，这有些可疑。事实上人们不可能**先验地**拥有"个人权利比别的事情更重要"这种后验知识，人们直接追求的是权力和利益，而在经过无数残酷经历之后才可能认识到个人权利的必要性。而且，个人权利这个后验诉求也不是普遍必然的原理。在某些社会和自然条件下，个人自由未必优于集体分配，比如在资源非常匮乏的情况下，集体共产就很可能是人们勉强存活的条件。按照无知之幕的规定，人们并不知道社会、时代和资源的情况，因此，在自由、平等、平均、共产等等可选项目之间，并没有必然理由去证明哪一种能够避免最坏结果。当缺乏语境和计算条件，一切都是未知数，假如非要在情况不明的条件下去做选择，在无知之幕的压力下，人们恐怕更容易接受保险系数最大的集体主义契约，因为有难同当的集体主义契约比自由主义更符合风险规避原则。罗尔斯似乎算错了自己出的题。差异原则虽有平等主义倾向，但罗尔斯强调自由的优先性而对平等主义形成制约，这种有限平等主义就只是比较保险而绝非最保险的策略。相比之下，利益均分的绝对平均主义或集体主义就比罗尔斯方案更符合理性要求了。

绝对平均主义策略的理由可以这样理解：由于无知之幕，每个人落在任何一种地位上的概率相同，类似于抓阄，根据博弈理性，利益均分就是风险最低的策略，它保证每个人获得至少不少于任何人的收益。在自己没有权利或权力去优先挑选较大利益的情况下，利益均分就是最优策略。由此看来，对于罗尔斯的题目，平均利益才是逻辑上无懈可击的理性均衡解。可以参考"公平分蛋糕"的经典例子（尽管情况并不完全一样）：a切蛋糕而b先挑。a没有权利先挑（相当于不知道自己将得到什么），于是a的最好策略就是把蛋糕切成尽量一样大[1]。显然，在风险规避上，平均利益显然好过罗尔斯扶贫式的有限平等。关于平均主义，石元康还发现平均主义有个心理优势：人们"不会忌妒"，因此是个更稳定的策略[2]。当然，绝对平均主义并不公正，甚至是反公正的，除非遇到特殊情况，否则人们不会选择平均主义，而罗尔斯的无知之幕等价于选择平均主义的那个特殊情况。更严格地说，甚至连罗尔斯的有限平等也是不公正的，正如诺齐克所批评的，没有正当理由的利益再分配其实就是掠夺。

罗尔斯的有限平等主义另有一个不太明显的缺点：它是个不稳定的策略。如果没有附加条款，有限平等很可能会慢慢演变成绝对平均，其演变

---

[1] 类似的智慧可以参考宋朝张咏公断"兄弟分家产"的故事：兄弟分家，哥哥主持分家，弟弟认为少分了，哥哥不承认，张咏说，其实解决方法很简单，哥哥的财产和弟弟的全部对换就可以了。
[2] 石元康：《罗尔斯》，广西师范大学出版社，2004，pp. 91-97。

过程是：根据差异原则，如果社会需要某些不平等的制度安排，这些不平等的制度安排应该使在社会和经济方面处于最不利的人们的利益得到改善[1]，那么，假设"最不利人们的收益"为 X，而 X 有理由获得改善而变成 X + n，假如 X + n 的改善仍然不能让人满意，仍然存在"最不利的人们"，就又必须改善为（X + n）+ 1，只要还存在相对最不利群体，就有理由不断损有余而补不足，这个过程不会**自动停车**（除非引入保护富人的条款），直到所有人的收益大概成为平均数，或者达到人们都满意的程度。差异原则演变成平均原则，显然是罗尔斯不能接受的，因为它会破坏"更优先的"自由原则，可问题是，如果可以制造某个理由使"损有余而补不足"在**某一点**上停车，就能够以同样逻辑制造任何理由在**任何点**上停车，那将是罗尔斯的失败或诺齐克的凯旋了。

在绝对平均主义之外，古典公正分配是另一个同样可能中选的理性方案。人们愿意自己的劳动能够得到成比例的收益，多劳多得少劳少得的对称原则几乎是先验理性直观，在理论上说，古典的对称公正是唯一严格的公正。在无知之幕下，人们选择古典公正也同样合乎情理。平均利益虽最能满足风险规避原则，但对称公正也并没有违反风险规避原则，人人毕竟得到了该得份额，并没有得到小于成本的回报，因此，人们**没有理性上的理由**对此不满，除非一心就想多占多得。古典公正还另有一个理性优势：古典公正最能够保证对未来的预期，因此可能具有最强的稳定性。因此，假如把未来回报的可信性计算在内，古典公正甚至是最理性的选择。不过，对古典公正的评估比较困难一些，因为理性是一个不够清楚的概念。确保投入与收益的正比例，似乎就是足够理性的算计了，但追求利益最大化的现代人也许并不满足，因此，在现代社会里，古典公正中选的可能性会比较小。但既然无知之幕屏蔽了社会背景，古典公正就仍然是一个理性选择。

总的来说，以上三种可能的理性选择都是几乎同等合理的，如果一定要给出排序，单纯根据风险规避的程度，人们非常可能会首选平分利益的

---

[1] Rawls：A Theory of Justice，1971，p. 302.

平均主义，其次是罗尔斯的自由平等主义，最后是古典公正。但如果从公正程度去看，罗尔斯方案大概相当于平均主义和古典公正的中间道路，明显优于绝对平均主义（平均主义是非常不公正的），而公正程度最高的却应该是古典公正。因此，到底哪一种选择是最优的，却也难说。

　　游戏规则或制度是博弈均衡的结果，但并非任何制度都具有稳定性、可信性和可持续性，而稳定的可信性是成功制度最重要的性质，这是一个最重要的问题。假定罗尔斯方案幸运中选，罗尔斯方案也会遇到一个更致命的挑战：在无知之幕消失之后的后继博弈中，一切问题将卷土重来，因为罗尔斯制度无法保证其稳定性。无知之幕总要消失，否则生活无法正常运行。按照罗尔斯自己的想象，在完成立宪和立法任务之后，无知之幕就可以消失了，可是当无知之幕消失，博弈条件完全改变，博弈各方的优选策略也必定随之发生变化。当真相大白，相当于进入真实生活，人们各就各位，各自有了明确的利益诉求，那些具有博弈优势的人们必将重新考虑并调整策略去追求利益最大化，因为他们在无知之幕下迫不得已选择的罗尔斯方案已不再是优选策略，而变成了专门让自己吃亏的策略。人们很可能不承认无知之盟，而将重新讨价还价、重新协商、重新斗争甚至发动革命，即使在法治社会里人们难以发动革命，也会去钻各种合法的空子和漏洞，使在无知之幕下建立的制度土崩瓦解，至少在具体实践中被偷偷解构，使契约实际上无法正确兑现，总之，从合作回到背叛状态，直到多轮博弈之后，达到某种新的均衡而得以建立某种实事求是的新制度。既然无知之盟在后继博弈中是坚持不住的，游戏终将重新玩过，罗尔斯契约就终成画饼，这是罗尔斯方案的根本困难。关键在于，无知之幕无法保证稳定可信的未来预期，相当于"骗得了一时骗不了一世"，人们总会在后续博弈中颠覆原先的盲目之约。也许有人会问，既然在无知之幕下已经签订了合法契约，难道人们就不能忠于契约而放弃谋求利益最大化吗？这样的想象是不合理的，因为人们不可能自动由经济人变成道德人，我们更不能随便添加"道德人"这个额外条件。

　　罗尔斯方案虽然引人入胜，可惜不是有效出路，转了一圈还是回到了老问题上。我们从罗尔斯的局限性能够获得的教益是：可信的制度必须与真实生活的条件相一致。无知之幕改变了真实问题的存在条件，因此无助于解决真实问题。理论不能涂改生活，因此理论模型必须能够容纳足够复杂的变量以便能够对付真实问题。罗尔斯方案选择了变量最小化的极简主义模型，这种简化篡改了生活，与真实问题文不对题。相比之下，荀子—霍布斯的初始状态仍然在理论上较优，其理论优势在于涵盖了最坏可能性。没有把最坏可能性考虑在内的社会分析模型都是无效的。罗尔斯条件不够严酷，因此罗尔斯契约也不够坚实可靠，经不起后继演化博弈的挑战。这说明，初始状态下形成的社会契约无论多么美好善良，都必须能够经得起演化状态的挑战，否则是无效的。

我们需要回到比较实事求是的荀子—霍布斯思路。有趣的是，荀子和霍布斯对于从冲突到合作的解决原则也很相似：（1）强人们意识到冲突对任何人都不利，包括对强人自己也不利，因此强人也愿意放弃冲突；（2）只有强人才有能力停止冲突并建立秩序；（3）只有建立强大政府才能建立和维持社会合作。但这里有个问题：集权下的合作虽是可能的，但并非唯一可能，而且恐怕不是最优解。事实表明，集权虽能形成社会合作，可也非常可能产生与冲突同样有害的结果（比如个人自由的严重损失）。正如罗尔斯没有找到唯一理性解，荀子和霍布斯也没有找到唯一理性解。既然集权下的合作存在严重缺点，因此人们需要寻找比集权更合适的合作条件，正如艾克斯罗德指出的：今天人们对"在什么条件下才能从没有集权的利己主义者中产生合作"这个问题更感兴趣[1]。

如果说罗尔斯的理论实验虽老谋深算却无助于解决问题，那么，艾克斯罗德的理论实验可以说很天真却令人鼓舞——有趣的是，在艾克斯罗德的实验中也正好是天真策略胜过老谋深算策略。艾克斯罗德做过一个试图理解合作的必要条件的计算机实验[2]，艾克斯罗德的初始状态不需要诸如无知之幕之类的不正常条件，这一点显然优于罗尔斯条件，尽管仍然不

---

[1] （美）艾克斯罗德著，吴坚忠译：《合作的进化》，上海人民出版社，1996，p. 3。
[2] R. Axelrod: Effective Choice in the Prisoner's Dilemma. *Journal of Conflict Resolution* 24: 3 – 25. 1980.

够真实，比如，博弈各方被假定为能力相等，而且不可能消灭对手而只能在得分上胜过对手，这些不真实的条件同样埋下了隐患。不过艾克斯罗德实验相对于罗尔斯是比较仿真的，它的条件较为宽松，不要求博弈者必定是理性的，甚至不一定谋求利益最大化。这些仿真条件使艾克斯罗德实验具有明显吸引力。

艾克斯罗德设想了这样的博弈环境：（1）博弈者是多样的，理性或不理性，谨慎或投机，善良或邪恶，一切动机和心态皆为可能；（2）博弈回合相当多，大概可以模拟一生；（3）博弈者也相当多，足以模拟一个社会；（4）博弈可以不断变招，比较接近真实博弈。这个实验是全体混战的循环赛，参赛的 14 个策略由"足够精明的"各种专家分别设计，博弈策略是"合作"和"背叛"的各种可能组合。如果双方合作则各得 3 分，双方背叛各得 1 分，一方背叛而另一方合作则背叛 5 分而合作 0 分，可以看出，背叛的回报相当大，与真实生活类似。比赛结果出人意料，具有善良、宽容和公正等优良品质的"一报还一报"策略（TFT）以明显优势胜出。TFT 策略非常简单：第一步选择合作；从第二步开始就模仿对方上一步的选择。这意味着：首先是善良，从不先背叛；其次是公正，如果对方背叛就回击；然后是宽容，一旦对方改正错误，就重新合作。实验证明，所有不成功的策略都是故意与人为敌的。艾克斯罗德对这个太过美丽的结果不放心，第二次实验使参赛策略增加到 62 个，结果仍然是 TFT 胜出。这个实验被认为或多或少证明了好心有好报或好人笑到最后。假如真的如此，道德策略就被证明是同时具有博弈优势的生存策略了。

这样的结果虽是人们的梦想，但经验事实往往并非如此。如果理论与实际不符，肯定是理论出了问题。在艾克斯罗德实验中所以好人笑在最后，其中一个根本原因是其"杀不死"的假定：每个博弈者可能失败（得分低），但不可能被消灭（杀死），永远不会被淘汰出局，因此总有翻本机会，永远有机会卷土重来，这就限制了博弈的严酷性，背叛只能占到暂时便宜，从而造成善良策略具有博弈优势的假象。"杀不死"的假定使生死游戏弱化成输赢游戏，博弈不再严重，命运不再严肃。这个设定与真实世界不符，不能表达真实命运。这是现代学术司空见惯的失误：现代学术倾向于把实验设计成一个容易计算但不真实的可能世界,因此往往导致严重误差。理论世界对于真实世界至少应该是一个可通达的可能世界,否则原理不能通用。艾克斯罗德与罗尔斯的实验都存在类似困难,都改变了某些必要的存在论条件而使实验世界与真实世界不相通。

假如我们修改"杀不死"假定,重新规定为,当博弈者由于选择合作而遭受 n 次背叛(n 次 0 分)就算被"杀死"或被淘汰出局,情况就可能非常不同。可以推想,在这个生死博弈中还是会有一些善良合作者最后获得胜利,但也会有一些合作者被淘汰。像 TFT 这样具有比较强硬的回击策略的博弈者或许可以幸存,但未必能够成为冠军。这是个危险的信号,当许多合作者发现了被淘汰的危险,就可能会选择搭便车甚至蜕变成背叛者。坏人能够多占便宜的信息会使好人退化,这是个真实难题。在此我们再次遇到演化状态的挑战。有趣的是,艾克斯罗德自己在研究博弈的演化状态时获得了一些重要而值得分析的发现:

(1)那些专门占别人便宜的博弈者在遇到同样的小人时,就会两败俱伤,这证明了恶人自有恶人磨。因此,如果坏人太多,坏人就反而占不到便宜,因为坏人遇到坏人而两败俱伤的概率增大。从演化的角度看,坏人的迅速繁殖会使坏人更多地遇到坏人,这样导致无利可图,长此以往就迫不得已只好选择合作,这并不需要坏人真的洗心革面,但克制自己假装好人就在效果上相当于好人。由于有稳定回报作保证,合作策略就更能发展成稳定策略,因此好人会越来越多。不过,合作策略的稳定性并非坚如磐石,好人增多又会导致坏人获利,于是坏人再次增殖,因此,社会状况是波动循环的;

(2)如果新来者是单个人的话,一个小人群体能够轻易摆平他,但如果新来者是一个合作群体,哪怕是比较小的群体,却能够立足壮大。与此相反,哪怕是规模比较大的小人群体却不容易成功侵入合作的社会,因为合作群体能够形成集体团结的力量而胜过各怀私心的小人。这似乎证明了团结就是力量。不过,艾克斯罗德的这个乐观之见又有些难以置信,因为,假如按照这个规律来推论的话,小人迟早是要失败的,而社会历史已经很长,现今应该没有小人了才对(小人们被迫改过自新变成合作者),

这显然不可信,而且与前面的发现有些矛盾。据说有个数学家证明说,假如存在吸血鬼,哪怕开始只有一个,到今天也不可能有人存在了,因为按照被吸血的人就变成吸血鬼的原理来计算,吸血鬼的壮大速度甚至超过几何级数,人早就应该被吃完了;因此,人类存在的事实反证了不可能有吸血鬼。与此类似,假如好人总能胜利,今天就不可能有小人了。不过,假如加以某种条件限制,艾克斯罗德的这个发现仍然是非常重要的;

(3)艾克斯罗德还试图证明,合作的基础与其说是信任和友谊,还不如说是关系的可持续性,只有当人们拥有值得重视的未来,才能保证持续稳定的合作关系,就是说,长远的未来使得持续的合作关系具有价值,如果不存在未来,合作就失去意义。这个残酷的发现打击了道德的信誉,不过,我们对此仍然心存疑问。也许信任和友谊并非合作的必要条件,但仍然是充分条件,这一点多少维护了道德的威望。另外,可持续的未来是否就是合作的必要条件或充分条件?这也并无十分把握,事实上确实有人一意孤行宁可自取灭亡也不合作。另一方面,没有未来也不一定导致背叛,比如"人之将死,其言也善"的现象,也许可以这样解释:没有未来虽然注定了不再有利益回报,可同时也意味着再也无所损失,因此,没有未来是否导致背叛还要取决于人品,这说明我们不应该轻视美德。不过,信任、友谊和高尚人品确实并不普遍存在,而与利益密切相关的未来权重和关系持续性却无处不在,在这个意义上,艾克斯罗德是对的。但我们同时必须意识到,未来和关系的持续性并非可以完全放心的合作条件,否则就不会有冒险家了。

还有一个有些蹊跷的问题。无论罗尔斯还是艾克斯罗德都试图忽略语言对话对于博弈的重要性,这一点有些难以理解。忽略语言活动正是使实验游戏与真实世界难以相通的一个原因。尽管罗尔斯游戏没有明文规定不许进行语言活动,但无知之幕使得信息极度匮乏,对话几乎没有意义,因为没有什么可说的;艾克斯罗德则相信默契足以导致成功的合作,并不非要语言交流不可(他钟爱的例子是第一次世界大战时英法部队与德国部队之间没有通过语言而达成"都给对方留活路"的合作策略),因此他的游戏状态更接近动物世界,而没有充分表达人类世界的游戏特性。总之,罗尔斯和艾克斯罗德的游戏都过于质朴——也许是为了容易得出结果——不足以表达人类生活的复杂情况和严酷挑战。

人类博弈演化的一个重要因素正是语言交流。语言能够把本来需要在时间中一步一步做出来的事情化作语言空间里的可能事实来讨论和交流，这个纸上谈兵的功能使得人类能够事先演习各种策略，从而避免大量实践成本和失误，因此，有声博弈与无声博弈有着根本差异。人们通常无法在无语状态下充分知道对方的要求和策略，而必须通过语言交流才能公开问题、摆明情况甚至亮出底牌。只有语言才能预告未来，语言把未来变成预先可见的，这有可能改变博弈局面。不过，欺骗性的语言也可能使未来更加难料，诚实的交流只是语言活动的一个方面，事实上更多的语言活动是不诚实的对话。正因为语言能够把尚未存在的事情当成存在的事情，把可能当成现实去使用，因此创造了虚拟世界，并把虚拟世界引入到真实博弈中，这使真实生活包含了大量的虚假存在。语言的欺骗性增加了博弈的复杂性和不确定性，使人们难以形成共同知识（common knowledge）和共识，因此，在大多数情况下，语言的加入反而使博弈变得更加无常难测。

这里需要讨论一个哈贝马斯问题。哈贝马斯相信，有效的语言活动有助于促成由冲突到合作的进化，于是，哈贝马斯问题就是：什么样的交流方式能够降低语言交易成本而使语言活动取得最大效率？也许哈贝马斯不喜欢这个带有经济学色彩的表达，如果按照他喜欢的政治或伦理学表达方式，哈贝马斯问题大概是说：什么样的交流方式能够最有效地消除分歧而达成一致意见？哈贝马斯发现，人们默认的主体是"独白"的主体，这是现代主体概念的通病。笛卡尔—康德—罗尔斯的主体使用的都是独白式的理性，这使哈贝马斯很不满意。独白不是有效的语言活动，独白不能代表别人的观点，更不能代表所有可能的观点，独白仅仅表达了我的世界，而不能表达我与他人互动构成的世界。在独白的理性那里，无论多少人都被假定在思维上等于一个人，因为据说理性是普遍的。可问题是，普遍理性所试图解决的问题却不是已经得到普遍承认的观点。哈贝马斯发现了这个严重问题，于是把康德—罗尔斯的独白理性发展为"交往理性"，并且指望交往理性能够把冲突的游戏转变为对话的游戏，把冲突的意见变成一致意见，能够化干戈为玉帛。假如果真如此，那么，哈贝马斯的对话所形成的一致意见就优于罗尔斯的一厢情愿的一致意见，显然，在充分信息条件下经过商量的一致意见比起在信息受限条件下无商量的一致意见更真实也更稳定。

话语游戏是个政治游戏。使用语言去命名、定义和描述事物并非单纯的知识行为，而是在安排甚至虚构事物（福柯指出语言安排了事物的秩序），从而反过来引导真实生活。比如说，谈论某种神怪就是虚构了这种神怪，如果人们相信了这种鬼神就必定影响行为。把事物定义和描述成这样而不是那样，谈论这样而不是那样的事物，赋予事物这样而不是那样的价值，这是支配心灵的政治，而语言所规定的思想空间、思想方式以及思想对象就成为政治问题，甚至可以说，没有语言活动就没有政治，古希腊的城邦政治就是广场的话语政治，这就是一个证明。由此看来，哈贝马斯设想以语言活动为核心的游戏确实是值得分析的模型。哈贝马斯游戏可以是但不必是初始游戏，它相当于任何阶段都可能出现的游戏状态。在语言游戏中，初始游戏的情况如何并不重要，只要进入理性交往的对话游戏，就有望消除冲突。

哈贝马斯想象的语言游戏具有"理想的言论状态"（ideal speech situation），相当于想象了一个充分有效的公共领域。这一想象大概源于古希腊城邦政治的广场言论传统，但又与希腊广场（agora）的运行纪律大不相同。广场政治以修辞为胜，广场是诡辩家和群众领袖煽情惑众之地，而哈贝马斯想象的理想公共领域却以理性为准，几乎接近科学争辩的论坛，似乎过于理想主义了，事实上，有望产生合理的集体选择的公共领域却未必是普遍之意愿，公共领域的游戏并非对每个人都有利，也不见得是每个人自由选择的共同结果（独裁者、宗教狂、偏执狂、强人、官僚主义者、暴力倾向的人、懒得跟人废话的人、见人就烦的人就不见得喜欢这一游戏）。人们是否愿意放弃冲突而改为对话游戏，还是个未决问题。

哈贝马斯的理想交往游戏指望所有人平等地理性地进行公开对话，最后达成一致意见。对话规则为：(1)任何人都有资格参加对话；(2)任何人都有资格提出自己的任何观点或质疑任何观点；(3)任何讨论都必须是理性的；(4)妨害以上(1)、(2)、(3)的行为都被禁止[1]。对话沟通的有效性标准是：(1)所说的必须是能懂的(comprehensible)；(2)所说的必须是真的(true)；(3)所说的必须是真心的(truthful)，而且(4)所说的话以及说话方式必须是正当的(right)，即论辩必须合乎理性标准，观点必须有正当理由[2]。

这些要求对于科学争论也许平平无奇，但对于生活问题的争论却是很难满足的高标准严要求。哈贝马斯忽视了一些技术性困难，比如说：(1)真理概念是一直争论未决的问题。逻辑真与经验真就非常不同，许多诡辩在逻辑上为真却在经验上为假。即使把真理限定为经验真理，其标准也多有争议；(2)人类需要说的话大部分都不符合严格的真理要求，比如对未来的看法、关于历史的讨论、关于政治的分析、涉及道德和审美价值的评论，以及关于趣味、偏好和主观态度的议论，甚至对事实的描述，大多都不是真的或做不到是真的。因此，"说真话"这条标准的有效范围非常小；(3)哈贝马斯的各项话语有效标准之间也存在矛盾，比如真心话与正当话有可能形成矛盾，有些真心话说出来会很吓人，在政治或伦理上很不正确，至少不礼貌，而有些正当话却又是虚伪的或是敷衍了事的废话，因此，真心与正当往往不能同时满足，这正是生活需要礼貌、花言巧语和虚情假意的原因。另外，真心与真、真与正当之间也会出现类似的矛盾。

交往理性虽是理性主义的一个重要进展，但交往理性解决冲突和分歧的能力仍然不很乐观。交往理性也许足以解决"心思"(mind)的歧异，却无力解决"心意"(heart)的分歧。按照哈贝马斯理论，成功对话的路径大概是这样的：理性论证→互相理解→一致同意。就是说，假如某一方给出了满足理想的言论状态各项标准的"更好论证"(better argument)，那么，人们就理应听从这个更好论证，从而达成一致意见。这个过程足够理性化，却不够人性化。这个理性交往程序对于电脑之间的合作肯定足

---

[1] Habermas: *Moral Consciousness and Communicative Action*. Cambridge, UK, Polity Press, 1990. p. 89.
[2] 哈贝马斯:《交往行为理论》第一卷，曹卫东译，上海人民出版社，2004，pp. 99–100。

够；对于解决科学的观点分歧也基本够用；但对于解决生活观点的分歧就恐怕不够了，因为生活观点通常并不具有普遍必然性，一种生活观点不可能完全没有道理；至于建立合作，就远远不够了，因为无论多么理性的论证都不足以使人们放弃无理的利益诉求，不足以使人们放弃自己的价值观或精神追求，甚至，理性不可能证明人们的某种奇特的精神追求是无理的。

不难看出，哈贝马斯在互相理解与一致同意之间漏掉了一个关键环节：**互相接受**。对理性论证的理解至多是同意的必要条件而不是充分条件，对他人状况的理解至多是同情，因此，互相理解无法确保一致同意[1]。在许多情况下，对话双方完全互相理解对方的需要和理由，甚至非常同情对方的处境，但还是绝不接受对方的主张。可见，互相接受是一个不能省略的条件和环节。互相理解并非一致同意的充分条件，而互相接受才是一致同意的充分条件——即使并不完全互相理解，互相接受也足以达成同意。因此，成功对话程序应该修改为：理性论证→互相理解→互相接受→一致同意。这个升级版的对话模式纳入了心意问题。

不过哈贝马斯似乎并不愿意卷入心意问题。他曾经在回答我这个疑问时辩解说他仍然对理性有信心，只不过理性的成功也不能一蹴而就，如果正确对话的时间足够长，各种分歧应该可以在不断互相理解中慢慢消磨掉。他似乎是说，理性加上时间就能够消除无理要求所导致的分歧。这倒是个有趣的问题。时间确实可以消磨掉许多分歧，当时过境迁或激情消失，人们变得更为理性时，就会倾向于寻求合理解决。可问题是时间并无偏心，正如时间可以消除分歧，也同样可以积累分歧，可以消除旧矛盾也可以产生新矛盾。哈贝马斯似乎没有注意到时间是个两面派。而且，有些非常深刻的冲突即使经过"足够长"的时间也恐怕难以消除，例如巴以冲突或者亨廷顿的文明冲突。

哈贝马斯对理性的信心与他对启蒙的理解有关，他相信启蒙是一个长

---

[1] 我关于"理解不能保证同意"这个命题的论证参见 Understanding and Acceptance，载 *les Assises de la connaissance reciproque*. France，Le Robert，，2003。

期的过程，因此他相信，等到人们普遍被启蒙到足够理性的地步，理性的更好论证就应该会被普遍接受。这里我们深入到两个非常复杂的问题：对于解决人类冲突，我们需要**什么样的理性**？看来，知识理性（康德）和交往理性（哈贝马斯）的能力都不足以解决冲突问题，因此需要开拓能力更强的理性新概念；另外，理性化的长期计划是否能够慢慢解决冲突问题？这一点仍然比较可疑。理性能够克服心思分歧，却终究难以克服心意分歧，问题在于心意并不服从心思。因此我经常认为，只有通过接受他者之心才能真正接受他者。如果忽视互相接受的问题，无论多么充分彻底的理性对话都将是徒劳。

互相接受的最大难点在于价值排序的分歧。事实上，大多数人所承认的价值**项目**是相似甚至相同的（所谓人同此心），但在价值项目的**排序**上却各有偏好（所谓其心必异）。假定所有人都选择了价值项目 A，B，C，D，E，比如说自由、平等、公正、美德和财富，又假定其中有些人承认价值排序｛B，C，A，E，D｝，这是以平等为首的价值观，而另一些人承认价值排序｛A，C，E，D，B｝，这是以自由为首的价值观。尽管这两种价值观所承认的价值项目别无二致，但不同的价值排序使其价值观南辕北辙，就像碳元素由于分子结构排列不同而形成钻石与石墨。价值排序问题说明，外交家或政治家喜欢说的"在许多事情上有着共识"其实距离"达成一致意见"还有万里之遥。价值排序问题可以解释许多事情，比如说文化差异、文明冲突、制度对立、社会选择分歧以及国际合作之艰难等等。

显然，对话是个艰难无比的博弈，其难度不亚于行动博弈。对话游戏的优势在于以纸上谈兵的方式把各种问题和底牌提前亮出来，它是一个信息更加充分的游戏。虽然在对话游戏中问题变得清楚起来，可是困难的实质并没有改变。满足了哈贝马斯标准的对话游戏也许能够提高达成协议的能力，却只能达成一些不太重要的协议，与重大利益或者深刻精神有关的分歧还是不可能被解决，甚至未被触及。最典型的例子就是巴以冲突，此类问题集利益冲突、政治冲突、宗教冲突于一身，事实证明，此类深刻冲突绝非理性对话所能够解决。

我们讨论了关于冲突与合作的几种声望卓著的研究，还没有发现这个难题的真正有效解法。尽管尚未破解人类生存游戏的存在论秘密，我们仍然从上述几种卓越的研究中得知一些必须承认的基本事实和问题：(1)为了能够生存，人必须合作因此愿意合作，但同时总想谋求自身利益最大化，因此很容易破坏合作（荀子原理）；(2)谋求各自的利益最大化可能导致极端冲突，因此，任何一种普遍有效的游戏分析必须把最坏可能性考虑在内（霍布斯原理）；(3)当博弈环境和博弈优势是不确定的或无法预料的，人们必定追求某种公正的制度安排以保证风险规避（罗尔斯原理）；(4)尽管并非任何一种合作策略都是最优的生存策略，但最优的生存策略必定是某种合作策略（艾克斯罗德原理）；(5)最优生存策略必须是稳定的可持续策略，或者说，任何一种有效的博弈策略或游戏规则必须能够经得起后继演化状态的挑战（艾克斯罗德原理）；(6)交往理性是建构稳定合作的一个必要条件（哈贝马斯原理）。

7. 求助伦理还是求助政治?

尽管制度和规则不能消除冲突,但可以排除无序的极端冲突这种最坏可能性,因此,初始游戏的首要任务就是建构游戏规则,以便排除最坏可能性。尽管人们喜欢说,人类的游戏规则源于自然法(natural law),但自然法与弱肉强食的自然法则(laws of nature)相去甚远,其实是人类根据文明生活需要而创作的文明法。从初始游戏(自然状态)走出来而形成的成熟游戏(文明状态)意味着游戏规则的伦理化和政治化,也就是生存问题的伦理化和政治化。因此,列维纳斯有理由宣称伦理学是第一哲学,列奥·斯特劳斯也有理由认为政治哲学才是第一哲学[1]。两种说法都有道理,只不过是对人类游戏规则根本性质的不同理解。伦理为本还是政治挂帅?这个问题最早可以追溯到孔子和商鞅的思想分歧,可称为孔子—商鞅问题(同时也可以追溯到希腊,但希腊哲学把政治看作伦理的附属部分,没有完全挑明问题)。

以伦理为治世良方是孔子思路。尽管孔子宁愿把思想的发明权归于周公,但儒家与西周思想其实并不完全一致。对于周公来说,礼乐既是政治制度也是伦理标准,孔子引入仁义作为核心概念才形成了伦理为本的思想结构,于是伦理成为对政治的最终解释。孔子以伦理为本的思想基于对他人问题的深刻理解,至今无出其右。孔子把他人理解为在具体情况下与我形成具体关系的具体他人,而不是抽象的任意某人,这一点决定了我与他人的初始关系是伦理性而不是政治性的。政治关系是对任意某人普遍有效

---

[1] Leo Strauss: The City and Man. Univ. of Chicago Pr. 1964, p. 20.

的关系,而人直接相遇的总是具体人而不是任意某人,因此政治关系不是初始关系,或者说并非优先的关系,人的直接关系只能是伦理关系,比如说,人的最直接关系是与父母的关系。不过,孔子对伦理关系的优先性有些夸张,事实上,绝对优先的问题是存在论上的生存问题,对于人。父母首先是生存条件然后才是伦理关系。荀子在论述礼的产生时替孔子补上了必要的解释:合作是人的生存必要条件,因此伦理问题与生存问题几乎同时出现,当然,政治问题在伦理问题之后接踵而至。

与孔子相似,列维纳斯也强调伦理问题的直接性和优先性,但比相似更重要的是孔子与列维纳斯的不同。孔子认为直接出场的是与我有着特定关系的具体人,而不像列维纳斯所认为的是代表了人的概念的任意"一张脸"。面不足以反映心,人只有通过所作所为才能够显露他的真实面目。任意一张脸就像信手随意画出来的一张脸一样,面目是类型化的,意义是抽象而普遍的,就是说,脸只是符号,而不是人的真正现身。可是,列维纳斯要强调的正是脸的抽象意义:那是人。列维纳斯对人的理解是普遍而单薄的,而孔子所理解的人则是具体而厚重的。假如孔子得知列维纳斯的观点,可能会说:不知其心,焉能知人?反过来,假如列维纳斯听说孔子观点,也可能会说:如果不能通过一张脸而看到一切人,又何以普遍地尊重人?孔子和列维纳斯都是对的,所以问题复杂。

列维纳斯以他人为尊的观点基于关于他人的一般信仰,而不依赖他人的具体所作所为,因此在理论上说仍然是单边观点,尽管是至善的单边观点。孔子关于人的观点基于人的互动关系,无须依赖任何信念,因此在理论上更为可靠。列维纳斯对他人无条件善意的观念光辉会掩盖理论上的困难,比如说,假如"一张脸"背后是个希特勒,怎么办?不过伦理学家不怕此类皆曰可杀的极端特例,借用无人敢于反对的人民观点就深埋了问题。但假如一张脸背后是个经常可见的罪犯或卑鄙小人,又怎么办?此类难以自圆其说的困难在各种极端人道主义理论中都存在,例如无条件的天赋人权理论。假如无恶不作的罪犯也无条件地享有一切人权,那么又何以解释善良的意义和价值?孔子早就回答了此类问题:假如以德报怨,那拿什么去报德呢?关键在于:绝对善良可以是一个人宅心仁厚的私人选择,但不能变成社会选择或公共选择,一个人可以自己放弃对善良的任何回报,但社会不能对善良无所回报,一个人可以自己宽恕一切罪恶,但不能替别人宽恕罪恶,没有人能够随便代表别人。在生活问题上,或者说在人的存在论问题上,任何普遍有效的价值标准都不可能是单边观点,即使是无限善良的单边观点,而只能是一种互动观点。普遍价值不可能由我思推出,而只能由互动关系推出。

孔子的核心概念仁,固然是价值原则,但首先应该被理解为一种用于建构有效互动关系的方法论。以仁为方法(所谓"仁之方")才能够理解为什么孔子没有给仁一个定义,而只有各种情景下对仁的各种具体解释,例如"克己复礼"(《颜渊》)、"出门如见大宾,使民如承大祭"(《颜渊》)、"爱人"(《颜渊》)、"其言也讱"(《颜渊》)、"孝弟"(《学而》)、"观过"(《里仁》)、"刚毅木讷"(《子路》),等等。孔子关于"仁之方"是这样说的:"夫仁者,己欲立而立人,己欲达而达人,能近取譬,可谓仁之方也已。"(《雍也》)这是一个方法论原则,可以代入各种具体情境下的德行,所以说,仁首先是方法论,然后可解释各种具体内容。仁的具体内容因时而异也因事而异,所以,仁的概念是开放性的,不可能有一个封闭的定义。假如孔子再世,根据当下形势,很可能会承认自由、平等、妇女解放皆"不违仁"。而在孔子的时代,以上这些价值或制度恐怕都属于礼崩乐坏。孔子的"仁之方"或"一以贯之"之道,有两个原则:一个是"己欲立而立人,己欲达而达人",也就是忠的原则,要求以端正之心对待他人的诉求,承认他人的合理利益,一般被认为是仁的积极原则;与此相对还有一个消极原则,就是恕的原则,所谓"己所不欲勿施于人"(《卫灵公》),要求设身处地理解他人。

通常认为,孔子的方法论可以概括为推己及人,这是源于孟子的看法。孟子说儒家无非"善推"而已(《梁惠王上》),孟子这个概括虽大致不差,但失于粗糙,其中损失了一个关键要点。假如孔子之"推"仅仅是推己及人,那么就只是主观之推,也就与基督教之金规则别无二致了。事情并非如此。基督教金规则也有消极原则和积极原则,其消极原则与孔子的"己所不欲勿施于人"的意义完全重合,但其积极原则"己所欲必施于人"却根本有别于孔子的积极原则"己欲达而达人,己欲立而立人"。在理论上说,消极原则用于反对强加于人,这一点与现代的消极自由有异曲同工之妙;积极原则用于成人之美(所以是"积极的"),这一点与现代的积极自由却貌合神离。按照什么标准去成人之美是个大问题。就可能性而言,成人之美有两种情况:(1)按照主观观点去决定对他人提供何种帮助,就是己所欲必施于人。这种方式虽有助人之心,却未必可致成美之效,有可能适得其反,因为己所欲未必是他人所欲。更可疑的是,必施于人是强加于人,取消了他人的价值观,这本身就是对他人的否定;(2)按照他人观点去对他人提供帮助,这是急人所难的成人之美。孔子的积极原则就暗含了他人观点,他人之成功必是根据他人观点去衡量的成就。很显然,给予他人某种东西并不必然利于他人,只有根据他人所需去成全他人,才是绝对意义上的助人。孟子只看到孔子"推己及人"的结构,却没有看到孔子原则的另一个结构,即根据他人观点而成人之美的结构。孔子原则的完整表述应该是:从消极方面,推己及人而各得其便,从积极方面,成人之美而各得其利。综合起来,我愿意将其发展为一个更精练的普遍原则:人所不欲勿施于人[1]。

  孔子之仁论,尽善尽美,但在实践上却遭遇巨大困难,这就是教化之难。孔子相信,如果不能治心,不能通过教化改造人性,那么社会终究是坏的。法律治标不治本,只使人畏惧而不能使人变善,因此儒家把法律看作为政之末,把伦理看作为政之本,正如孔子所论:"道之以政,齐之以刑,民免而无耻。道之以德,齐之以礼,有耻且格。"[2]这个著名的批评其实对法律不公。法律本意并非改造人性而只在于惩恶,就是说,法律本来就不想改变"无耻",只是使人"不敢"而已。至于伦理是否具有孔子想象之奇效,实有疑问。据说礼治能使社会达到"无讼",这是儒家看不起法治的理由,不过这个效果纯属想象,并无实证。趋利避害乃是不移

---

[1] 赵汀阳:《论道德金规的最佳可能方案》,载《中国社会科学》2005/3。
[2] 《论语·为政》。

之人性，没有一种文化强过这个自然力量，以伦理改变人性的想法近乎愚公移山或精卫填海的神话。

以礼治心在于"治人之情"，也就是教化。由于不能强制，教化的唯一成功之道就是得到人们的普遍支持，而获得普遍支持就必须符合人们的普遍利益。孔子知道，反对人欲就等于反对所有人，这样的事情绝不可行，因此，唯合乎人情之礼有望得到普遍承认。儒家最重视的问题就是伦理的**最大可接受性**。儒家不打算徒劳对抗私心，像墨子那样的至善理想既费力又不可靠，于是儒家宁可承认有限私心的正当性，也就是承认合理限度之私利，这与现代社会承认谋求私利最大化的正当性在立意上颇为不同。按照孔子的想象，礼是人情合理限度的表达，是为人心所创造的人道。孔子曰："夫礼，先王以承天之道，以治人之情。人情者，圣王之田也。修礼以耕之，陈义以种之，讲学以耨之，本仁以聚之，播乐以安之。"[1]孔子将人情比作需要耕作的田地，如果不予耕作，人情之田就乱草丛生。以人情所能接受之限度去治理人情，这个思路很是高明，但还需要有效的实践策略。儒家的两个基本策略是：推爱和榜样。

能够普遍推广的价值和规范必须符合普遍人情，普遍人情正是普遍价值的根据。荀子已经分析得很清楚：人情既有合作之心又有谋私之心，这意味着，能够作为伦理基础的普遍人情必须既符合个人利益又同时是非排他利益。儒家选择家庭作为普遍人情的基地，这个选择颇为得当。家庭与个人利益最为密切一致，而又是超越个人利益的最小社会单位。一般情况是，如果破坏家庭利益，就同时有损自己的利益，家的利益与个人利益具有天然的一致性，因此，家庭就成为创造共同利益的最优模本。儒家试图把家庭模式推广到其他关系上去，这就是推爱。按照孟子的说法，儒家所长无非"善推"而已[2]。如果推爱不成，儒家就难以成立。推爱及众的要义在于恩义层层外推而达到爱众，但费孝通质疑此种推爱有个"波纹"

---

[1]《礼记·礼运》。
[2]《孟子·梁惠王上》。

同心圆结构的困难：推爱推不出多远，恩义就非常稀薄了，最后消失在疏远的关系中，推不远所以推不成[1]。由家伦理推不出社会伦理，由爱亲人推不出爱他人，这是儒家的困难。一个充分有效的伦理体系到底需要多少原则，这很难确定，但无论如何必须包括一个解释如何对待陌生人的普遍原则。陌生人才是典型的他人，不能解释陌生人就等于不能解释任何他人。儒家没有能够构造有效的陌生人理论，因此其伦理教化能力终是有疑问的。

儒家试图通过榜样策略去弥补推爱之不足。儒家力推"见贤思齐"的榜样模式，就是克己修身，以身作则，上行下效，最后达到普遍的见贤思齐，人人乐意克己复礼。可是我们需要追问：榜样的吸引力何在？也许道德形象的光辉就是吸引力，但虚名并不可靠，即使虚名有些吸引力，也是相对次要的。关键在于，道德榜样是否同时是生存的成功榜样。假如道德榜样与生存的成功榜样不一致，榜样就失去魅力（考虑宾默尔论证）。人们最感兴趣的是生存的成功，而不是做一个形象很光辉但在生存上很失败的人。视功名利禄如浮云粪土的伟人高士毕竟凤毛麟角，是人们景仰和颂扬的对象，却不是实际上的模仿对象。道德的光辉美名或许能够克制人们对小利益的贪念，但人们在足以改变命运的巨大利益面前就不再"有耻且格"了。可见，榜样与推爱同样能力有限。

榜样问题暗示着一个深刻的制度问题：如果一个制度不能在德与利之间建立一致性，就必定导致失败社会。一种意识形态或主流话语高扬什么价值，这不说明问题，重要的是**实际生效的社会奖励**，即做什么事情能够获得什么收益。假如主流话语认为道德光荣而缺德可耻，可是在实践中缺德更能获利，那么就只是证明了缺德光荣，道德榜样变成了摆设。如何使人们好德胜过好利？答案只能是：除非一种制度使得有德是获利的必要条件，否则善就没有高于利益的诱惑力。

正如商鞅指出："仁者能仁于人，而不能使人仁；义者能爱于人，而不能使人爱。是以知仁义之不足以治天下也。"[2] **"不能使人仁"**与**"推**

---

[1] 费孝通：《乡土中国》，生活·读书·新知三联书店，1985，pp. 25 – 27。
[2] 《商君书·画策》。

爱不远"是儒家的两大局限。榜样和推爱永远值得称颂，但不足以克服社会难题，榜样和推爱都只是或然有效而不是必然有效的策略。无论如何，儒家已经几乎穷竭了伦理学之所能，所以令人敬仰，百世而不竭。孔子的仁之方在理论上接近完美，理论上之无懈可击甚至优于基督教的金规则、康德的绝对命令以及列维纳斯的他人为尊原则，而尤其胜过康德和列维纳斯的是，儒家不止于思想，而且给出了可行的实践方案：推爱和榜样，尽管这两个实践方案只是或然有效，仍然不掩其光辉。因此应该说，儒家伦理学的局限性并非儒家的局限性，而是伦理学的局限性，因为伦理的能力本来就是有限的。伦理没有能力保证德利一致，这是伦理的最大弱点。伦理意识对于大多数人的行为来说不具有必然支配力量，只在没有重大利益变量的平常情况下，伦理意识才是有效的，但只要遇到重大的得失选择，伦理意识就变得非常脆弱。虽有少数舍生取义之人，但不足以说明社会。伦理在"关键时刻"的失效现象说明了伦理不具有必然力量。

有一个由于习以为常而往往被忽视的基本事实，这就是，人类的整个生活方式是有别于自然生存方式的创造性活动，人类的生存游戏，无论是初始状态还是演化状态，都是创造性的游戏。这个事实似乎证明了人像神一样是自由的，但自由其实是个严重的问题，创造性的生活是无比危险的，它意味着始终存在的无序。混乱无序的游戏是无效率的，因此，人类一直试图重构一种新的必然性，建立类似自然秩序那样可靠可信的生活规则。既然伦理规则缺乏必然力量，于是人们就求助于政治制度和法律。在此，儒家遇到了最强劲的批评者法家。

法家的核心关注可以概括为"必然之治"或"制度可信性"。法家敏感到可信性是游戏规则之关键所在，可信所以可行，就像自然规律一样，正如管子所描写的："如四时之不貣，如星辰之不变，如宵如昼，如阴如阳，如日月之明，曰法。"[1]如果制度"如日月之明，如四时之信，然故令往而民从之"[2]，各种问题就会迎刃而解。法家并不反对伦理，不过，

---

[1]《管子·正》。
[2]《管子·任法》。

法家们对伦理的看法并不完全相同。管子是温和的，他乐意承认伦理的教化意义，只是认为伦理不堪承担社会治理之重任；商鞅最为激进，认为伦理不仅在政治上无用，甚至破坏政治，他说儒家推崇的伦理礼治属于政治的六害，所谓"六虱"，礼乐诗书仁义孝弟之类都包括在内[1]；韩非认为儒家期望教化人民达到"从善远罪而不自知"[2]纯属幻想，因为在人性普遍得到改进之前，社会早已充满罪恶而使良善无立足之地。由于善人太少，在与恶人的竞争中处于劣势，社会注定崩溃，可见慢慢改造人性是不可靠的事情[3]。而且，以人情为据的儒家伦理难免徇私废公而"乱法"，破坏制度的确定性[4]，甚至以人情为由而为各种可笑的错误进行辩护，例如，鲁国士兵贪生怕死因此总是败北，因为士兵担心自己死了老父无人养，孔子却认为这是孝德，于是推荐这样的人当官，结果鲁国就越来越衰弱了[5]。因此，法家反对以伦理代替政治或者以伦理干涉政治。

在理论上说，一个可信的制度至少必须满足如此条件：（1）稳定而明确；（2）对所有破坏规则的行为都有确定的制裁；（3）对所有人一视同仁；（4）人们普遍同意并且普遍接受。据此，儒家礼治显然不能满足以上条件，法家制度大概满足条件（1）、（2）、（3），但不能满足条件（4）。条件（4）相当于现代政治所谓的政治正当性，法家似乎不考虑政治正当性问题。这正是最值得分析的问题。法家通常被断定为专制主义，这个过于轻松简单的看法遮蔽了法家最有深度的思想。专制或民主，都是现代的理解，法家思考的仅仅是游戏规则的有效性以及游戏效率最大化，换句话说，如何设计一种成功的社会游戏使得人们纷纷自动投身其中而甘愿尽心尽力。这个问题倒有几分类似于如何设计一款让人自愿上当而乐此不疲的当代电脑游戏。法家想象的是让社会游戏的规则具有类似自然规律的绝对可信效果，以法律强制在行为与后果之间建立一种人为规定和操纵的必然

---

[1]《商君书·靳令》。
[2]《礼记·经解》。
[3]《韩非子·难势》。
[4]《韩非子·五蠹》。
[5] 同上。

关系，相当于为人类游戏重建因果律，表现为"如果做 x 就必得奖励"并且"如果做 y 就必受惩罚"。法家相信这就足够了，只要一种法律是稳定明确的赏罚制度，人们就会信任这种法律，而只要形成制度信任，就能达到"令必行"。至于哪些事情被规定为可赏该罚的，则是相对次要的问题，而且对制度的有效性没有实质影响，关键仅仅在于，只要有了可信的赏罚，无论什么样的游戏，人们都将自动投身而乐此不疲。法家对制度这种几近冷酷的理解可谓洞察人心。

制度的有效性仅仅在于能够建立制度信任，其他方面的制度优点只是锦上添花。只要制度实践能够一贯稳定明确地证明该制度言必行、行必果，人们就会信任制度所建立的行为因果关系。人性趋利避害，因此，人们必将按照制度所规定的可信赏罚去**自动调整**行为选择，把行为调整到最优的生存选择上，所谓"见必然之政，立必胜之罚，故民知所必就而知所必去"[1]。比如说，儒家制度规定出于孝而临阵脱逃就可以做官（孔子主张），人们就会乐于选择临阵脱逃；法家制度规定奋勇杀敌才能升官发财，那么人们就会选择奋勇杀敌。因此，法治的要义在于使赏罚成为必然可信的制度，而不在于论证什么样的赏罚具有伦理意义或政治正当性。只要赏罚分明，人们自然知道如何得到他们想要的东西。有个著名故事说，商鞅准备建立新的法律，为使人们信任政府"不欺"，于是告示说，谁把南城门的一根木头搬到北门就获赏十金。人们不敢相信，因为事情太容易而奖励太大，商鞅把赏金加到五十金，于是有人利令智昏就做了，果得五十金，从此人民就信任法律了[2]。

法家的逻辑诡异而深刻，它很可能猜中了一个可悲的事实：一个游戏即使有某种道义缺陷也不要紧，只要游戏规则能够明确界定获利方式，人们就愿意参加这个游戏。**可信即可行**，制度的可信性比制度的道义性更有力也更成功。制度可信性这个真理可以解释为什么道义上可疑的制度仍然得以成功运作，即使是专制制度，只要具有制度可信性就有可行性。法家

---

[1]《管子·七臣七主》。
[2]《史记·商君列传》。

发现的这个冷酷真理足以摧毁许多热情的理想。法家理论还隐含着一个并未直言的更冷酷观点：政治正当性甚至可以还原为制度可信性。按照法家理论，社会游戏在根本上是一个利益游戏，假如游戏规则是可信的，必能保证人们在游戏中获得他们想要的利益，那么，这个游戏就等价于公共选择，人们对这个游戏的普遍默认等价于人们的普遍同意。在这个意义上，政治正当性就还原为制度可信性了。当然，这只是法家的潜台词，但似乎可以解释法家为什么不像儒家那样关注礼崩乐坏（相当于失去政治正当性）或以礼正名（相当于建立政治正当性）诸如此类的问题。法家以制度可信性掩盖制度正当性问题，这一点并非无懈可击。制度合法性一直是政治的基本问题，早熟的先秦政治哲学早就发现并分析了政治正当性，通常表达为"天命"和"有道"，儒家将其进一步明确为"民心"，并且把民心看作天命的表现形式和在场证据。儒家礼乐制度强调人情基础，而符合人情往往就符合民心，因此，儒家制度可能是比较符合民心的一种制度，但不能反过来说，符合民心的制度只能是儒家制度，甚至没有把握说，儒家制度是诸种符合民心的制度中最好的那一种。

在这里我们真正关心的并不是儒法之争，而是制度设计的难题。在这个问题上，自古至今的最大困难在于，人们不知道价值的普遍必然标准，因此，任何人甚至所有人都有可能错误地选择某种对人们其实不利的制度。尤其是，制度运行是一种长期实践，选择了一种制度就等于选择了未来，可是先知不存在（休谟定理），因此制度选择无法保证必然正确。制度选择虽无必然之理，却是必须之事，因为有序游戏必然好过无序的自然状态（霍布斯论证）。既然无论如何都必须做出制度选择，必须选择某种未来，制度设计就不仅是道义问题，也不仅是政治正当问题，而且首先是一个存在论问题。

如果不能指望必然标准，那么可以退而求其次去寻找普遍可接受的标准。在这个意义上，我们有理由相信，制度正当性在于优先利于**普遍善**（每个人都将受惠的制度安排）以及**公共善**（无法排除任何人受惠的制度安排），因为能够优先普遍善和公共善的制度必定表达了普遍民心而被普遍接受。此外还可以求助于一个主观标准：制度正当性在于**全体一致同**

意。在严格意义上,全体一致同意是形成宪法的正当标准,既然宪法是权力代理者(通常是国家)与每一个公民的签约,因此宪法必须获得全体公民的同意。但这个理论要求难以满足,至今似乎未见哪个主要国家的宪法满足了这个严格的政治正当性标准(是否无一例外,待考。历史上或现今都有一些非常小的共和国,不知道是否有过每个人都同意的宪法)。

表现为全体一致同意的制度正当性虽然可欲却几乎无望满足。很难想象有什么事情能够获得全体一致同意,除非是童话般的美好幻想。即使居然出现了全体同意的某些事情,也恐怕太少,远远不足以构成一个社会制度。如果退而求之,制度正当性还可以依据大多数人默认的道德价值,儒家就属于此种主张。道德观念能够大体反映民心(尽管并非每个人同意),假如有人做了违背道德的事情,也只是经不起利益诱惑,并不是心里反对道德原则,属于明知故犯。因此,长期稳定的道德价值在效果上最接近全体一致意见。在这个意义上,对制度正当性的保守主义理解倒是一种颇具现实主义优点的选择。但是,道德标准的有效性条件是社会文化的稳定性,在不稳定的社会里,道德观点不可能稳定,甚至混乱多元(孔子就遭遇了礼崩乐坏的社会变迁),因此,道德标准并不**总是**可靠的。

现代终结了稳定的传统文化,道德观点不再一统,于是很难作为政治正当性的依据。人们不断退而求再次,现代政治正当性退到了远离完美标准的"最不坏"的民主标准。民主虽然号称最不坏,但这是修辞说法,其逻辑意义等价于"不太好",其正当性颇为可疑。人们难以解释为什么一部分人必须接受大多数人的制度选择,以多欺少与以强凌弱并无本质差异,都是实力(power)为胜、强加于人的典型。民主政治与强权政治同样具有博弈的原始性或野蛮性,以多为胜和以强为胜正是原始游戏的两个基本策略,这一点不可视而不见。民主制度的主要优势在于可行性,它是形成公共选择的有效决议手段。但这个优点令人不快地想起法家论证,商鞅和韩非也以可行性去论证强权制度的优点。

从理想不断撤退说明了一个朴实不过的常识:生活游戏可以追求理想,但首先必须保证游戏的可行性。无论我们是否闻之不快,都不得不承认若干事实:在人类社会里,充分正当的宪法从来没有实现过,至今仍然只是一个政治理想；无须法律的充分道德社会也从来没有实现过，纯属孔子的想象；使所有人普遍受益的社会也从来没有实现过，只是一个概念而已；民主和专制之所以成为历史上最常用的制度，并非因为有更多的美德，而是因为是更为可行的游戏规则，或者说是最容易形成的博弈均衡而已。无论专制还是民主，都从初始状态走出不远，都带有初始状态留下的残酷和野蛮印记，距离正当的政治仍然遥不可及。人们热衷于为民主或为专制进行辩护，这种辩护式的思维往往掩盖了问题，回避了创造更优制度的可能性。理想制度也许永不可能，但更优制度却是可能的。

虽然法家有力地说明了，只要游戏规则明确界定了获利方式并且总是稳定可信的，这个游戏就是有效的，但仍然没有能够说明，当存在具有同样可信规则的多种可能游戏，人们会选择哪一种游戏。事实上，人们的基本生活态度（mindset）将决定哪一种游戏会中选。生活态度比价值观更为基本，尽管生活态度与价值观总有部分重合，但总有某些价值观并非生活态度，而是理智上承认但行动并不采用的观点，就是说，某些价值观是言行不一的，是用来说而不是用来做的。生活态度却无法隐瞒，人们的实际选择或实际行动直接就表达了生活态度。可以发现，人们并非随便就同意任何一种可行的游戏——法家只说对了一半真相——生活态度将决定人们选择哪一种可行游戏，这一点不需要民主也不需要专制，民心将自动形成有效的社会选择。

在生活态度中，真正导致严重问题的是关于他人的生活态度。把他者理解为朋友或敌人，就是一种生活态度。把他者理解为朋友，就是伦理导向的，通常相信政治问题能够通过伦理得到解决；如果把他者理解为敌人，就是政治导向的，通常会认为一切问题甚至包括伦理问题最终只能通过政治去解决。倾向于把他者理解为朋友的是孔子、孟子、墨子、列维纳斯等，把他者理解为敌人的是商鞅、韩非、马基雅维里、霍布斯、施米特等，也有中间道路的，比如周公、柏拉图、荀子、罗尔斯、哈贝马斯等。朋友或敌人是人类游戏的最古老问题，这个貌似简单其实无比艰难的问题一直困扰人们的心智，而这个问题在现代变得愈加深刻和极端。这似乎说明，增加和深化交往和对话并不如人们期待的那样有效地减弱或改变敌友问题,这是个很坏的消息。这意味着,交往和对话并非克服冲突的对症良方而只是辅助手段。如前所论,即使满足了哈贝马斯标准的交往和对话也至多形成互相理解,却难以达成互相接受,所有"原则性争议"依然如故。

从根源上看,敌友问题的深刻化和极端化与一神教尤其基督教有关,而现代思想家如马克思、施米特和亨廷顿等进一步强化了敌友问题。马克思对阶级敌人以及对立意识形态的发现使敌友问题变得复杂而尖锐。在马克思看来,凡是导致人性异化而无法实现人的本质的社会就是反对人的社会,代表反对人的社会的反动阶级就是人类公敌。资产阶级只是马克思当时发现的敌人,只是反对人类解放的敌人的一个特例,人们可以根据类似理由找到更多的敌人。无论马克思主义还是马克思主义的敌人都强化了意识形态斗争意识,甚至把意识形态广泛应用于生活的各种问题上,从当今最有影响的大众观念或大众话语去看,比如人权、进步、发展、自由、民主、开放社会、多元社会、文化身份、女权主义、环境保护、动物保护等等,可以看出生活的几乎所有问题都被意识形态化了,价值之争蜕变为政治之争。施米特对敌友的著名分析则深化了敌友概念。施米特发现了绝对意义上的敌人:仅仅因为"他是他者,是异己,他天生就这德性(for his nature that he is),因此就是异己,这就是充分理由了"[1]。这种绝对敌人与恩怨无关,而是形而上的异己性所注定的,仅仅根据"**我们是这样的,他们是那样的**"这个格式而注定了的。施米特嘲笑自由主义不懂真正的政治问题,以为通过知识论和经济学这些拙劣手段就可以化解敌人:"在经济学上把敌人转换成竞争对手,从知识上把敌人转化成争论对手。"(这听起来提前嘲笑了所有自由主义经济学家以及罗尔斯和哈贝马斯)这些手段所以无济于事,因为真正无法化解的敌人是"**公敌**"(hostis)而非"**私敌**"(inimicus)。私利私仇所致之私敌是敌人概念的浅层含义,由形而上本质所致之公敌才是敌人的深层含义[2]。亨廷顿的文明冲突理论给出了敌人概念的后现代表述并且预告了全球化时代的敌人,他试图论证,绝对

---

[1] Carl Schmitt: *The Concept of the Political*. Univ. of Chicago Pr., 1996, p. 27.
[2] 同上,27-29.

敌人就是文化敌人。亨廷顿的论述虽然粗糙却一针见血，文化之争关系到游戏选择权和游戏规则的制定权，这是唯此为大之事。这些辨认敌人的理由虽有差异，但都认定敌人的存在是必然的。假如预定了识别敌人的意识结构，就总能够把某些人甄别出去定义为敌人，这样，敌人意识就好像是一种先验知识。

　　幸亏人类理性不止一条道路，不然就一条道走到黑。同样都发现了他者的形而上绝对性，列维纳斯和施米特却得出完全相反的结论，他们分别认定他者是绝对尊者或绝对敌人，如此背道而驰，必有重要隐情。根据施米特的逻辑，他者是敌人，几乎是一种先验知识；可是根据列维纳斯的逻辑，他者是尊者，也是一种先验知识。奇妙的是，这两种对立的理解都不能完全算错。其中的秘密在于，他者是决定着全部可能生活的存在论条件，因此，他者先验地蕴涵了生活的所有可能关系，或善或恶，无论多么不同甚至互相矛盾，却都能够同时成立。既然他者兼具善恶，那么，如何对待他者就是一个路线选择问题。列维纳斯的选择可谓至善，与墨子志同道合，但这种至善缺乏可行性和可信性，我们没有必然理由预期他者之对称至善，而单边至善缺乏基本的生存能力，这就是困难所在。施米特的敌人政治学似乎比较成功地解释了人类冲突所以难以化解的深刻原因，但这个理论同时是一个错误导向，有可能进一步强化冲突，使问题更加难以解决。哲学需要研究的是更优的可能性，而不是仅仅描述坏世界，因此我们有理由重视周孔传统的化敌为友理论：敌人不是一个先验概念，而是一个可以化解的情景事实，因此，识别敌人不是政治之要义，**化敌为友**才是政治之要义。不能化敌为友的政治是无能的，只是复述了冲突而毫无作为。

8. 标准的丧失

生活所依据的标准就是善恶好坏是非美丑等等观念的共识，相当于柏拉图的各种德性之理念。当标准被反思就会形成问题，无可置疑的标准并不多。苏格拉底被认为标志着哲学的真正开始，就是因为苏格拉底开创了反思，对任何标准进行理性追问和质疑。每个通行的标准都是人类长期生活所形成的"最合适"或"最得当"的判断方式，这正是中庸的含义，可见儒家早就意识到标准之中庸性质。得当适宜的标准凝结生活的智慧，在这个意义上，意为爱护智慧的哲学名副其实。苏格拉底引领的哲学反思并不是为了反对标准，而是试图通过澄清思想而保卫标准。但苏格拉底的反思带来了意想不到的结果：几乎所有标准都经不起反思。这个结果导致了怀疑论。不过怀疑论主要是观念的危机，似乎并没有对生活构成挑战。生活的各种标准只是难以定义，但人们都能够大概心领神会，什么人是勇敢的、什么人是卑鄙的、什么样的雕像或圆柱更好看、什么样的法律更公正，如此等等，人们即使说不清楚也仍然有着无须争论的共识。

生活失去标准是从现代开始的。现代不仅是个历史事件，而且是存在论事件。现代不是生活内部的一个革命，而是对生活的革命。现代导致生活发生存在论巨变的根本原因是制造了个人这样一个新物种。既然个人成为现代生活的基本存在单位，现代生活的标准就必以个人为准，于是解构了一切在个人之上的通用标准，解构了真善美公正等等传统的普遍价值。今天人们喜欢争论什么是普遍价值，这正说明人们忘记了真善美公正曾经是毫无疑问的普遍价值。现代否定了原本的普遍价值，这是真正的改天换地。

生活的有效运行终究需要标准，因此现代必须重建标准。任何有效的标准都需要确定和稳定的参照系，对人来说，最重要的标准是自然规律和逻辑规则，它们是不可选择而且不可抗拒的，约莫相当于天道或 physis（天定之理）。但自然标准不足以解释人类生活，因此还需要人定标准，就是生活的游戏规则，大概相当于人道或 nomos（人定之规），包括伦理、法律、政治制度和社会习俗等。古代的人定标准乃约定俗成，虽不是必然之理，但与自然并不矛盾，从未背叛自然，因为人定标准虽然不是自然的，却是自然而然生成的。在没有高于自然的存在时，自然就是最高标准，人们没有理由去违背自然。因此，古代标准看起来像是自然标准的补充规定，与自然标准是协调的。

无论自然标准还是古代标准，都以共同可识别的外在指标作为客观参照。古代标准表达的是品质（virtue）的客观可比性。足智多谋就是智慧，万夫不当就是勇力，承担责任就是勇气，成人之美就是仁爱，助人脱困就是仁义，卓越的农民在于通晓天时地利，尊重小麦和白菜的要求，值得信任的人在于言行一致，美人在于沉鱼落雁闭月羞花，如此等等，这些价值都有着可以客观辨认的可信外在标准。人们根据品质标准而判断 x >y。古代人在标准上的最伟大发现是对称性，即 x = y。对称性表达的是公正，包括互相对待的对称性、付出和收益的对称性、行为和后果的对称性。任何两者之间的对称关系就是最明确、最稳定、最为无懈可击的关系，没有任何理由能够反驳对称关系，因此它是最完美的关系。柏拉图以公正为一切品质之首，孔子以对称关系表达仁之方，还有基督教的金规则，皆以对称性作为最高标准，绝非偶然。

现代推翻了自然生成的传统标准体系，试图超越自然去重建标准，这是藐视造物主的行为。现代选择了以个人诉求为参照系，对生活问题的一切解释和判断都还原为个人选择，个人性（individuality）就是标准的根据。如果真有什么潘多拉盒子，这就是了。个人概念的革命逻辑是主体性和平等。主体性意味着个人拥有价值判断的主权，于是取消了价值判断的客观参照，取消了共同可识别的外在指标，取消了品质的可比性。既然人人有了不可比的主体性，那么人人在价值上平等，品质的可比性消失了，只剩下数量的可比性，因此，市场和民主就是标准。个人概念的革命悖论在于，它既是对个人的解放，同时又是对个人的出卖，个人刚刚获得主权就被市场和民主所贱卖，也许个人有其"内在价值"，但实际上却只有市场价格。就是说，当每个人都被赋予主体性，每个人都成为个人，每个人就必定被人人所出卖。如果真像康德所要求的那样，每个人都成为绝对目的，那么人人将寸步难行，于是，每个人为了确保自己成为绝对目的，就只好出卖人人。个人概念之悖论正是现代性的根本困难之所在。

外在标准不仅有着自然合理性，而且保证了世界和生活的丰富性，有多少事物就有多少理念，有多少理念就意味着有多少标准，因此世界和生活丰富而有序。柏拉图会说，树就应该按照树的理念长成那样，山就应该按照山的理念那样存在，各种动物都应该像动物的各种理念那样生活，国家就应该符合正义的理念，士兵就应该符合勇敢的理念，如此等等，一切事物各就各位；孔子所见与此略同，所谓君君臣臣父父子子，一切事物都应该名副其实，各得其所。也许可以说，古代人以多重观点看事物，以万物为师，以万物各自的标准为标准，而现代人以主体之单边观点看事物，试图让万物向人看齐，也就否认了万物自然形成的外在标准。以人的单一标准取代万物标准，这已经是世界的贫乏化，而人的标准进而落实为个人标准，世界就彻底单调了。当主体性成为拒绝外在标准的理由，标准就因为主观化而变得单调贫乏，现代世界因此单调到成为一个据说能够"通过数目而管理"的世界。奇怪的是，单调贫乏的数目化世界被认为是一种优点，而其理由就更加古怪了，数目化的世界据说更容易实现理性和程序公正。

理性和程序公正本身是正当的，但重要的是用来做什么。数目化存在建立了两个基本标准：（1）个人理性标准，即个人总能够对个人偏好或个人利益策略进行逻辑协调的排序；（2）集体加总标准，即众人的个人偏好或策略相加结果的排序，市场和民主是集体加总的主要形式。这两个标准也可说是个人主义标准和平等主义标准，它们大概解释了现代生存方式的基本运作。这两个现代标准都是"程序性"的标准，清楚明确，具有操作优势，能够实现程序公正，但程序化的标准未必能保证良好后果或对行为者必然有利的结果。令人担心的是，这两个标准所导致的不良后果或许超过其操作上的优点。

显而易见，个人偏好的理性排序未必对自己最有利，而偏好的集体加总更可能是愚蠢的。集体做出错误选择的事情司空见惯，历史上许多劳民伤财得不偿失的战争往往就是人们集体意愿的结果，例如欧洲历史上基督教内部的各种宗派战争、对外的十字军战争、列强争夺殖民地的战争、世界大战以及冷战等等。集体选择有时候表面看是好事，实际上是不是好事就难说了，比如美国民主地决定人人可以拥有枪支，许多国家民主地决定维持入不敷出的福利体系和少劳多获的制度安排。个人理性和集体加总貌似合理，其实是伪理性和伪公共选择，因为两者皆不能实现理性和公共选择之本意，既不能保证必然最优也不能保证普遍最优。

以个人理性和集体加总为标准可能伤害人类世界的存在状况，导致可能生活的存储量严重减少，而生活的可能性越少，未来就越萎缩。以人为准，甚至以个人为准，取消了万物本身的标准，以人的理念取代万物本身的理念，于是人们不再向万物学习，不再按照万物本身的尺度去理解和安排万物，而试图让万物向人的尺度看齐，当万物的各种理念消失，万物无语而只剩下人的声音，存在就是独白。价值标准或理念的单调化意味着存在的贫乏，乃至形成一个自闭世界。我愿意举出一个或许微不足道但具有象征意义的例子：现代人喜欢取消动物的自由生活方式，把动物关在动物园或家里成为宠物，而成为宠物的狗、猫、兔子、鸟、蜥蜴、蛇等等都按照人的理念去生活，穿人的衣服，吃人造食品，学习人的生活习惯，无论它们本身是什么，一律符合众生一面的宠物概念。

单调自闭的世界倾向于价值观点的自我复制，并且在不断的自我复制中失去活力和意义。人类观点的自闭倾向不仅表现为拒绝万物的标准，也同样表现为拒绝他者的标准。市场和民主所代表的集体加总运算意味着多数人观点不断淘汰少数人观点，意味着人们不仅拒绝向万物学习，而且拒绝互相学习。我们无须考察少数人观点是否更接近真理或优越德性这样的精英论点，而只需要指出，市场和民主不断淘汰某些观点，就是在不断封死思想和精神的各种可能性，同时，人们为了趋利避害就不断选择去依附主流观点，这不是强制服从，而是心灵的自动体制化，其结果与专制类似，都是众人心灵形成高度相似的体制化，最终形成无反思的集体精神世界，除了按照意识形态观点不断自身复制，再也没有创造。在一个自身单调复制的精神世界和生活世界那里，不再有可以引证的其他观点或标准——万物和他者的标准都被取消了——无所引证（no reference）就只剩下自相关引证（self-reference），这正是导致无意义的重要原因。

世界单调化却并没有减少冲突，更说不上解决冲突。这一点似乎于理不通，但事实如此，而且有着更深刻的道理。市场和民主也许能够使人们齐一化，再无严重分歧的价值观，可是不等于没有利益冲突。人们对利益有着同样的诉求，可是人们的利益诉求却是竞争性的，人人想要同样的利益只能加剧竞争、对立和冲突而不是相反，利益诉求越相似，资源就越稀缺，人们不会因为相似而和谐，而只会因为相似而互相憎恨。在这里我们发现一条"反亨廷顿原理"：单调齐一的文化也许消除了文明的冲突，却加深了生存的冲突（the clash of existences）。这个原理并没有否定亨廷顿原理，而是与之互相补充。亨廷顿原理说明了，追求不同的游戏规则（不同价值观和生活方式）必定导致规则设定权的权力之争，而反亨廷顿原理试图说明，遵循同样的游戏规则将导致狭路相逢的生存空间之争。

在现代生活开始失去前途的时候，后现代批判打击了现代的信誉。后现代批判并不是来自现代外部的批判，因为后现代并没有建立新标准，而是现代对自身标准的自暴自弃。后现代并非对现代的超越，并非对一个新时代的创造，而是按照现代所隐含的逻辑去揭示现代的悖论，因此，后现代正是现代失败的表现，是现代自我摧毁所形成的废墟。后现代颠覆现代的权威，打倒现代的种种体制，却没有能够建立新标准，于是悬浮于悖论状态或"什么都行"或"一切都是也都不是"的无标准状态之中。后现代并非没有贡献，它证明了现代注定失去价值标准。

现代的逻辑是：既然标准是主观的，那么价值就只是市场价格。而后现代的逻辑是：既然价值无非是市场价格，那么就没什么是值得尊重的，任何规则、制度、权力、权威都是可以批判和颠覆的。无事值得用敬的结果不是自由解放，而是自由的贬值。1968年的五月风暴以实际行动开始了后现代行为，一切体制和规则都被质疑，一切权力和权威都应该被颠覆，这意味着革命不再是一种标准打倒另一种标准，不再是一种权力打倒另一种权力，而变成了为革命而革命的革命本身——革命不再为了实现某种理想，而是成为一种不断颠覆的状态或革命姿态。既然任何权力、权威、体制甚至规则都可以被颠覆，那么，政治也就变成一种意义消散的后现代政治：没有既定理想，无所信任也无所创造。于是，后现代造反不是事实革命，而只是革命象征，因为假如真的打倒一切，就必定失去一切，因此造反不成。五月风暴的失败可以看作后现代造反不成的一个隐喻，从此后现代造反只能是象征性的，革命变成了一种精神演出，一种话语或行为艺术。

后现代造反无法落实而只能是姿态，所以利奥塔谦逊地将后现代定义为"对元叙事的不信任"[1]。这个漂亮的定义只说出了后现代的一半意思，被隐去的另一半意思可以说成"对共同命运的不负责任"。元叙事把宏大叙事解释为普遍真理或普遍权威，尽管可能是用错误的观念虚构了错误的责任，但毕竟在想象一种人类总体命运。可是后现代思想反对任何一种元叙事，也就否定了普遍真理、普遍价值和共同命运，于是只好承认相对主义和多元论。假如任何偏好都有理由去成为一种标准，那么就无所谓标准（仿维特根斯坦规则悖论）。各种标准之间的互相解构就足以消解任何一种标准，从而导致"无地彷徨"的无序状态。希腊人早就知道无序状态（chaos）必须变成有序状态（kosmos）才有世界可言，任何事物才有地方可在。在无序状态中的任何东西都难以自保，如同覆巢之卵。如果失去标准，任何东西就不可能"**是**"某种东西，它无以为"**是**"——因此，存在论钟爱之"是"（is）似乎魔力不再。

后现代对普遍性、必然性和确定性的不信任特别表现为德里达的"解构"。解构不是否定性的批判，而是去发现隐藏在任何概念、文本、话语、理论、事物、制度中无法消除的内在辩证矛盾，就是说，一切概念或事物（包括"解构"这个概念自身）的意义永远是辩证的消长过程，不可能落定为某种普遍必然的定义，某个东西不可能仅仅只是"这样"一个东西，

---

[1] 利奥塔：《后现代状态》，车槿山译，生活・读书・新知三联书店，1997，p.2。

而是向其他可能性开放的无法限定状态。哲学总是试图把某个东西说成是**这个**东西,这种表达为"s 是 p"的"存在论划界"(delimiting of ontology)使德里达很不满意,他说:"我称之为解构的活动所要重创的主要对象之一就是存在论划界,尤其是表达为第三人称的一般现在时形式 s 是 p。"[1]为什么不能信任 s 是 p? 因为总会有理由质疑 s 是 p,而 s 不是 p 也同样是一个自以为是的判断,也总会有理由质疑 s 不是 p,我们总能够不断发现"这不是,那也不是,也还不是,都不是……"。德里达对宽恕概念的解构是个好例子:如果宽恕只是去宽恕本来就可以宽恕的事情,宽恕就没有道德分量,宽恕的道德分量就在于能够宽恕"不可宽恕的事情",可是,宽恕不可宽恕的事情却是不可能的[2]。

德里达相信,其实解构是"积极的",因为它没有否定任何可能性,而只是消解了一切话语的独断性。也许一切观念和话语都怕解构,可是万物却不怕解构,也许我们不能独断地说什么**是**什么,可是万物却**是**什么就**还是**什么,任何解构的只能针对话语而止于话语——事物拯救了存在(is)。也许人们可以颠覆一切标准、权威、体制、意识形态或价值观,可是事物仍然存在(is)。真正的问题其实落在话语之外。问题不在于把什么说成是什么,或者说成不是什么,而是我们为什么选择这样存在而不是那样存在? 我们为什么只能这样存在而不能那样存在? 也许可以模仿维特根斯坦的方式说:在怀疑或者批判或者解构了一切话语之后,存在论问题仍然没有被触及。人存在,就必须做某些事情并且不做某些事情。存在即有为(to be is to do),一切问题终于又回到存在论问题上。

---

[1] Derrida: Letter to a Japanese Friend, in *Derrida and Difference*, ed. Wood & Bernasconi, Warwick, 1985.
[2] 德里达:《德里达中国讲演录》,杜小真、张宁主编,中央编译出版社,2003,p. 38。

第三部分：

事的世界之创世论

1. 物的世界与事的世界

在形而上学经受了各种质疑或背弃之后,人们却又发现,各种哲学问题终究不得不回归形而上学,因为任何思想都必需依靠某些形而上学假设,也就无法回避形而上学问题,与其暗中暧昧地偷用可疑的形而上学假设,还不如重新反思形而上学问题。不过,这并不意味哲学应该回归原来那种形而上学。既然我们已经知道,传统形而上学的种种假设和问题是可疑的(尽管引人入胜),那么,回归形而上学就不是对原有形而上学的辩护,而是对形而上学的重新奠基,去发现另一些完全不同的形而上学问题。现代对形而上学的种种疑问至少提示了,形而上学不可能去追求一切事物之存在原理的那种僭越目标,不能替造物主去反思世界的存在(人也帮不上这个忙),因此,形而上学需要做的是反思人所做的事情。

关于一个事物(thing)是什么,可以有知识论、语言学或逻辑学的理解,却不可能有一种形而上学的解释。事物的存在并不是一个思想问题,因为关于事物的任何存在论研究既对事物的存在毫无影响,也无从证明,完全是一厢情愿的单边想象。无论哲学对事物之在如何好奇,事物之在(being)足以自证其是,丝毫不为我思所动,事物存在(is)以其同义反复的方式直接证明了事物之在,根本无须哲学操心,而且哲学对此也操不了心,事物的存在事实无法证明存在论问题的合法性或有效性。正因为事物之在根本不成问题,关于事物的存在论就提不出需要解答的问题。除了造物主,谁也没有资格反思这样的问题:存在是什么?世界为什么存在而不是不存在?或者,万物为什么这样存在?造物主才是唯一有资格去反思存在的绝对存在,但估计造物主也不会去思考存在论问题。造物主无所不能，一切事情只是完全自由的创作，一切事情都心想事成，既然一切都事成，就没有什么问题了，似乎完全没有必要多此一举地反思：我为什么让世界存在？为什么让世界这样存在？笛卡尔甚至相信造物主没有自我意识，因为造物主是无限存在，无法与所有存在区分开来，因此无须反思，而只有人这种有限存在才需要反思。也许我们可以这样设想，假如造物主非要进行反思的话，那么造物主最可能给出一个莱布尼茨已经猜中了的回答：既然我对无穷多个可能世界一览无遗，当然就选中了最好的那个世界；或者也可能给出一个圣经式的回答：我想有什么就有了什么。

哲学只能思考造物主不能回答的那些问题（在某种意义上是造物主所遗留的问题）。凡是属于既定自然的事物都不是哲学问题，只有属于自由所为的事情才可能成为哲学问题，或者说，凡是必然之事物就不是哲学问题，凡是可能之事情才能够产生哲学问题。很显然，关于事物的一切知识只能说明物的世界，却不能解释人的可能生活，不能说明人为什么做这样而不是那样的事情，就是说，物理不能解释事由。为什么造物主之所为就不是存在论问题？这个纯属假想的问题虽无实际意义（因为并无造物主，或者造物主等于自然），但有理论意义，这个假想可以显示出人引以为豪的自由所蕴含的存在论危机。造物主的无限自由与逻辑可能性是完全对称的，于是，自由所思就必定自由可行；虽然人也是自由的，却非无限自由，既不是无所不能，也非无所不知，这意味着人所具有的超越性是很不完美的：人的自由与可能性之间存在着严重的不对称关系，所思未必可信，所思未必可行。因此，可能性与自由的不对称性蕴含着一个严重的存在危机：人的自由选择有可能是对自由的否定，甚至是对存在的否定。人的自由所蕴含的自我否定可能性就是存在的危机，所以，人之所为必定产生存在论问题。

人会死虽然是人的存在论问题的一个条件，但死却不是关于人的一个存在论问题。生与死都是自然事件（按照维特根斯坦的说法，死不是生活中的一个事件），因此都不是存在论问题。一切关于存在本身的疑问都不是存在论问题，或者说，存在不是一个存在论问题。人的存在论问题都是**在存在之后**出现的问题，也就是给定存在之后对如何继续存在的选择问题。选择存在方式就是选择做事，只有选择做事才开始进入自由存在的初始状态（在此之前属于自然存在），才遇到存在的初始性或开创性的问题，这个初始性的存在论问题先于知识论、伦理学、政治学、语言学或美学的一切知识、观念、规则和原则——因为在对人的存在方式进行各种批判之前，人就必须先行选择这样存在而不是那样存在——而且也是一个在知识论、伦理学、政治学、语言学或美学的批判之后仍然永不消失永不退场的问题，因为知识论、伦理学、政治学、语言学或美学的各种批判所假设的批判标准也都是人的存在选择，都必须在存在论中被最终解释，否则是无根据的。可以说，人的存在论问题之所以永远无法退场，就在于存在的选择是个始终不间断的问题，因此就是哲学的第一问题。

第一哲学的第一性来自第一问题的永久有效性，而永久有效性在于它是一个永远在场并且能够带动所有问题的问题，如笛卡尔想象的那样，是能够撬动所有问题的支点。第一问题有许多可能方案，存在、我思、我在、语言等等都是非常强势的选择，这些方案都有着辽阔深远的视野，几乎都能够**波及**所有哲学问题，但假如只是波及而不足以**贯穿**所有问题，就缺乏始终的在场性，就仍然不足为哲学奠基。哲学的第一问题必须在任何问题那里都始终在场，这样才能**直达**任何一个哲学问题，而无须绕道或转换，这样才能对任何问题给出无干扰的解释和直接的证明，而任何间接的解释都难免涉嫌暗中利用某些可疑的假设和主观标准。因此，第一问题意味着必须在所有问题之中直接在场，并且是一个处于核心位置的主题概念，这个贯穿所有问题的主题概念就像是系列故事中的同一个主角，在每个故事中都直接在场，而且是核心人物，这样，所有问题才能够被协调地理解为一个问题或连贯的问题。

更清楚地说，第一问题所要求的贯穿性意味着：（1）第一问题的主题概念必须在任何思想问题里都**直接在场**，而不至于受困于某个特定问题。只有当主题概念在每个问题中直接在场，才能够直接地解释每个问题，即一步到位地直达问题之所在。直接在场性的思想优势是能够为任何问题直接作证，而无须使用诸如"还原"之类的可疑技巧。还原的方法似乎能够排除干扰因素而把含混的问题转换为清晰的问题，但往往删除了问题的原本意义以至于答非所问,这正是还原的可疑之处。典型的例子是,语言哲学把太多的问题都还原为语言问题,结果使得哲学变成了语言对自身的语言学解释,而不再是对生活的解释,可是后者才是人们的真正困惑,比如说,人们本来希望研究战争,假如把战争问题还原为关于战争的概念或命题的语言分析,恐怕人们不可能因此就理解战争;(2)第一哲学的主题概念必须表达**当事者**的眼界,而不是旁观者的眼界。当事人原则至少可以有两个来源:人道理论(儒家等先秦各家共识)和维柯的事功理论。儒家所论皆为人事,人事之道乃是人道,人道可行故能知其得失,而天道非人所能操纵,只能敬而顺之,因此"夫子之言性与天道,不可得而闻也"〔1〕,荀子也说:"道者,非天之道,非地之道,人之所以道也。"〔2〕维柯说得尤其清楚:"过去的哲学家倾尽全力去研究自然世界(mondo naturale)的科学,自然世界既然是上帝所创造的,那就只有上帝才知道;过去的哲学家竟然忽视对文明世界(mondo civile)的研究,而文明世界既然是人创造的,人就拥有关于它的科学。"〔3〕很显然,只有制造问题的当事者才掌握着问题的秘密,因此有可能加以反思,而旁观者的理解无非是评论或解释,并非反思,所有评论或解释都引用了外在于问题的旁观者标准,而外在于问题的批评标准都是对问题的篡改,就是说,经过解释的问题不再是原本问题。比如说我们不能批评狮子吃相难看,这是旁观者的观点,不是狮子需要解决的问题。哲学问题只能是以人作为当事者的问题,哲学只能以人的当事权限为限度,否则是僭越的妄想。所以,哲学不能思考只有造物主才能解决的问题,即使出于好奇而去思考,此类问题也不可能有答案而只能妄加猜测。按照这个标准,关于万物的存在论就不是哲学问题,而是造物主的问题(假如造物主乐意反思的话);(3)第一哲学的主题概念

---

〔1〕 孔子:《论语·公冶长》。
〔2〕 荀子:《荀子·儒效》。
〔3〕 维柯:《新科学》,上卷,朱光潜译,商务印书馆,1997,p. 154。译文略有改动,朱光潜把 mondo civile 翻译为民政世界,似乎不是与自然世界的最佳对比。而且,维柯的 mondo civile 指的是人类一切民族、一切文化和一切制度所创造的那个"有历史的"世界,重点在人类创造的历史性,而不限于"民政"。

必须具有**初始性**,即由当事者所启动的问题的初始性。如果一个问题不具有初始性,就不可能为其他问题奠基,这一点显而易见,无须多论。

一个问题贯穿所有问题的思想方式可以追溯到老子的最初想象。老子在《道德经》中以道作为基本概念贯穿了形而上学、知识论、伦理学、政治哲学、生命哲学甚至军事哲学的各种问题,至今仍然是对几乎"所有"哲学问题进行**贯穿分析**的典范。不过,道的概念恐怕仍然不是最佳的第一问题。道的概念虽然满足了贯穿性的第一个标准,但不能充分满足第二和第三个标准。道虽然是普遍的,甚至或许是万物存在的初始问题(就像老子想象的那样),但肯定不是人作为当事人而创造出来的初始问题,就是说,道是自然的问题,却不是自由的问题。人制造的一切初始问题皆因为自由(康德对自由的形而上学地位的强调无比正确)。自由使人存在于创造之中,并非人类热爱创造(创造成为自觉动机是现代的事情),而是被迫去创造,因为对于自由的存在者来说,不创造就无法存在,更准确地说,不创造就无法善在。就一般的存在而言,存在的意图仅仅是按其所是一如既往继续存在,而自由迫使存在的意图发生一种根本变化,即必须对可能性进行选择,因此自由的存在意味着必须在创造中存在。所以说,人并非故意创造,而是被迫去创造。这里所谓的"创造"并非通常所说的天才行为,而是一切文化或文明行为。与自然存在相对而言。自由存在的一切精心谋划都是创造性的,人因具有自由的创造性而貌似近乎神,这一点不断被人类自我颂扬,但其实创造性也是人类存在的各种困境和灾难之根源。人生来是问题制造者,自由并不蕴涵全知全能,人可比不了造物主,因此,人的存在之根本问题就是:制造了问题却解决不了问题,无法预见未来却必须选择未来,在没有道的地方却必须先道而行。

另一个广为认可的宏大概念是存在。存在具有一种概念的诱惑:既然任何东西都在(is),都是(is)某个东西,于是,存在看起来理应是第一问题,要不然所有事物从何谈起呢?从逻辑上说,确实没有比存在更基本的概念了,可是,在哲学上说,万物存在意味着必须接受的事实而不是可以质问的事情,不可质问的存在就不是问题。即使存在需要被解释,也不由人来解释,只有创造存在者才能解释存在,因此,存在的问题是在问造物主,不是在问人。对于人来说,当说到某物存在,至多说出"有如此这般的东西",而不可能说出更多的意义(除非是胡说)。因此,关于事物的存在论问题,实际上没太多可说的,至多就是逻辑地澄清"何物存在"的约束条件,就像罗素和蒯因已经完成的工作。存在的概念貌似说明了一切事物,但其实对任何事物都无所说明,而只是对事物的同义反复解释,所以说,存在概念没有提出任何问题,也没有解释任何问题。

当说某物是如此这般的,这只是关于事物的知识图景,并非事物的生活意义。"某物出现在生活中"这个事实所能够显示的意义不是某物如此这般的必然性,而是某物可以并非如此这般的可能性。这意味着,某物的生活意义大于某物的知识论意义,某物的生活意义在于它的现实性和可能性同时显示出来,在于某物之"是与不是"一起显示出来,在于某物之在场(presence)和不在场(absence)一起显示出来。当说某物是如此这般的,就以知识描述封闭住了某物,屏蔽了某物在生活中的多种可能意义,封闭性的知识描述有助于建构事物的确定性,但其中未见关于物的任何思想,思想已终结于封闭性。显然,确定什么是什么的知识对于生活问题远远不够,甚至文不对题,正如休谟发现的,存在无法解释价值,这已经说明,存在(being)的概念远远不足以表达人的生存(existence)。

以存在为主题概念的存在论是事物存在论(ontology of things),其分析单位(unit)是个体存在,个体事物或个体的人。当思想聚焦于不可分的个体,就是在寻找不可还原的存在。这是一种寻找确定性的冲动。这种存在论是建构关于事物(things)的知识所需的形而上学假设,知识需要以事物存在论为基础,是因为需要能够准确描述、明确定义进而可以计算的事物概念。可问题是,知识并不能通向智慧,这是完全不同的两种平行的智力活动,当以个体作为分析单位,我们获得了确定知识,同时告别了思想问题。确定性意味着有限性,一个确定的个体蕴含着"是如此这般的"必然性,却不蕴含"不是如此这般"的可能性,既然无可选择,就不存在需要反思的问题,所以说,关于个体,只有既定情况,却没有思想问题。如果把事物存在论滥用于一切事情,诱导人们把任何事情都看成事物来理解,以看待事物的方式去看待一切存在,所见就只是物的世界(the world of things），而看不到生活世界，正是在这一点上维特根斯坦惊讶地发现，即使知识说清楚了一切事物，生活问题仍然尚未触及。当科学剥夺了哲学对自然的想象余地，知识论就至多"重言地"（tautologically）唠叨着科学所确定了的知识概念，而对自由存在所导致的无限性一筹莫展，在这个意义上，哲学尚未开始。

"哲学已死"，据说是这个时代最有见识的科学家霍金这样说，"因为哲学家没能跟上现代科学尤其是物理学的发展脚步。"[1]霍金对哲学的这个严重批评既是真知灼见，但也是对哲学使命的误解。假如人们想要的只是关于万物原理的哲学，也就是基于事物存在论的形而上学或知识论，那么霍金的批评可谓一针见血，并非科学家的傲慢。众所周知，哲学先于科学想象了关于世界的知识，哲学的想象力为科学提供了许多重要甚至必要的形而上假设，比如说，可以明确定义的个体、齐一原则和因果观念等等，尽管这些形而上假设未经证明，却居然对于知识一直管用，不知道是不是人类碰巧猜中了造物主之心。后来，哲学对科学的帮助就日趋式微，现代哲学提供的各种知识论观点，无论主观论或是实在论，无论经验论还是唯理论，如此等等，对科学再无实质帮助。无论采取哪一种哲学观点去看世界，科学定理都不会因此有所不同，可见哲学观点对于科学定理并不是一个有效或必要的变量。尽管科学家往往声称偏爱某种哲学观点，但只是哲学的偏爱而已，一个唯心论科学家和一个唯物论科学家所发现的科学定理并无二致。霍金完全有理由认为，在认识自然这件事情上，哲学毫无建树。唯有科学才是关于物的世界之有效知识，而哲学不是。但是，霍金的批评对于哲学的可能性而言却是无效的，哲学对物的世界无话可说，不等于对别的问题无所思想。正如维特根斯坦的发现：科学说清楚了各种事物，可是生活问题尚未触及。这种理解比霍金的看法深刻得多，显然维特根斯坦对生活问题深有体会（霍金却未必）。既然事物的问题归属科学，那么，哲学只能思考在事物概念之外的问题。对于讨论物的世界的哲学家来说，这是个令人失望的消息，但我们有理由相信，放弃关于物的世界的

---

[1] 见 *Telegraph*, 14 Feb, 2012. UK。

形而上学问题将使哲学如释重负。

如果在广义上使用"存在"的概念（不限于实在，也包括精神之在），那么人至少存在于四个世界中：一个是由物（things）组成的世界 T，即自然或物理的世界；另一个是语言的世界 L，由语词、语句和语法组成；再一个是所思的世界（cogitatum）C，由意向、观念和意象组成；还有一个是事（facts）的世界 F，也就是实践或行为的世界，由人所做的所有事情组成。对于人的存在，这四个世界同样不可或缺。每个世界各有各的问题，但并非所有问题都能够成为哲学问题。被误认为是哲学的问题都基于事物的概念，包括关于物的世界的形而上学、知识论和语言分析。这不是说，不能以哲学的方式讨论事物、语言和观念，而是说，哲学问题扎根在事的概念中而不在物的概念中，我们可以从事的观点去分析物、语言和观念。

在告别关于事物的问题之前，我们需要对物的观点有个比较公正的说明。在事物的观点产生出可疑的哲学问题之前，事物的观点本来只是语言—逻辑的观点，而语言—逻辑的观点是任何思想的必要条件，就是说，作为语言—逻辑观点的事物观点没有问题。万物自有其自然秩序，但自然秩序过于复杂，无法直接加以思考，甚至无法言说，于是，语言和逻辑为物的世界构造了——虚构了——可说的秩序，对万物进行了重新编排归类。尽管语言—逻辑秩序并不是真实存在的秩序，但却是对真实世界的有效搜索方式，或者说，语言秩序是事实秩序的索引，人们以按图索骥那样的方式以言索物，因此得以言说万物。语言秩序与事实秩序显然不对等，甚至也不相似，有趣的是，人们只要稍加反思就可以明了这个差异，却仍然不由自主地为语言所误导，最典型的情况就是被概念所误导，人们很容易以为一个令人肃然起敬的概念必定意味着一个令人激动不已的问题，其实并非如此。关于事物的哲学就是为语言所误导的一个主要结果。可以说，事物是个语言学问题，却不是哲学问题，而哲学问题也不可能被还原为语言问题，否则语言学家和逻辑学家就可以无可置疑地解决一切哲学问题，事实显然并非如此。

为了有效地言说万物，语言—逻辑对事物进行了分类学的编排，赋予事物并不具有的各种逻辑关系和语法关系，其中对哲学思想有两个主要的误导源：（1）种属关系。按照种属关系，大概念统辖许多小概念，于是，大概念就非常容易被误认为是大问题，而大问题又被认为是重要问题，这与真实世界和生活所发生的问题有着巨大差距；（2）概念的含义。一个概念的含义（相当于内涵）诱导人们以为一个事物本身有着某种绝对确定的自身规定，所谓本质，它决定一个事物是其所是（to be as it is），而本质就被进一步想象为问题的答案。于是，思想就追随语言和逻辑的虚构去研究一些并不存在于事物之中而仅仅存在于语言中的"大问题"和"本质"。事物的本质以及事物之间的种属关系纯属语言—逻辑的虚构，事物本身并非如此存在，事物之间也不存逻辑关系。比如说，事实并不存在着老虎狮子"属于"猫科这样一种关系，这是人编造的（老虎未必同意，狮子就更不同意）。语言和逻辑是人类最伟大的发明，语言和逻辑虚构了万物的索引系统，因此人类得以能够思想，能够有序地研究世界和生活中的真实问题，但却不是为了去研究那些虚构出来的问题。科学家按照语言索引找到了真实事物和真实问题，得意而妄言，而哲学家却把概念本身误认为是问题并加以苦苦研究。

存在于语言中的大量虚拟事物导致了存在论的混乱，有许多不真实的事物通过词汇这一伪造的身份证混入世界。罗素的模状词理论和蒯因的存在论承诺理论已经拨乱反正地说明了，只要通过明确各种不同的存在论承诺和描述条件，就能够让事物各就各位，把各种事物限制在各自所属的可能世界里，从而避免了存在论的混乱。不过问题并没有完结，尽管那些不真实的事物（想象或虚拟的存在）只能以观念或意象的形式居留在虚拟的可能世界里，但它们却有着跨世界的现实影响力，它们通过意识而影响人们的思维、情感和欲望，从而实实在在地"参与"着真实世界中的事情。这个事实意味着，**事物（things）有界而事情（facts）无界**，事物的存在不能跨世界，但事情却能够跨世界。如果说"跨世界之物"的问题是无聊的，那么"跨世界之事"却是严肃问题，它提示着，有些事物可能是虚假的，但其相关事情却可能是真实的，事物只存在于某个可能世界之中，而事情却是跨世界的存在。显然，事情是一个比事物重要得多的思想单位。

理解任何一个问题的关键是找出当事者。既然万物皆为造物主之作品，事物的当事者就是造物主；既然万事皆是人之所为，事情的当事者就是人。不同的当事者制造了不同的存在论问题，创造了不同的世界，因此，不同的世界需要不同的存在论。奇怪的是，哲学一直没有给事的世界（the world of facts）——构成生活的那个世界——准备一个与之相配的存在论。事物存在论是为物的世界（the world of things）所准备的，它或许能够界定各种可能世界中何物存在，却不能解释在事的世界中何事可做，何事应做，何事将发生。人不是物的世界的创造者，因此对事物只能作为旁观者提出知识论问题，而不可能提出有反思意义的存在论问题。人自身也是事物，对事物的存在，人无所反思。因此，人存在，这不是困惑；人总会不存在，这令人失望，但也不是困惑——在人的自由之外的必然存在都不是困惑，唯有可能之事才令人纠结不已：人必须为未来选择某种可能性，可是却缺乏选择的标准。可能性就是尚未存在，选择把某种未在变成存在，这是一个**存在论赌注**，它赌的是存在，而如果选择了错误的可能性，就有可能毁灭存在，就是说，选择把某种未在变成存在，有可能导致对存在的否定，因此，存在论赌注的本质就是命运。选择未来就是选择何事存在，选择事情就是选择一个世界。在此我们有了一个发现：存在不是一个存在论问题，而是任何一个存在论问题的结束。一个存在论问题所以成为问题，就在于它所思考的对象是未在的可能性，而不是既定存在，就是说，存在论问题思考的是先于存在的未在。当某事或某物存在了，这个存在论问题就结束了——在"X 存在（is）"后面是个句号，如果进一步思考"X 是（is）如此这般的"，就进入了知识论，不再是存在论了。

选择未来就是选择可能生活，选择可能生活就是人的存在，也就是选择做人。孔子、孟子、亚里士多德、康德、列维纳斯等早已意识到"何以为人"是个关键问题，他们都试图在伦理学中去解释这个问题。以伦理学去解释人的存在虽然不是错误，却不是问题能够落定之处，因为任何伦理学观点都预设了某种价值观或者说价值标准，都预先选择了某种关于善的概念，可是伦理学却不可能为自身所用的任何价值观给出普遍必然的辩护，也就经不起怀疑论的质疑，因此伦理学无法为生活世界奠基。显然，人的存在问题超过了伦理学的深度,绝非伦理学能够探底。人的存在问题必须在存在论中才能得到最终落定的解释。

海德格尔独具慧眼地试图在存在论中解释人的问题,但由于受到现象学方法的拖累,他没有对准要害问题,他专注于关于存在的深刻意识,一心呼唤本真存在的来临,却没有能够去反思存在所遇到的形而下的实质挑战。我们在前面已经分析了,无论人如何体会或领悟形而上的问题,人首先不得不对付形而下问题,事实上,人只能通过研究形而下的事情去完成形而上的思考,因为存在都是形而下的存在,事情都是形而下的事情,如果忽视或回避形而下的事情和问题,存在就无以存在,而且也不再有问题。即使人没有想清楚任何形而上问题,没有能够深刻体会存在,都必须直接进行存在论投注,直接亲身深入存在论问题,人们必须直接决定选择战争还是和平、合作还是冲突、欺骗还是诚实、暴力还是对话、爱还是恨,如此等等,人来不及想明白存在的深刻意义就必须投身行动。存在的意义就在存在论赌注中,存在不是歌唱,不是吟诗,不是语言,不是概念,存在是种菜种粮,是请客结伴,是罪行或义举,是革命或反革命,是战争或和平。

现代大多数哲学家都有一种神学后遗症。上帝死后,人失去意义根据和存在确定性而惶惶不安,于是试图在自我意识中另外寻找存在的意义,却又苦寻未果而绝望。其实尼采的上帝之死已经是迟到的告知,按照吉莱斯皮令人信服的分析,现代的存在焦虑可以追溯到"唯名论革命",唯名论革命不仅颠覆了表达通用概念和标准的共相,而且否认了上帝对人类的道德责任。不受理性约束的上帝是反复无常的、不可认识也不可预知的,"上帝不欠人的债",想怎么样就怎么样,于是,人变成了孤儿、弃儿和流浪者,"被抛入了一个无限的宇宙而漫无目的地漂泊,没有自然法则来引导他,没有得救的确定道路"[1]。既然上帝不再对人负责任,那么,人就只能自己对自己负责任,人只能自己解释自己存在的意义。这个现代的解

---

[1] 吉莱斯皮:《现代性的神学起源》,张卜天译,湖南科学技术出版社,2012,p. 34; p. 40。

决方式看起来顺理成章，其实似是而非，而且含糊。假如在"人类"的意义上说，人类必须自己解释自己的存在，这似乎是唯一可能的解决。正如维柯想象的，上帝解释自然，那么人类就解释历史。但是，如果在"个人"的意义上说，自我解释却造成了更大的危机和失落。唯名论证明了唯有个体才是实在，这一点诱导现代人去寻求自我拯救，而自我所能够支配的只是自我意识，如前所论，笛卡尔到胡塞尔的自我意识即使拥有内在的完满性，也只是证明了我思的意义而不可能证明我在的意义，因此自我意识对人的存在意义的解释终究是画饼充饥，个人试图自证存在意义是不可能的。

马克思对实践的强调貌似对准了人的存在问题，可奇怪的是，据称反对形而上学的马克思却假设了一种典型形而上学的人的概念，一种完全解放的人，彻底自由的人，完全不被异化的"完美人"，这是一个神学化的概念。马克思透过人的完美概念看到了现实中不完美的人，被异化的人，看到充满异化的世界，并且发现了剥削的原罪，于是相信整个历史和生活的根本问题无非是阶级斗争，阶级敌人就是人间魔鬼，而一直尚未自由存在的人类一直都在苦斗中等待完美世界的来临。令人惊讶的是，许多有智慧的哲学家，诸如黑格尔、马克思、海德格尔等等，都在神学的"等待—来临"的框架内写作了各种同样不可信的翻版故事。假如说，每时每刻的存在不能直接显示出存在的意义，那么我们也不可能理解任何来临的存在的意义，即使真正的存在来临了，我们也无从认识它，因为它与我们所知的存在毫无相似之处。可见，一切在我们的现实存在中毫无踪迹的完美概念也都毫无意义，或者说，存在的意义必定直接显示在存在的每时每刻之中，而不可能隐藏在无人认识的完美概念中，而且，我们也无从证明完美概念是否真的完美。

哲学家很难抵制概念的诱惑，尤其是那些带有完美性质的概念，完美的人，完美的世界，绝对存在，绝对真理，本质，可完成的无穷（实无穷），历史的目的或终点，诸如此类，这些概念都是仅仅存在于语言中的神学虚构。在概念引导下的批判往往是对真实问题的误判，在完美概念的对比下，一切真实的存在都丑陋不堪，毫无意义。可是，在盲目接受完美概念之前，不妨想一想，完美概念的含义可能是什么？有两种可能性：（1）所谓完美的事情只不过是对真实存在中已有的值得珍贵的事情的夸大，如果这样的话，完美性就彻底失去神学意义，完美的事情就不可能远在天边，不需要永远等待其来临，而变成真实生活中本来就有的当前意义；（2）所谓完美的事情与真实存在毫无相似之处，是真实存在中所没有而且不可能有的事情，那么，此种满足了绝对性、永恒性、无限性、必然性、确定性、完备性的完美存在只能是空无，因为一切有内容的事情都必定是可疑的，都必定是与真实相似的事情，而真实存在都是不完美的，只能排除在外，于是，没有一种存在能够证明或者显示完美的存在，完美的存在就只能是无。不难看出，一切神学化的概念除了通过取消一切可能之所思而取消思想，就别无贡献。完美的存在没有任何故事和生活，只是永远重言式地存在，永远重复空无。因此，神学化的完美概念不可能是我们梦寐以求的事情，不可能是我们不能忘怀的事情，不可能是使生活具有意义的事情，不可能是幸福的事情，因为在绝对永恒的空无中找不到这些脆弱的、容易受损的事情。

既然人是自由的存在，就不可能按既定方式存在（to be as it was），于是，自由使人成为一种自相关的存在：存在就是选择如何存在。自由蕴含一切可能性，因此蕴含一切可能的错误，因此人始终存在于**存在论的危机**中（本雅明似乎说过一句类似的话）。人存在于不间断地选择如何存在之中，每时每刻都在选择存在的每时每刻，选择存在的每个下一步，不断在选择未来，而选择未来不仅是对当事人自身存在方式的创作，也是对所在的生活世界的创作，于是，存在就是不断修改存在方式。每个人每时每刻都在选择杀人还是爱人，助人还是害人，欺骗还是如实，合作还是冲突，战争还是和平。选择造成事情，事情构成生活，生活意味着，人存（is）于事物之间却在（exists）事情之中，或者说，人存（is）于物的世界中，却在（exists）事的世界中，而事的世界永远都不完美，因为人们不可能完成这个世界，因此，存在的意义必定就在不完美的存在之中。

一个事物具有内在必然性，而一件事情却没有内在必然性，事情仅仅代表着可能性，因此，事情不具有事物那样的实在性（reality）而只有现实性（actuality）。事情的现实性就是付诸行动的可能性，因此，事情是由可能性组成的，就是说，事的世界并非仅仅由现实性所组成，而且也由尚未成为现实的可能性所组成。潜在的可能性并非不在，相反，诸种潜在可能性始终存在于与现实性的竞相争在之中，于是，潜在可能性和现实性一样都始终在场。对于当事人来说，现实性与可能性都是候选可能性，因此，事的世界不是由实在性所定义的，而是由可能性所定义的。事的世界的一切存在论问题都是关于可能性的问题，或者说，事的世界的存在论问题与必然性无关，而只关乎可能性。

当乌云满天，人们说，或者会下雨或者不下雨。这不是在说事物本身有两种可能性，而是说我们关于事物的有限知识显示了两种或然性。由于知识有限，测不准事物的必然性，因此事物的未来显示为或然的。或然性意味着未知性，而可能性意味着可选择性，其中之差异不可不察。当社会危机四伏，人们也可以猜测事情的或然性，就像观察家那样，但事情所意味的问题不在于或然性，而在于对诸种可能性的抉择：改革还是革命，控制或者放纵，有为或者无为。无论怎么猜测事态的发展，人们的行动每时每刻都在改变着事情的存在论状态，都在选择未来。事情旋生旋灭，即在即去，事的世界永远具有未来性，而未来在可能性中涌现。当未来既不是必然的也不是或然的，而是可能的选择，未来就成为存在论问题，存在论必须思考的不是存在，而是未在——存在是个知识论判断，而未在才是存在论问题。显然，对于物的世界，只能提出知识论问题，而不可能提出存在论问题；对于事的世界，存在论问题先于一切判断，因此先于知识论、伦理学、政治学、经济学的任何问题。事的世界不仅是思想对象，同时也是创作对象，思想者同时也是当事人。维柯有一段话说明了这个问题："民族世界确实是由人类创造出来的，所以它的面貌必然可在人类心智的种种变化中找到。如果谁创造了历史，就由谁叙述历史。"[1]既然事的世界的未来取决于当事人的选择，存在论问题就不是世界是什么样的，而是世界可以做成什么样的，因此，存在的未来性不是一个预言的问题，而是

---

[1] 维柯：《新科学》，上卷，朱光潜译，商务印书馆，1997，p. 165。

一个创造的问题。

事的世界的基本单位是事情，严格地说，任何事情都不可能是孤立事件，而是更大事情的一个部分或环节，而且事情总在流变中，缺乏确定性，于是，事的存在论再也无法像谈论物的世界中的个体事物那样去谈论个体人物，不是个人消失了——个人始终在物的世界中好好地自在而在——而是在事的世界中无法单就个人谈论个人，个人的自足性、独立性、主观性和自我意识都只是事情的一个构成部分，不再有独立意义，或者说，在事情中，个人没有独立完整的意义，因为没有一个存在论问题是个人问题，反过来也一样，没有一个私人问题是存在论问题，任何事情都不是个人事件，任何事情都是我与他人共同在场之所为。这意味着，每个人的存在性质具有双重性：在物的世界中，每个人是作为个体的在世之在，而在事的世界中，每个人都是作为事情相关当事人的事中之在，一人之在不成事，事情必是众人之事。于是，关于事的世界的存在论不去仔细盘问"何物存在"的约束条件，也不去苦苦追问"在世之在"（being-in-the-world）的精神危机，而去追问"在事之在"（existing-in-the-facts）的创造性和未来性。

既然不同的世界需要不同的存在论，所以必须给予不同世界不同的存在论，否则无法理解和解释不同的世界。与关于物的世界的**事物存在论**（ontology of things）相对，关于事的世界的存在论是**事情存在论**（ontology of facts）。

2. 存在论换位

如前所论，存在着四个世界：一个是物的世界 T，由各种物所组成的自然或物理世界；另一个是由语词和语句所组成的语言世界 L；再一个是由观念和意象所组成的所思世界 C；还有一个是由人所为之事所组成的事的世界 F。其中，语言世界和观念世界是虚拟存在，并非实在世界，不具有存在的本源性或起始性。物的世界和事的世界都是具有本源性或起始性的存在，因此都是存在论的合法基础。但是，物的世界之创始性属于造物主的自由，对于人来说，物的世界是给定的必然之在，人可思之（科学）却无从反思（哲学）。凡是必然之存在皆无从反思，唯有自由之事可以反思。显然，人只能反思自己做主创始的事情，只能反思自由之事而不能反思必然之在，因此，唯有人所创造的事的世界才具有存在论的起始性，哲学的出发点不是事物而是事情，事的世界才是哲学问题的原产地。

如果人们对万物的存在感到好奇，确实有可能提出关于事物的存在论问题，可是，关于事物的存在论问题即使有答案，也是造物主的事情，这意味着，思考事物存在论的问题从一开始就是思想的僭越，那些问题超越了人的思维极限，人无从思考，即使碰巧猜中了答案，也不可能知道那就是答案（美诺悖论），因此，事物存在论注定一无所获。即使人们有如神助地居然知道了答案（比如说在阿奎那的精妙论证中或在《易经》深不可测的暗示中没准就有几处猜中了万物的秘密），那样也仍然没有意义，因为我们不可能更改世界而只能接受这个世界。所以物只是知识对象，事才是思想问题，物可知之而不可思之。传统哲学思考物的世界而徒劳无功，这证明了霍金的批评是对的：物的世界只是科学的认识对象，哲学必须退出对物的认识。如果说科学是关于物的世界的知识，那么哲学是关于事的世界的思想。维柯的看法是，人不能真正研究自然世界，只能研究历史世界。这个看法有些过火，事实上只是哲学不可能研究自然世界。而更可疑的是，维柯相信能够有一种历史的科学来揭示历史发展的普遍法则。这个看法恐怕是基督教的后遗症，其中暗含神学的假设。有一点是显然的，人并非全能，甚至是很无能的，人是很不完美的存在，与神不可同日而语。因此，我们只能在承认未来不可预言、历史没有必然性的条件下反思事的世界。在此，事的存在论与维柯的历史科学分道扬镳了。

现代语言哲学放弃讨论事物本身，而去反思谈论事物的方式，应该说是明智之举，但这不是存在论，而是伪装为存在论的知识论，而且，也同样对任何事物的存在状况毫无改变。存在论不是关于事物必然性的解说词，而是关于事情可能性的研究，或者说，存在论根本就不研究存在，而只能研究存在的可能性。唯有由可能性构成的事的世界才会产生出真正的存在论问题：做任何事情都是选择了存在的某种可能性，而无论选择何种可能性都是选择了存在的未来，都导致了存在的变化，因此就制造了存在论问题。作为事情的当事人，人必须解释，为什么选择这样而不是那样的存在方式？这个问题的困难之处在于，人对未来可能性的选择不可能有一个充分理由或必然理由。

任何以事物为根据的理由都不足以解释事情，因此，对事情的解释无法求助于自然原因。当然，尽管哲学问题在事不在物，但事并非与物无关。人们无论做什么事情都必定卷入事物，但物只是在事的相关项目，并不是事的世界的构成单位，或者说，物是事的必须道具，物的世界是事的世界的演出场地。事的问题涉及物，但物不是问题之所在。虽然物本身不是哲学问题，但有可能在事情中因事而变成问题，这一点需要明辨。如果问：这个物是什么样的？这是追问关于此物的知识；如果问：这个物有什么价值？或有什么意义？这是思想问题，但这个问题其实并非针对物，而是针对涉及此物之事，在这个问题里，物成为事的一部分。当物在事之中，物的自身存在（being）就变成在事中的在场存在（existence），物因事而被赋予了自身本来所无的价值或意义，即对于事情的价值或意义。可是，事情的价值何在？

假如生活一如既往，万事静好，人们不会平白无故去反思，只有当做事情做出了问题，才迫不得已去反思。哲学问题不是凭空想出来的，也不是语言说出来的，而是做出来的。关于哲学起源于纯粹的知识好奇的传说是非常可疑的，知识好奇只是前科学的想象，它走向真正的科学而不是走向哲学。作为反思的哲学是从人的错误开始的，没有做错事情就无须反思。因此，严格意义上的哲学起源于对行为选择的困惑，典型就是苏格拉底对德性的反思或者孔子对人道的反思。至于那些前反思的思想，比如毕达哥拉斯的数学化宇宙思想或者阴阳家的阴阳五行思想，都是前科学的知识想象，并非真正的哲学思考，除非被理解为关于世界的形而上美学观点。

哲学起源于错误，而错误必定事出有因，自由就是问题所在。为什么知识不足以解释自由所致的问题？或者说，为什么有了如此强大的科学还仍然需要哲学？问题不在知识不够强大，而在于知识与自由问题不匹配。知识无非描述（description）以及对描述的解释（explanation），对事物的充分描述就几乎足以表达其必然性（尽管科学仍然做不到充分描述，但已经是足够可信的描述了），可是对于自由所为的事情，描述却不得要领。已经发生的事情看上去似乎也差不多是个与事物类似的事实，但是事情的现实状态与其可能的后继状态之间却没有必然因果关系，只要人们愿意，后继状态就能够成为一个自由选择的新起点，它可以使事情变成"不再如此"。严格地说，事情的每一步都是自由的起点，因此，无论如何清楚地描述事情，都不能回答事情所提出的关于未来的问题：下一步往何处走？或者，下一步做什么？因此，无论对于事物还是事情，知识描述都拒绝了哲学问题：如果关于事物的描述是足够清楚的，就会发现没有找到任何哲学问题；如果关于事情的描述是足够清楚的，就会发现哲学问题可望而不可及。

也许可以通过维特根斯坦关于谋杀案的讨论而比较清楚地理解描述的局限性：即使对一个谋杀案的一切事实细节都描述清楚了，关于这件事情的知识问题结束了，可是关于这件事情的思想问题却尚未触及，比如说伦理学问题。因此维特根斯坦认为：在关于谋杀案的描述中，只看到如此这般的事实，却根本看不到关于应该或不应该的问题。维特根斯坦这个貌似过激的看法其实是异常深刻的见识，我们不能以为维特根斯坦真的在否认伦理问题——人们一直深受伦理问题的困扰，这是不可否认的事实——维特根斯坦只是说，知识描述不可能为任何价值观点提供事实依据或给予必然证明（这与休谟观点一致）。很显然，哲学问题落在了知识描述的范围之外。知识描述之所以与关于事情的哲学问题不匹配，关键在于事情没有必然性，而只有可能性。即使充分描述了一件事情的诸种可能性，仍然无法预言哪种可能性将会**中选**成为事情的下一个状态，而且，那些没有被选中的可能性也不会退场，它们只是未被启用，而仍然蛰伏在场，而绝非不在场，它们隐身在现实的周围与现实性进行竞争，所以现实性不具有确定性，甚至可以说，现实性总是危机状态。

对未来事情的预言失效完全不同于对未来事物的预言失效：根据休谟的观点，由于知识永远不充分，所以不足以推断未来，因此知识只能表达未来事物的或然性。不过，自然本身是必然的，自然并不听从知识，知识的或然性不能证明自然的或然性。假定造物主偶尔也掷骰子（爱因斯坦不相信这个说法），其或然性也是缺乏意图的随机性。但是，事情的未来变化却是有意图的，是当事人自由意志的理性选择或非理性选择。人在诸种可能生活中选择某种可能生活，看起来有些类似于造物主在诸种可能世界中选择某个世界，但有两个重要差别：（1）人不知道哪一种是最好的可能生活，因此永远无法克服选择的困惑；（2）人是一群超越者，每个人都是某种可能性的代理人，每个人的选择都是他人的选择的生效条件，即使每个人知道自己想做什么事情，也仍然决定不了任何事情，因此，从人们的意图也无法推断事情的未来。这是一个仿休谟论证。休谟证明了我们不可能知道事物的未来，我试图证明我们同样不可能知道事情的未来。

一切无解的困惑都源于自由。如果说事物是自然而然的（to be as it is），那么，自由所为的所有事情就是使存在不自然（to be as it is *not*）。如果说万物的存在性质是平凡（张盾的说法），那么，万事的存在性质就是奇迹，即使是人人习以为常的事情，比如购物或者上网，在存在论意义上说都是奇迹。人类的一切成功和光荣，或一切困惑和失败，都是因为自由把存在变成了奇迹。正是在这个意义上，哲学问题并非关于必然性，而是关于可能性；并非关于确定性，而是关于奇迹；并非来自旁观之思，而是来自当事者的反思；不是来自语言里的名词（概念），而是来自生活的动词（行动）。

人的存在性质在于能够让事情变成"不是这样的"，这意味着，一件事情**是**（is）什么取决于人**做**（do）什么，于是，在事的世界里，存在（to be）只能由做事（to do）去定义：**存在即有为**（to be is to do）。To do 使得 to be 背叛了本来的重言式状态而变成无常的奇迹，使 to be 超越了必然性而拥有无限可能性，因此才成为一个需要反思的问题，可以说，to do 就是 to be 的问题化：作为事的世界的当事人，人必须解释为什么这样存在而不是那样存在，为什么做这样的事情而不是那样的事情，为什么这样做而不是那样做。很显然，当 to be 落实为 to do 就必然形成**存在论换位**（ontological transposition）：存在论问题由"是"（to be）换位为"做"（to do），物的世界换位为事的世界，事物存在论换位为事情存在论。

存在论换位把存在论问题限制在事的世界，但并没有因此损失任何事物。事的世界没有排斥物的世界，而是容纳了物的世界，所有事物尽在事的世界之中现身，万物乃万事之资，万物因万事而具有了意义和价值。事实上，只有从事情的观点去理解事物才会对事物倍加尊重，才能在事物对事情的绝对限制中充分意识到物的世界的绝对超越性，才能敬天地而对天地不怀僭越之思，就是说，只有当 to be 落实为 to do，人在做事中才能够充分意识到一切超越者的超越性，才有可能尊重一切超越者。如果不敬天，不敬地，不敬万物，就无法理解人类事情的限度和意义，也就不可能理解自由所必须承担的存在论责任。

纯粹思想的自由唯有逻辑的限制，只要不违背逻辑，一切皆为合法之所思。于是，我思（cogito）构造了一个内在的自满世界，以悬隔之法驱逐了自我（ego）之外的一切超越者，于是，除了自我，再无需要尊重的超越者，因此，我思是不负责任的，不敬天地，不敬自然事物，不敬他人，不关注任何外在存在的超越性（transcendence），而自满于所思的内在客观性（objectivity）。可是，不考虑外在存在的超越性，我思就不可能思考外在世界，所以从我思不可能推论出关于存在的问题和解决（康德和胡塞尔都没有成功）。

与此不同，生活的当事主体不仅受到逻辑限制，而且受到一切超越者的限制，不仅受到外在事物的限制，而且受到他人的限制，因此，我的行为（facio）必须尊重任何超越者，必须敬重天地万物，必须敬重他人，否则当事主体的自由就会因为超越者的反制而失效，自由就变成了对自由的否定。当事主体无法回避外在事物和他人的超越性，因为事物和他人是任何事情的存在论条件，超越者的超越性直接否定了所思的内在客观性的绝对地位，取消了所思对一切事物的唯我论解释，取消了我思的绝对权威——超越者并不服从我思之所思。因此，当进入事的世界，我行（facio）就把被我思所悬隔或驱逐的所有超越者都请回到世界中来并与之共处，我的世界恢复为我们的世界。一切超越者都聚齐在事的世界中，无物缺席，无人缺席。在存在论上说，事的世界是唯一无所缺失的满载世界。

每个人的自由都受到他人的限制，因此每件事都必定成为问题。存在之问题化一方面导致存在的种种困境，但另一方面，正因为存在的问题化才使得存在变成了生活，使生活成为奇迹。假如人的自由无所限制而无所不能，存在就反而失去意义（可以想象，造物主就没有遇到任何问题，而没有问题就没有生活，所以造物主没有生活而只是纯粹绝对的存在）。正因为人的自由处处受限，存在就有了生死存亡的问题。这里所说的生死存亡问题与生命之自然有限性无关。生命之有限性（mortality）是生存所以有意义的一个前提（包括海德格尔在内的许多哲学家对此已有充分解释），但这是属于物的世界的必然性，并不是一个属于事的世界的问题（维特根斯坦说过："死不是人生的一个事件"[1]）。在此讨论的生死存亡问题是存在的危机：当存在的可能性受到极端限制甚至被剥夺，存在就失去意义

---

[1] 维特根斯坦：《逻辑哲学论》，§6.4311。

而变成无效存在，甚至变成不存在。除了无法改变的自然限制（这不是问题），每个人无法回避的存在限制就是他人，存在的最大威胁来自他人——这个事实无人不知，而且被历代哲学家不断讨论，霍布斯的分析最为著名；但存在的生死存亡问题还有另一方面，只有他人才能提供合作、帮助和拯救，这个事实也无人不知。但不幸的是，合作总是不可靠的，因此，存在永远都在危机中。人人知道必须解决这个问题，却找不到解决之道。根本问题在于：如何才能使合作成为优先的诱惑？或者说，如何使合作的诱惑大于冲突的诱惑？这是至今未解的难题。

如果在广义上使用战争与和平的概念，那么，存在的生死存亡问题就可以说是每个人的战争与和平的问题。这个问题在实践上或许真的是个无解问题，但理论上的解决并非不可能，而理论的解决至少能够成为实践解决的一种希望。在理论上解决战争与和平的问题的最大障碍（也许是唯一障碍）就是思维障碍，而最为显著的思想障碍是人们默认了一些无效的形而上学假设。如前所论，在缺乏事的存在论的情况下，人们就只能以物的存在论假设去理解人的问题，把人的存在假设为自身完整的个体，进而建构了唯我论的我思和主体性，同时肯定了自身利益最大化的合法性，如此等等。只要把个体的主体性，包括我思原则、主体的观点、利益和意志假定为绝对优先的、无可商量的前提，也就是把主体性放置在问题之外，把主体性看成是禁止质问或不可置疑的既定条件，这样就把主体性原则"去问题化"。从逻辑上说，个体存在或者主体性原则的第一性假设就已经必然拒绝了解决冲突问题的可能性。

在此，存在论换位就是至关重要的存在论转向，通过把 to be 转换为 to do，把物的存在论转换为事的存在论，我们调整了问题的焦点，因此看清楚了事的世界的事实：不是个体而是事情定义了事的世界，每个人的存在有效性不是取决于主体性而是取决于事情的共在性。存在论换位并没有创造任何事实，而仅仅显示了人人本来知道但往往不乐意承认的事实：由于每个人的有效存在都是事中之在，因此，无论每个人有什么样的主体意志，都必须服从事情的可能性而得以存在。任何事情的内在结构都是人与人的关系，选择做什么事情就是选择与他人建立什么样的关系，也就是选择了什么样的可能生活（possible life）。正如选择何种可能世界是造物主的存在论问题（莱布尼茨的想象），选择何种可能生活就是人的存在论问题。可能生活不是想出来的，而是做出来的，因此，不是 cogito（思想）而是 facio（行为）才是一切问题的发源地，也是解决问题的有效空间。在这里值得一提的是，"行"与 facio 的逻辑意义几乎完全一致，都是指"造事行为"，其行为结果是事情（factum），而"行"的字源意义甚至更生动地表达了做事之抉择语境：行的字源是遇见道路分叉，暗示着选择的可能性和抉择之困境。

3. 作为创世论的存在论

无论物的世界是自然发生还是造物主所创,这对人来说并无存在论上的差别。脱离宗教语境而作为哲学概念的造物主其实就是伟大自然的同义词。神性并非物的世界所必需,自然的伟大超越性已经让人绝对敬畏。按照老子的说法,自然是不仁的,不具伦理意义,而自然正是因为没有伦理意义而具有自然正确的必然力量。如前所论,存在之一般本意就是永在。存在除了"继续存在"这个公开的重言式意图,并不蕴含别的什么秘密,或者说,存在除了同义反复地实现其自身状态,存在并无秘密可揭。存在的本意既然是重言式的,存在也就毫无新意,毫无奇迹和历史,不值得记述,也不需要反思。一句话,重言式的存在一如既往地没有提出任何问题,我们对存在也提不出问题。如果存在论试图研究存在,必定一无所获,因为存在根本不是一个问题,这个所谓的问题与其答案是同一的,还没提问就结束了。因此语言不是存在的家园,当语言把存在变成言论的对象或思想的对象,就离间了人与存在。人只有当遗忘存在,才与存在浑然一体,而当用语言去呼唤存在,反而把存在置于远方。对存在,人只能不置一词。

只有当人有可能把某种存在变成不存在,使如此存在变成不如此存在,或者说,只有当存在之必然性变成了存在的可能性,存在才变成一个问题。把不存在变成可以选择的一种可能性,就是超越存在的必然之死。存在的必然之死不是问题,而是属于事物的一种必然性,而存在的可能之死则是存在论问题。比如说,人会死,这不是问题,为正义而赴死,就是问题了。当存在必须选择存在的未来,当存在的未来性不再是一如既往的存在，而变成了可以选择并且必须抉择的诸种可能性，一个超越了必然性的问题产生了：何种可能性是更可取的？价值问题就这样在选择未来时无中生有地出现了，甚至无须引入关于价值的概念，诸如善恶优劣等等，价值问题先于语言的一切概念而出现在对可能性的选择中：有可能性 a，b，c，d……那么选择 b。选中 b 就是以行动假定了 b 是更好的，尽管无人知道 b 是否确实是更好的。这是理解事的世界的一个关键：对可能性的选择先于任何价值概念或价值标准，并且无中生有地制造了价值问题，而这个价值问题马上成为存在的根本困惑。

如前所论，存在之本意是永在（to be is to be for good），为了达到永在就需要善在（to be is to be good），因为只有善在才能有效保证存在。这意味着，当存在之前行之路出现分叉（行的原义），就必须选择能够保证善在的那个可能性，因此，当存在的未来出现可以选择的多种可能性，存在为了善在，就不能再重言地重复自身，而只能时时刻刻存在于选择之危机中。虽然存在不是问题，但存在的选择却是根本问题。存在的选择使存在无中生有地具有了价值，由此引发了各种价值问题，伦理、政治、经济、文化和艺术。我相信这是对休谟关于存在和价值疑难问题的一个存在论解决，尽管这不是一个知识论的解决（因此休谟恐怕不会完全满意）。毫无疑问，对存在之未来诸种可能性的选择没有知识理由，没有人能够预知未来，人们不可能对未来的诸种可能性进行优劣比较，因此关于价值问题不可能有一个知识论的解决。但这里重要的不是能够明辨优劣的知识，而是人们对未来可能性进行了选择，而这个选择性的存在行为无中生有地创造了价值。即使永远无从知道选择的对错，选择行为仍然开创了价值问题，仍然证明了存在能够提出价值问题，尽管不是逻辑地推出价值。

自由使存在有了征用诸种可能性的机会，因此，即使一个人只愿意选择毫无变化的未来，选择平凡或正常，这种选择也在诸种可能性的比较背景下变成一种价值选择，于是，选择平凡也是一个不平凡的选择，或者说，当存在的未来是多种可能性，那么，在存在论意义上说，任何一种选择都是创造性的。存在论意义上的创造性并不在于新奇性，而在于超越了必然性。未来的多种可能性迫使人们创造性地选择做某种事情，所以说，有为（to do）是存在（to be）的始发状态，同时，**有为而在**（to be is to do）是永远的存在论状态，而任何 facio（行为）都是 creo（创造），这就是存在论的初始问题，也是永远的问题。这个存在论问题甚至对于造物主也是如此，假如造物主仅仅存在，万古永在却不创造，那么它的存在也是无内容和无意义的。世界的意义由创世者去定义，同时，创世者的意义就在于创造了世界。存在与创造是一致的，这意味着，一种能够反思存在本源性的存在论必定同时是一种创世论（creatiology）。这是真正的第一哲学。

只有必须抉择的事情才需要反思，创世是最大的抉择，存在论正是对创世的反思。既然每个行动都是自由选择，因此，尽管每个行动都在接着先前的行为而做某事，也同时是事情的新起点或转折点，或者说，每件事情以及事情的每一步都是事情的临界点，都有可能使事情"从此不同"，因此，每件事情以及事情的每一步在存在论意义上都具有初始性。在这种永远的初始状态下，自由选择必定陷于绝对的犹豫：做这件事还是做那件事？这样做还是那样做？如果说做事是一切问题之源，犹豫就是一切问题的本质。这是先于知识局限或伦理困惑的纯粹存在论犹豫。在根据知识思考某件事情对不对或根据伦理判断某件事情好不好之前，人首先必须思考何事可做，假如无事可做，知识和伦理也都失去意义。比如说，解一道复杂的几何题也使人犹豫，尤其当两种以上的解题路径都似乎可行时，这是知识论的困惑；面对一个伦理两难同样使人犹豫，因为两条互相矛盾的道德准则都是正当的，这是伦理学的迷茫。这些犹豫都是有理可依条件下的困惑，都是在已有概念和信念之间的犹豫。但是存在论的犹豫与此不同：必须做事而不知道何事可做，也无从确定何事更好，这种绝对犹豫是先于任何概念和信念的**存在论犹豫**，也就是**创世的犹豫**。

想象一个人想要外出却居然想不出去哪里更有意思——这是一个略经改编的真实故事——就是说，我们这位艺术家朋友对去哪里没有目标也没有意见（我乐意想象艺术家对存在论犹豫可能更为敏感），他最后放弃了这个存在论的犹豫，他随便走，每到一个交叉路口就掷硬币决定往哪里去，居然走了数百公里，或许一千公里。放弃存在论的犹豫也许算是对"不知如何是好"问题的一个解法，但这种近乎后现代"随便都行"（everything goes）的做法并非对存在论犹豫的真正解法，因为掷硬币没有使任何候选可能性产生价值，也没有开创一件事情而只是发生了一个物理学事件，在严格意义上，掷硬币决定去向是一个属于物的世界的事件，而不是一个属于事的世界的事情，除非将其解释为一个行为艺术。

还可以考虑维特根斯坦的规则悖论，这个例子可能说明了更深入的问题。我们可以想象一个数学例子来说明规则悖论：假定人类刚刚发明了加法，在运算加法时还从未遇到过 $a+b$ 之和大于 10 的情况，当偶然遇到 $7+5$ 这个康德心爱的式子，人们发现至少有两种"同样合理"的创造性解释：（1）$7+5=12$；（2）$7+5=10$。对于（1），人们可以发明这样的合理解释：既然 $5+5=10$，$6+4=10$，$3+7=10$，$2+8=10$，如此等等，而 $7+5$ 看起来显然大于 $5+5$ 或者 $6+4$ 之类所有运算，那么应该去发明超过 $a+b=10$ 的算法，使得 $7+5=12$；对于（2）则可以发明这样的合理解释：既然 $a+b$ 在已知所有情况中的最大得数都是 10，而 $7+5$ 显然足够大，那么 $7+5=10$，而且，其他所有得数足够大的式子都一概等于 10。这个例子的构思受到克里普克的启发，不过克里普克自己给出的那个关于加法的著名例子却是错的，这一点多少令人吃惊[1]。虽然这个例子不是一个真实的数学问题，却是个哲学问题，它能够典型地表现在先于概念和知识的初始状态中人们所遇到的创造性犹豫，而且它与现实生活中的各种"制度—实践"难题是同构的。这个例子中的两种解决方式都是原创性的，原创活动既然先于知识和概念，就不得不在创造事情的同时创造理由，把

---

[1] 克里普克的例子是这样的：虽然通常 $68+57=125$，但是完全可以另外规定说，当 a 或者 $b\leqslant 57$，就遵循规则 +，而当 a 或 $b>57$，规则 + 就变成（+），于是 $68（+）57=5$。参见 Kripke: *Wittgenstein on Rules and Private Language*. Blackwell, 1982, p. 17。这个例子的漏洞在于，$5<57$，因此 5 是一个已经被定义并运算过了的单位，5 不属于可以自由规定的存在，所以 $68（+）57=5$ 是非法的。可以参考一个数学诡计题目：假如 $1=5$，$2=10$，$3=20$，$4=40$，那么 $5=$？按照逻辑，人们似乎应该说 $5=80$，可是前面又已经定义了 $5=1$，所以这个问题不合法。克里普克犯的是同样的错误。

无理的说成有理的。当没有知识或伦理概念可以参照，人犹豫的就不是"做什么是对的"而是"做什么"，换句话说，在原创状态中，人犹豫的不是怎样符合游戏规则，而是需要发明什么样的游戏。发明游戏的困惑显然比遵循规则的困惑深刻得多，想想看，假如人们对足球、篮球、高尔夫等等所有游戏都感到厌烦，于是想要发明一个足够有趣的新游戏，那将是一件极其不易的事情，同样，假如人们对君主制、贵族制、专制和民主制等等所有制度都不满意，也会对发明一种足够好的新制度感到力不从心。

做事（facio；I do）永远在创造着原生性的问题，因此事的世界永远都处于创世状态，做事的原创性困惑永远不会结束，而将一直持续在创造事的世界的无限过程的每一步之中，因此人永远生活在存在论的绝对犹豫之中，也就是创世的犹豫之中。既然做事就是开创可能生活，而可能生活所定义的世界就是事的世界，因此，做事（facio）就是创世（creo）。创造一个构成生活的世界——事的世界——正是人作为人的存在论证明：人作为事的世界的创世者而存在。事的世界证明了人的自由存在本意不仅是生生，而且是创造。很显然，对生活的一切问题的反思都必须追溯到人的创世行为才能够得到彻底的本源性的解释，存在论正是对创世行为的反思，因此，人的创世问题就是第一哲学的第一问题。存在（to be）和有为（to do）是同一的，做事（facio）和创造（creo）是同一的，所以，存在论（ontology）与创世论（creatiology）是同一的。作为创世论的存在论蕴含着人的存在的全部秘密，这是属于人的秘密，与神学毫无关系。任何神学背景的解释都是对人的存在的误导，人的存在没有什么历史的目的或终结，与完美概念无关，也没有什么使命，所有那些神学或仿神学解释都缺乏任何在场证据（evidence），无法实践地或实质地否定任何一种存在的可能性，或者不能显示维特根斯坦所说的"必然的惩罚"，因此无法消除facio或creo的存在论犹豫。

不能解释创世问题就不可能理解世界。由此可以进一步清楚理解关于物的世界的存在论为什么劳而无功。既然人不是物的世界的创世者，那么，关于物的世界的存在论就只限于观察者的想象而不是当事者的反思，而当事者视角的缺失使人无法解释关于物的世界的创世问题。脱离了创世问题的存在论是无根的，或者说，如果并非同时是创世论，就不可能是一种奠基性的存在论。传统意义上的存在论的真实身份其实是**后创世**的知识论问题，或是作为美学观点的形而上学。在与创世论无涉的观察者角度中，人们至多明知故问地询问何物存在（事物是明摆着的），知识论至多澄清了不同事物在不同可能世界中的存在论承诺，但没有能力追问事物何以存在。

与此完全不同，在事的世界中，存在既非"如其所是"（to be as it is）的形而上学问题，也不是"如见所是"（to be is to be perceived）的知识论问题，而是一个"有为而在"（to be is to do）的存在论问题。很显然，单纯的存在仅仅蕴含自身之在（to be 仅仅蕴含 to be），因此 to be 不能超越自身，只是按照既定方式继续存在，所以"无事"。to do 是对 to be 的超越，to do 迫使 to be 始终处于抉择之中，因此必定"生事"。做某事或不做某事的抉择不仅决定了何种可能性是否变成现实，而且同时直接决定了当事者自身的存在状况，就是说，有为不仅选择了世界，而且选择了当事者的存在方式。存在论的抉择问题一般表现为"如此存在或不如此存在"（to be or to be not）两种可能选择，而其极端表现则是莎士比亚问题"存在还是不存在"（to be or not to be）。有为所面临的选择越是严重，存在论问题就越清晰可见。莎士比亚似乎比许多哲学家更清楚地看到存在论问题之所在，也就是存在论的绝对犹豫状态。

人类虽是事的世界的创世者，却永远完成不了创世的工作。因此，只要存在（to be）落实为做事（to do），只要我在（I am）落实为我行（I do），存在的第一状态就必定是绝对犹豫。我们确信，存在就是谋求永在，而谋求永在就必须追求善在，可是，既然自由的存在不可能重复既往之在而必须创造而在，既然存在的未来不是既定的必然性而是诸种可能性，那么，人又如何能够知道何种可能生活是善在？这个对于能够看透所有可能性的造物主来说不成问题的事情对人却是个最大的问题，创世问题使人不知如何是好，因此陷入存在的绝对犹豫。创世者的迷茫是悲壮而伟大的，它是主动行为的迷茫，这与个人陷于世界之中等待"被拯救"之孤独、厌烦或绝望的被动迷茫毫无关系。

尽管永远处于存在论的犹豫中，人们却无法停步而必须即刻做出选择，这使得 facio 具有一种悖论性质：永远犹豫但永远不能犹豫。既然无规可循，那么，facio 的唯一出路就只能是创造（creo）。可是创造并没有克服存在论犹豫，而是把存在论犹豫直接转化为现实，这样就把不可解的形而上问题化为可解的形而下问题。很显然，对诸种可能性做出事先判断是不可完成的工作，而保护或推翻某种具体现实却总有相应的具体理由和根据。因此 facio 必定成为 creo，只有创造了某种事情，才有理由否定某些可能性，没有否定就不构成选择——这是人之为人的存在论起点（关于人猿揖别的临界点，实证意义上的临界点也许不易确定，但存在论上的临界点就是：当人类说出"不"这个否定词，就超越了必然性而自由地面对可能性，就开始了人的创世）。Facio 对可能性的选择就是创世，创世意味着人为之事情皆为自由的奇迹，劳动是奇迹，权利是奇迹，责任是奇迹，幸福是奇迹，爱情是奇迹，可是要小心——"奇迹"是个中性的存在论词语——人为的一切灾难也是奇迹。

最具形而上学意义的灾难性奇迹是谎言。天地万物不说谎，只有人说谎。谎言的形而上学性质在于，谎言是否认任何奇迹的奇迹，因此谎言是对 facio 的否认，是对创世的否认，也就是对人的存在意图的否认。为什么说谎言否认任何奇迹？任何谎言都是等价的，万种谎言与一种谎言是同质的，而一切美好的奇迹都是不同质、不可替代或不可通约，于是，同质的谎言否认了不同质的所有奇迹，谎言抹平了世界，从而否认了整个事的世界。那么，我们何以知道何者是谎言？谎言有一个无法掩饰的漏洞，那就是，谎言不犹豫，谎言拒绝面对存在论困惑，谎言听从信念，谎言直接预支了某种未加证明的价值观来对任何事情进行判断，把某种价值观看作先于任何事情而在的，也就是先于存在论犹豫而在的，而拒绝存在论犹豫就是否认创世行为。如前所论，创世行为先于任何价值观，facio-creo 的本性就是诚实地面对选择的困惑：我无从知道何种可能性是好的——虽然 facio 制造了价值问题，却没有预先断言任何价值观。任何回避存在论犹豫的价值判断都是谎言，在这个意义上，任何政治价值观、伦理教条、宗教教义、意识形态、传媒语言、宣传、推销、辩护、批评都是谎言，它们都自诩了一种先知特权：预先知道什么是好的或什么是正确的。谎言是甚至比暴力更深刻的存在论灾难，暴力虽然万恶，但暴力是直率的，而且暴力会被反击的暴力所挫败，而谎言不可能被另一种谎言所挫败，也很难被真相所挫败，当人们不堪存在论犹豫的重负，就往往宁愿相信毫不犹豫的谎言，因此，谎言是最顽固的灾难。

人类一直试图通过反思去拯救真理。对于事的世界，人既是当事者又是观察者，人以当事者的身份去创造可能生活，同时又以观察者的身份去反思可能生活。可是事的世界的创世是永不完成的行动，真理尚未存在，于是，反思 facio 或 creo 就遇到了无所参照的困难。在反思创世问题时，我们不断无助地反问自己：为什么做这样的事情而不是做那样的事情？为什么这样做而不那样做？为什么选择这样的生活而不是那样的生活？为什么创造这样的世界而不是那样的世界？科学对回答这些问题毫无帮助，因为事的世界超越了物的世界；逻辑也不能解答这些问题，因为逻辑只能解释必然性而无法解释创造性；信仰更不能解答这些问题，信仰拒绝了存在论犹豫，因此信仰本身就是问题。人无处可逃，唯有在 facio 之中自求解释，别无他途。可是，既然 facio 总在创世之迷茫之中，又如何能够自证其善？这似乎是个悖论。

逃脱这个悖论的唯一机会是，人在诸种可能性之中的抉择无中生有地制造了价值问题——这是最大的奇迹。在通常意义上，存在是存在，应在是应在，应在（ought to be）和存在（to be）是两个互相独立的问题，就像平行线不相交，可是，facio **迫使**这两个问题重叠汇合：既然选择了 b 而没有选择 a，那么，b 就被假定为更好的。毫无疑问，这个选择并无事先根据而纯属创造，因此，这个选择本身不能证明 b 真的是更好的，仅仅是意向 b 是更好的。但这就足够了，这个有意选择已经成功地制造了价值问题，而不是掷骰子的盲目选择。这是关键的第一步，它意味着，to do 迫使 to be 具有价值，这个转化迫使存在论（ontology）蕴含了道义论（deontology）问题。不过，这里所说的道义论并不是一种伦理学观点，而是一切伦理学问题的存在论基础。既然某事被选定为应在之事，于是，应在（ought to be）变成了存在（to be）的理由。在此，价值问题与存在问题汇合为一。但是，真正的困难刚刚开始：如何证明所选定的应在之事就是善在？显然，应在仍然需要存在论的证明，就是说，应在又必须求助于存在。既然除了facio之外别无可资利用，那么，一切可能的存在论证明就只能落在facio的未来展开中，就是说，证明就在facio的未来性之中：未来的存在论回报就是唯一的存在论证明。

4. Facio ergo sum

意识能够自证其完满性，这个无与伦比的优势说服了许多哲学家选中意识作为哲学的支点。笛卡尔证明了"我思故我在"（cogito ergo sum），康德证明了意识的先验效力，胡塞尔进一步证明了"我思其所思"（ego cogito cogitatum qua cogitatum），从而建立了意识的内在完整结构，几乎证明了万事皆备吾心之理（王阳明虽早有此说，却不曾给出一个普遍有效的论证）。虽然普遍的我思能够建构完满的所思世界，却不足以解释事的世界，问题在于，所思可以心同此理，所为却其心必异，当具体事情将普遍通用的主体落实为具体当事人，我之所思是否能够落实成真，却非我思所能独立决定，而必须求得他人同意。更严重的是，即使是最美好的愿望，几乎人人乐见其成，此种意向却也未必能够成真，如列维纳斯之想象，看到一张人脸就应该直接意识到"不要杀人"的绝对伦理呼声，这种善良意识就几乎人人同意（极少数杀人狂不算），可谓心同此理，可是，无数行为事实却证明事情并非如此。又比如说，人们可以想象一个最好社会，一个人间天堂，在那里人人的需求都得到满足，人人的自我和自由都得到实现，人人"从此过上幸福的生活"，就像童话说的那样，历史也因为功德圆满而终结。这种想法估计不少人同意，可也没有真实意义，因为不存在也不可能创造出一个能够满足人人的需求、自我、自由和幸福的社会，除非是个无穷大的虚构世界。

唯心论总是试图证明主观世界是自身完满而自足的（就像胡塞尔试图证明的那样）。可是，即使意识真的是自足的，也至多证明了"我思"具有内在的客观性，仍然无法解决"我在"所遇到的诸种外在性，就是说，即使我思是自足的，我在仍然不是自足的，比如说，完满的我思无力拯救饥寒交迫的我在。我思不可能解释存在论问题，也解决不了基于存在论问题而产生的伦理学、政治学或经济学问题。这个局限性使得我思不可能像笛卡尔或胡塞尔想象的那样成为一切哲学的基础。无论我思多么完满地解释了所思，却决定不了也阻止不了世界上任何事情的发生，无论多么完满的我思也对付不了战争、谋杀、剥削、压迫、欺骗和背叛等等祸事，也解释不了爱情、友谊、救助、献身、自由、人权和公正等等幸事。我思对一切发生在历史和世界中的伦理、政治或经济问题都束手无策，对所有生活困惑都无计可施。即使我思之所思是毁不掉烧不掉的绝对意识，只要我思不能防止一切罪行或者落实任何拯救，我思就在存在论上既失去物的世界也失去事的世界。总之，我思不可能说明我在的任何问题。

我思故我在（cogito ergo sum, I think therefore I am）只是一个逻辑证明，并非存在论证明。属于我思的观念世界与我所在的生活世界之间有着存在论鸿沟。即使一件事情能够被我思定格为在心中永不磨灭的所思，但所思之事却与所为之事不对称，我思（cogito）的意向性跟不上我行（facio）的创造性，事情的未定性使我思至多能够思想一半事情，因为事情的另一半总是尚未创造出来，永远隐藏在难以定夺的诸种可能性之中，而我行之犹豫未决使事情的性质、方向和意义永远处于未定状态，无法被概念化，无法被我思的意向所指定。

既然决定命运和历史的各种事件属于事的世界，既然不是我思而是我行（facio）创造了事的世界，那么，事的世界所表明的原则就是：**我行故我在**（facio ergo sum, I do therefore I am）。我行才是我在的存在论证明，而既然人是事的世界的创造者，有为（facio）必然意味着创世（creo），于是，facio ergo sum 就同时意味着 creo ergo sum（**我创世故我在**）。存在论证明必须提供实在业绩，不能仅靠推理。我在的存在论证明就在于行为创造了事的世界。我思只不过看见了世界，因此我思之我是个虚在（being），我行使我拥有世界，我行之我才是实在（existence）。只有当创造了事的世界，我才有了所在之处，才有了生活，所以说，一切哲学问题都始于人的创世问题。正是在这个意义上，存在的家园不是语言，不是概念，不是思想，也不是信仰，而是行善或作恶所形成的可能生活。

人的创世行为并不限于开天辟地的划时代大事，每个人对未来可能性的选择都是创世行为，因为每个选择都可能使得事的世界因此有所不同。既然人们可以选择让一种事情发生或不发生，可以选择让一件事情成为这样或不成为这样，那么，任何事无巨细的选择都在创造着人人所在的事的世界。喝一杯酒、供一碗饭或说一句话，都可能是创世行为，都可能给他人甚至世界造成灾难或带来幸福。这里可以看出 facio 所蕴含的根本问题：既然 facio 创造事情，而任何事情都不可能仅仅是我的事情而必定也是他人的事情，因此，facio 并非仅仅证明我的存在，facio 在证明我在的同时必定证明他人之在。

做事必定卷入他者，这不是说，我做了某事，然后某事对他人产生影响，而是指，如果我的行为没有卷入他人，没有邀请或强迫他人共同行为，根本就做不成任何事情，甚至无事可做，而如果事情不存在，事的世界也就不存在，我就无从进入事的世界，我就仅仅是物的世界中的一个物理或生物存在。即使有的行为似乎是我独自完成的行为，也是某事的一个构成部分——事情不是个体事物，而是无形伸延流动着的关系。假如一个行为不是某事的构成部分，这个行为就仅仅是一个生物或物理动作。即使一个人独自在无人之处看了本杂志，尽管没有他人在这个物理空间里现身，他人仍然在事情中在场，无论多么遥远，甚至不知其名。这意味着，在 facio 所创造的事情中，我虽然是语法上的主语，但在存在论意义上，我却不可能是唯一当事人，我必定卷入他人成为共同当事人（通常是无数他人），于是，facio 的语法主语是我，但存在论主语却是我们。一切事情都意味着我和他人的同时在场性，我不可能独占任何事情，更不可能独占未来，而只能与他人共有未来，因此，没有他人就没有未来。我作为个体存在于物的世界中，却作为一个无法独立的当事人存在于事的世界中。这正是事情的本质：事情不属于任何一个人，但任何一个人都属于某个事情，每个人都**代表或代理**着未来的某种可能性而成为事情的一个构成部分。

当我以自我为存在，我才是仅仅属于我，但这个独立自足的我却一无所有，旁观世界而并不拥有世界；只有当我成为创世者，我才拥有世界，同时我就成为事中之在，成为事情的一个可能性，事中之我不可能独立存在，而是与他人共在，共同因事而在。事中之在才是充分实现的存在，因为唯有事中之在才具有在场性，事情就是我得以出场之场所，如果没有事情这个场所，我就生无在场之地，我就存（is）而不在（exist）。超历史的我思先验地拥有概念化的世界或者世界的概念，可是概念化的世界是观念性，我无法生存（exist）其中，所以说，仅仅作为我思之我虽存（is）而无以为在（exist）。Cogito 仅仅证明了我（ego）的虚在（is），一个存而未在的语法主语，尚未成为主事的存在论主语。只有在主事的 facio 中，我才真在（exist），而我之真在（existence）在创世的同时就成为事的世界的一个可能性而失去孤立性和自足性，不再超历史，不再超现实。

既然 facio 绝对优先，具有初始性和开创性，facio 就是召集他人现身的行为，每个人通过 facio 而成为他人的**召集人**。每个人都是超越者，都是创世者，因此，当他人被召集在某事中现身，他人绝不袖手旁观，而是同时也成为共同召集人，成为事情的共同创造者，我的事情就同时成为他人的事情。因此，任何一件事情都先验地证明了我和他人的存在，或者说，任何事情的内在结构就是共同当事人之间的互动关系，任何事情都先验地承诺了我与他人的事中存在。这一点也是 facio 作为哲学支点的一个存在论优势：即使 cogito 能够证明我在，却不能证明他人之在，也不能证明世界之在，而 facio 不仅证明我在，而且同时证明了他人之在，而 facio 同时是 creo，也就证明了事的世界的存在。每个人都是事中之在，都是事情的召集人，既然当事人都是召集人，就无人是事情的**主人**，任何人都不可能对任何事情完全做主，这一点否证了唯我论和主体性原则。facio 所证明的不仅是我的超越性，而且同时证明了他人的超越性，于是，事的世界的内在结构是我与他人互为超越的关系。这是我行故我在的要义。

人们喜欢追问人的存在意义或目的。这个问题多少涉嫌过度反思，但并非一个无意义的问题。假如这个问题能够得到合理解释，就能够阻止关于人的问题的过度反思。本来，存在就已经是对存在的完全解释，问题在于，人的存在是创造性的，因此人的存在意图明显超出了存在的重言式意图。在这个意义上，人的存在意义并非一个无意义的问题，人至少必须解释人想做什么。神学目的论曾经试图以神意去解释人的目的，神学解释虽然便捷，却缺乏必然依据。假定真有神意，神意必定高不可知，深不可测，如果神果真有所示意，也必定**直接表现**在所造万物的显然征兆之中（例如《周易》所直观所知的存在之生生本意），而无须假道先知难以保真的翻译（万能的神不需要先知的帮助）。另外，即使神乃一切存在的意义所在，那么，一切意义都是神的意义而不是属于人的意义，人就终究没有意义——缺乏自足意义就等于无意义。因此，在人的存在之外的任何目的论都不足为证，人必须就**在人那里**证明人的意义，才是对人的存在意义的完美自证。

人之自然存在本身未必有目的，但人却在创世中创造了目的，因此使自身存在具有意义，就是说，人不是因为自身存在有意义才去做事，而是因为做事才有了意义。人在做事（facio）中召集（请入或卷入）他人来为所做之事（factum）的意义作证，而既然人人都是召集人，于是人们在共在之事之中互相作证，而这种互相循环作证表明了人的意义就内在于生活之中，内在于事的世界之中。假如一个人提问人的意义在哪里，或者人要到哪里去，诸如此类的问题，那么是在提出无意义的问题，因为人的意义就在生活中，人哪里也不去，就在人这里。

人的存在意义就在创世所为之中。但人的存在如何善在，如何创造最好的可能生活，自从人开始反思生活就一直是未解之谜，而且随着反思越来越深入，就愈加困惑，尤其是现代和后现代的反思终于使价值失去一切标准。尽管人们可以批评现代性对古代传统价值标准的过度反叛，或者批评后现代对一切价值的过度质疑，但不等于传统价值或现代价值无可置疑。任何价值和标准之所以能够被质疑，是因为所有价值标准确实都难以自圆其说，没有一个价值标准是足以自证的。人所做的事情越多，就越暴露出人的存在论犹豫的深度和广度，人的选择困惑就越来越无法掩饰。尽管 cogito 能够借助理性去捍卫自我以及所思的确定意义，却也无力捍卫任何价值标准的普遍性。于是，我们只剩下 facio 这个最后的根据。Facio 必须解决 facio 所制造的问题，必须能够自证其选择的正确性，而真正严重的挑战就在这里：facio 唯一可以指望的证明在于未来性，而未来尚未存在也尚未确定，那么，又如何指望未来的证明？

我们已经论证，既然 facio 是 creo，那么，事情就是接踵而至的奇迹。facio 的每一步都是事情的新起点或者转折点。未来具有可择性，这就要求诸种可能性具有可比性，可是却缺少可比标准。能够选择未来既是存在的幸运（因为有机会选择更好的），但也是一种形而上的痛苦，因为不知道何者更好——可是我们必须知道何者更好。这似乎是个不合理的要求。假如要判断一种事情的价值，就必须事先拥有标准，可是在意识中找不到这样的标准，因此我们不可能指望 cogito，而只能指望 facio。于是，facio 不仅无中生有地制造了价值问题，而且还必须继续无中生有地证明什么是好的。

既然 facio 所能利用的唯一资源就是未来，那么，提前分析未在之未来的唯一机会就是**把未在性化为在场性**来考察，也就是把不可见的可能性转化为可见的可能性。未来由逻辑上的一切可能性组成，这是不可见的可能性，但是，对于事的世界，有效的可能性大大少于逻辑的可能性，事的世界的未来可能性必定是人所欲的可能性，于是，未来的可能性就被约束为人可能选择，人所希望的可能性才是可能中选的未来。每个人的意向选择无法必然如愿地决定未来，因为他人有异议，异议就是最强的约束条件，于是，未来的可能性通过异议而成为在场的可能性。在这里，我们得到一个化未来为在场的方法：未来的诸种可能性映射在人们的可能意向中，每个人的意向都代表了未来的某种可能性，于是，未来的诸种可能性显现为在场的各种意向。尽管未来仍然不可预言，我们无法预言什么事情将必然发生，但既然未来的可能性已经被转换为在场的诸种意向性，因此，我们至少有望证明何种可能生活是善在，或者说，我们不可能阻止愚蠢的行为，但有望知道什么是愚蠢的行为。

笛卡尔对 cogito 的证明模式令人深受鼓舞，当然，我们并不满足于证明 facio 的确实性，而是试图证明，在什么情况下的 facio 不会导致自身否定，也就是说，一种 facio 如何不会在其未来性中被否定。很显然，假如一种 facio 不可能导致自身否定的结果，那么它所创造的事情就是善在。

Facio 的成败秘密就隐藏在行为的回应性之中。Facio 所引发的回应行为决定了未来，因此，回应性就是事的世界之存在论线索，由此线索可以理解事的世界之治乱分合、成败兴衰、荣辱苦乐、战争与和平、幸福与不幸、变革与保守等等一切变化。他人的选择是对我的选择的回应，反过来，我的行为也是对他人行为的回应，或为报复或为报答。他人的回应决定了 facio 是否被否定，如果没有他人的同意，一种行为就不可能形成事情。于是，他人的同意决定了事情的存在论有效性，更准确地说，每个当事人都同意的事情就具有存在论有效性。事情的存在论有效性意味着"无人被排斥"的原则：一件事情在存在论上是有效的，当且仅当，这件事情没有排斥任何一个当事人的存在，没有否定任何当事人的在场性，没有剥夺任何当事人的未来。这个原则说明，如果 facio 能够保证不被否定的未来性，就必定邀请他人到场合作并共享所创造的事情，或者说，facio 必须迎入他人共同成为事中之在。

5. 共在先于存在

根据以上分析，facio 虽始于某个当事人的行为，但所成之事却不可能只有一个当事人，因此，无论所为何事，facio 必定邀请他人同行，必须引入他人成为共同当事人，无论表现为联手还是对手，总之只有共同当事人的关系才能够把我和他人同时转变为事中之在，即在场之在（existence）。在进入事情之前，每个人只是一个物理存在而尚未成为一个主事存在，或者说，在创造事的世界之前，每个人只是无价值的物理事物，和其他所有事物一样，和草木走兽一样，在"不仁"之物理世界中以无我的方式存在。作为物质存在的我只是个语法主语，其存在方式并无差异性，只是毫无创造性的重言式存在。假如按照逻辑语法而不考虑语言语法（逻辑语法是更"真实的"），作为物质之"我在"（I am）就应该说成"某个我在"（an I is）——在逻辑上等价于"它在"（it is），而尚未成为"我在"（I am）。既然 to be 必须在 to do 中被定义，因此，I do 才使 I am 具有在场性，使我成为创世者，使我拥有属于我的世界，使我的存在成为生活，道理在此。当我与他人一起作为共同当事人而成为事中之在，我和他人就超越了物的世界而进入事的世界，我和他人因此有了可能生活，而有了生活才是存在（exist）。因此，共同当事人的共在关系就是使任何当事人超越"为物之在"（is）而成为"事中之在"（exist）的存在论条件。

每个人存在于事情之中等于存在于与他人的共在关系中，因此，在事的世界中，每个人都不可能先于共在（coexist）而存在（exist）——尽管每个人先于共在而在（is）。当事情将我与他人一起置入共在状态，我和他人以当事人的身份而在事中拥有一席之地，而正是因为共在先于存在，所以每个人都在为他人之在场意义和价值作证作保。因此，解释事的世界就需要一个与个体存在论（ontology of individuals）完全不同的共在存在论（ontology of coexistence）。个体存在论对事的世界无所表达，对生活意义无所表达。个体存在论对于物理世界也许是合适的，但对于生活世界肯定无效，甚至对于生活世界是一种形而上学祸害，它诱导人们把不属于个体的精神、价值和意义看作个体固有的性质，从而强化了自恋、自私、孤独、失望、绝望、排他、对立和冲突。生活的一切问题都是共在问题，假如像叙述事物的物理运动那样去叙述生活的命运，那么将取消生活的一切意义和价值，更恐怖的是，幸福的概念将因此消失，因为没有一种幸福属于个体事物的存在状态——幸福是一件事情，一件属于共在状态的事情。

既然共在是理解存在的线索和条件，所以共在存在论以"共在"（coexistence）作为存在论的基本问题，就是说，存在不成问题，共在才是问题。存在是共在问题得到解决之后的事实状态，而共在是需要抉择的未定状况，是创造性的动态互动关系，是幸福或不幸的抉择，所以是当务之急。共在存在论的基本原则是：**共在先于存在**。这意味着，任何行为如果能够形成事情，就必定形成一个共在状态。当某人或某物尚未进入某事，它的物质存在处于尚未在场状态，所以无事，也不成问题。某人或某物只有进入事中，才能确定其在场的存在价值。任何人或一切物皆因事而具有意义：人耕作，所以春雨贵如油；人远行，所以家书抵万金；我杀人，所以我是谋杀者；我爱人，所以我是仁者，如此等等。选择一种事情就是选择一种关系，选择一种关系就是选择一种共在方式，选择一种共在方式，就是选择一种存在方式，所以说，在事的世界中，共在先于存在。这里所谓的"在先"是指逻辑上在先，而非时间上在先，就时间而言，共在与存在同时。

共在性并非取消个人性，与此相反，每个人正是通过共在而能够生成个人性。准确地说，在进入共在状态之前，每个人只是物理世界中的个体事物（individual），物质个体只有特殊实体性，并不具有个人性（individuality），虽可被识别为个别某物，但却尚未成为具有精神性的某人，因而那个物理个体谁也不是（nobody），也就尚未具有个人性。现代哲学对个人存在的想象是一种存在论谬误，其错误就在于把物理身份之在（is）混同于价值身份之在（exist），从而误认个体（individual）必定自动地具有个人性（individuality）。事实上，每个人只有在事中成为特定当事人，才具有了由当事人所定义的个人性，所以说，每个人正是在共在中才得以个性化地存在。人们选择了共在而有事情可做，因此人人得以成为某个创世事件的特殊当事人，这才是每个人不可还原的个人身份。如果不是成为创世者，就只是物理存在，虽是在世之在，却不是 facio 的行为主体，因此只是个语法主语（an I is），而不是实质主语（I am）。所以说，共在而存在，共在构成了事的世界的基本问题，而事情的内在结构正是人与人的共在关系。

既然以事作为存在单位的世界完全不同于以物作为存在单位的世界，对事的理解就完全不同于对物的理解。我们知道，事物存在论假定，一个事物的本质是这个事物本身确定不变的内在性质，而关系只不过是事物的外在偶然联系，就是说，给定 x；y，那么由 x、y 的既定性质就可以定义其关系 R。按照这个假定，在物的世界中，事物之间的关系可以由事物的性质去确定。事物的存在论或许可以解释物的世界（这一点并非没有疑问，但这是科学问题，哲学对此没有发言权），却肯定无法说明事的世界中所出现的任何问题。从物的观点去看，每个物对于世界同等重要或同等不重要，物本身无所谓价值，物只是必然性的表现；但从事的观点去看，每个存在都代表了某种可能性，在事的世界中，一个存在具有什么样的在场性质，要取决于它在事情中与其他存在之间的关系，就是说，特定的事情确定了相关存在具有什么样的在场性，即其事意义或事中表现。在被纳入事的关系之前，一个存在只有**自在而有**的性质而不具有**因事而生**的价值，因此，我们只能通过关系去理解任何存在之在场性，即从关系 R 去确定 x、y 的在场性。

语言能够表达一切，但我们没有完美语言，因此无法正确地表达一切。由于语言只能使用同样的语法和同样的表达方式去谈论事物和事情，因此很容易掩盖事物和事情的存在论差异而不自知。以谈论事物的方式去谈论事情，或者相反，以谈论事情的方式去谈论事物，都会产生存在论的错位理解。比较容易觉察的错位理解是文学常用的拟人手法，诸如花溅泪、鸟惊心之类，但这是为了文学效果而故意选择的存在论错误，人人知道这一点，因此思想不会被误导。但是假如以谈论事物的方式去理解事情，就会形成貌似为真的存在论谬误，比如说，我们其实不可能断言某人**本身是**（is）诚实的还是不诚实的，或者某人**本身是**良善的或是不良善的，因为诚实或良善并非人作为物理存在的自然性质，而是人的在事状态，只有在特定的人际关系和具体事情中，某人才**变成是**（is made to be）诚实或不诚实的。康德的著名论断"人是目的"就是一个存在论谬误。康德以为，任何人仅凭"他是人"的事实，就意味着不可加以利用的绝对目的。这种对人的神学化解释就是错把物理存在当成价值存在：一个人是人，这是物的世界的一个事实，而一个人是目的，这是事的世界的一个状态。如果一个人自我肯定自己是绝对目的，这个说法是合理的（尽管有些怪异和自恋），但不构成问题，因此，当说到每个人是目的，其真正意思是每个人**对于**他人都是目的。可是，假如某人是个谋杀者，那么他对于无辜被杀的人就绝不可能是目的，否则必定导致灾难性的自相矛盾，那将是生活不能承受之重。把事情的性质还原为事物的性质，就是存在论谬误。

既然一件事情有着众多当事人，围绕这件事情就会形成多维有效的真实关系，因此，关于同一件事就存在着同等有效的多种真理，它们表达了围绕同一件事的不同关系事实。这些真理并非普遍必然真理，而仅仅在各种特定关系中**特殊必然为真**，于是，关于同一件事的各种真理有可能互相矛盾而又同时为真，这是事的世界的特有现象。比如说，当说到 X 是好人，这是关于事的判断而不是关于物的判断，因为"好"并不是 X 本身固定不变的性质。"X 是好人"显然是个省略句，其完整的逻辑含义是：X 是好人，当且仅当，X 对于 Y 是好人。X 对于别的人则有可能是坏人。只有落实到具体关系所定义的存在状态，才能确定某人某事的好坏以及好在哪里，严格地说，只有能够确定"好在哪里"才能判断"是否好"。因此我们有理由认为，"X 是如此这般的，当且仅当，X 与 Y 有关系 R"，是事的世界的一个知识论原则。既然 X 在多种关系中形成不同的在场性，因此存在着关于 X 的各种特殊必然真理。这是一种复数真理观。在此需要说明，对于事情虽然存在多种特殊必然真理，但绝不等于主观相对主义。"X 是如此这般的，当且仅当，X 与 Y 有关系 R"绝不等于"X 是如此这般的，因为我相信 X 是如此这般的"，前者是特定关系 R 所导致的一个特殊必然事实，后者纯属主观信念。复数真理观与主观相对主义毫无关系。

6. 共在的初始状态

事的世界的一切难以解决的问题都根源于人与人的**互为超越性**。每个人之间的互为超越性注定了人的共在状态是悖论性的，因此人的存在也是悖论性的：每个人都试图消除或减弱他人的超越性，以使事的世界更适合自己；可是共在是每个人的存在条件，因此，每个人又必须承认他人的超越性以便能够共在。没有人能够反对共在，因为反对共在就等于拒绝存在。共在意味着人人存在于某个共同游戏中，每个人在共同游戏中才能有事可做，如果退出游戏，就无事可做，也就失去生活。共在问题就是游戏问题，在这个意义上，存在论与博弈论有着相同的分析对象——即游戏——但却有着不同的问题：博弈论研究的是，什么是一个游戏中理性正确的策略；存在论反思的是，什么样的游戏是能够存在的合理游戏。可以说，作为对游戏问题的哲学反思，存在论是博弈论的元理论。存在论关注的是创造游戏的行为或建立游戏规则的行为，也就是先于任何给定游戏的初始游戏：人们为什么选择这样的游戏而不是那样的游戏？为什么某些游戏是无效的？存在论所反思的初始游戏相当于许多哲学家思考过的初始状态问题。

游戏的初始状态是一个原初性的创世状态，是一个先于任何游戏规则（包括一切制度、规范和准则）的无政府状态，也就是一个先于任何道德和政治价值观的状态。只有先于道德和政治观点的初始状态才能够无立场地解释和证明任何可能的道德和政治观点，因为伦理和政治问题最终必须还原为存在论问题才能得到经得起怀疑的解释和证明。根据前面的分析，facio 的每一步都是 creo，每一步都可能是事情的转折点，人的创世行为贯穿整个历史和未来，甚至道德和政治观点也不断更新颠覆，因此，游戏的初始状态与游戏的连续状态是本质一致的。我们选取缺乏一切规则的初始状态作为分析对象，是为了不受任何限制条件的干扰而进行纯粹反思。游戏的初始状态就是创建游戏规则或制度的过程。既然共在是存在的条件，那么，为了使共在成为可信状态，共在就必须具有稳定形式，规则或制度就是共在的稳定可信形式。对共在的最大威胁就是每个当事人的不合作行为，或者说，每个人的存在危机就是他人的不合作，而游戏规则就是试图创造有利于合作的约束条件，从而保护共在状态。

初始游戏必须充分丰富以至于足以蕴含自由行为的全部可能性，或者说蕴含一切可能的未来。很显然，初始状态不是真实状态，而是一个理论虚构的实验状态。正如前面分析过的，充分丰富的初始游戏的根本意义在于它包含了生活的**最坏可能性**。只有覆盖了最坏可能性的理论才是普遍有效的，如果对付不了最坏可能性，就不可能是一个普遍有效的理论。历史真实的初始状态所以不是最优的分析对象，就是因为真实状态通常不够极端（人们通常不至于破釜沉舟），因此没有能够达到理论局限，也就对生活的可能性没有普遍而充分的解释力。任何强加了限制条件的初始理论状态都是无效的，比如说罗尔斯的初始状态，它显然不能表达游戏的最坏可能性。总之，根据理论解释力最大化的要求，初始状态必须包含游戏的最坏可能性。

根据共在先于存在的存在论原则以及初始状态的有效性标准，我们可以获得一个改进版的初始状态设计：（1）初始游戏是一个尚无游戏规则的充分自由游戏，一个无法无天或无政府状态的游戏，这意味着初始游戏具有霍布斯性质。于是，初始游戏是在无限制的策略选择中进行的，人人可以不择手段无所不为，人人都暴露出"前道德"或"前政治"的真面目，每个人的唯一限制就是他人的行为选择（自然限制不算），这是分析人与他人的共在关系最彻底的理论环境。人们将在互相制约中慢慢形成策略均衡，然后形成共同认可的游戏规则；（2）尽管人人不择手段，但没有人愿意摧毁共在关系，也不可能摧毁共在关系，因为共在关系是每个人得以生存和谋利的存在论条件，每个人只能在共在条件下谋求存在的最优状态，因此，初始游戏又具有荀子性质。所有的游戏规则都试图将某种共在状态制度化；（3）初始游戏的基本问题是生存博弈。在生存博弈中，可能有人宁愿选择道德行为，但能够坚持下去的道德行为必定**碰巧是**具有生存优势的行为，否则必定被淘汰，就是说，如果道德原则在生存博弈中是无效率的，就是不可能的，于是，初始游戏又具有艾克斯罗德—宾默尔性质；（4）人人都是自私的理性人，这是经济学通常默认的假设。自私理性人意味着：个人总是谋求排他利益的最大化，总是追求使自己处于博弈优势地位，并且，个人能够对所有可能的有效策略进行逻辑协调的排序，即不会出现循环排序。于是，初始游戏又具有经济学性质。当然，这个假设并不真实，事实上人们并非都如此不可救药，但这个假设仍然有效，因为只有选用这个假设才能确保覆盖"最坏可能性"。

初始状态虽非真实状态，但我们却必须当真，因为最坏可能性确实是可能的，理论必须未雨绸缪，甚至，最坏可能性的确时有发生（例如第二次世界大战以及其他大规模战争）。最坏可能性就像放大镜一样使人类的存在论困局清晰可见。既然共在是存在的条件而人与人又互为超越，于是，互相依存性和互为超越性之间的紧张就是一切生活困局的存在论根源。尽管没有人能够取消他人的超越性，因此就试图消除他人超越性对自己超越性的威胁，于是每个人试图通过暴力或制度去限制他人的超越性，使之不起作用，简单地说，就是试图取得对他人的支配地位。对他人的支配可以是温和的，甚至习以为常而不被觉察，就像正常生活中密布而看不见的权力之网，比如信息不对称、不透明、制度性的支配和剥削等等；也可以是暴烈的，典型的暴力支配就是奴役。不过，由暴力作保的支配和奴役难以长期成功，所谓哪里有压迫哪里就有反抗，在一个暴力世界里，正如霍布斯指出的，即使是最强者也是不安全的，因此没有人是安全的。于是，由暴力作保的支配或奴役必定演变为由制度作保的支配和奴役（从霍布斯到奥尔森都有力地证明了这一点）。

当然，理性的制度背后仍需暴力作保，否则没有一个制度是稳定可信的。制度使无序的生存竞争（霍布斯状态）变成有序的生存竞争（荀子状态），但仍然无法回避损人利己这个基本问题——人们痛恨这个不光彩却又无法回避的事实。有一点必须强调，制度不是用来改造人性的，而是用来改造行为方式的（孔子对礼乐的厚望恐怕是过望），因此，制度不能解决损人利己的问题，但可以排除最坏可能性这种极端状态，这已经足够重要了。这就是初始状态的根本任务：创建制度，也是一切后继状态的根本任务，因为创建制度是人类无法完成的创世任务，所以历史不可能终结。尽管人的自由注定人心永远难测，但制度能够创造更多的合作行为，这就是最基本的安全，也是人们对制度的根本兴趣所在。

人类发明的各种制度或游戏规则都是意在使未来的可能性在某种程度上变成可预期的可能性，因此，制度或游戏规则就是人类最具雄心的创造。但是，制度和规则终究不可能把人的自由变成必然（想让自由与必然达到完美一致是疯狂的想法，奇怪的是，许多哲学家喜欢这个疯狂想法，估计也是神学后遗症），因此，未来仍然不可能变成必然可测的。然而，只要制度能够使部分事情变成可测的（其实就是可支配的），就足以成为人们最大的兴趣。在这里出现了一种奇妙的东西，通常称作权力。人们知道，表现为暴力的权力不可持久，于是，人们更感兴趣的是稳定持久的制度权力。制度权力的本质在于建立稳定可信而**不公正**的利益分配规则（可参考韩非原理和奥尔森国家理论），因为只有不公正的权力才有利可图，这是制度的权力逻辑，但不是理想的制度概念。人们想象的理想制度是稳定可信并且普遍公正的利益分配规则，这个理想取消了权力的谋私作用，因此是一种反对制度权力的制度，这一点是否可能，仍是个问题。

制度权力至少有两个妙用：（1）制造信息不对称，使他人的行为成为可测的，而把自由留给自己，使自己对于他人是不可测的，也就是使自己知己知彼，使他人既不知己也不知彼，于是权力使用者就具有主动权和决定权，这能够解释为什么制度权力总是尽力阻止形成对称的共同知识（common knowledge）。这一点说明，制度的本意并非要把一切行为变成可测的，而仅仅是试图把大部分人的行为变成可测的。这才是制度的真正意图，也是政治所以不如伦理高尚的一个重要原因。就其本意而言，伦理试图使每个人的行为成为可测可信的，无人可以享有特权，因此，一个政治制度越透明就越接近伦理正当性。不过，许多人相信，制度的民主化就能够达到制度透明，这却是主观想象，民主制度不可能使所有人普遍受益，民主的制度权力也是偏心的，因此不可能真正透明；（2）制度权力可以制造不公正的博弈均衡。在理论上说，如果生活游戏的博弈是自然而然演化的（接近哈耶克的想象的自发生成），并且演化时间足够长，那么，社会中各种势力甚至每个人之间应该会形成大体公正的均衡，大概相当于孔子所想象的人人名至实归的公正均衡，甚至会形成趋于平等的均衡（每个人的自然实力其实相差不大）。罗尔斯的无知之幕下的初始状态据说能够产生具有平等主义倾向的均衡，就是一个理想主义例子，可惜此类理论缺乏存在论根据，难以转换为真实博弈。在真实生活中，有机会获得权力的人必定试图把优势权力加以制度化而制造稳定的不公正均衡。权力的制度化甚至可以达到让权力拥有者同时身兼游戏规则制定者、参赛者和裁判。权力制度化能够有效地维持制定游戏规则的权力以及设定议程的权力，把游戏规则设定为对某些人更有利的博弈条件和环境，从而制造利益分配的不公正均衡，就像象棋规则规定了不同棋子的不同权力和自由一样。

无论宪法承认的或传统惯例默认的，人们所能够得到的各种权利都是权力博弈的各种均衡点，在这个意义上，任何权利都是对权力无限扩张的限制。但是，任何权利都是在特定游戏中有效的，任何游戏中的所有可能性都是由游戏规则设定的。事实上，除了少量符合理性普遍标准的伦理规则和法律，生活的大部分游戏规则（政治制度、经济制度和大部分伦理法律规则）都几乎不可能是公正的（justice）——但有可能是公平的（fair）——都必定偏袒游戏规则的实际决定者（一个社会中最具实力的利益集团）及其利益相关者，必定导致一部分人的自由与另一部分人的自由的实质不对称，或者说，每个人可能拥有相同的权利，但一部分人还另外拥有更大的权力，因此，几乎不可能有哪种制度能够达到普遍满意或普遍同意。如果一种反抗试图颠覆游戏规则，那就是革命；如果一种反抗试图打倒权力拥有者取而代之，那就是叛乱。换句话说，革命试图改变游戏规则，而叛乱并不准备改变游戏规则，而只是图谋权力更替。

游戏规则提前规定了游戏的赢家和输家。当然，这不是说，游戏规则能够具体预定谁是赢家，而是预定了什么类型的人有可能成为赢家，比如说，资本主义社会预定了资本家是赢家，甚至预定了什么样的人有机会成为资本家。如果说人对于未来能够有所预言的话，那么，游戏规则就是唯一有某种可信度的预言，尽管并非绝对可信的预言（比如说，当输家不再理性，决心破釜沉舟进行反抗甚至颠覆游戏规则时，游戏规则就不再是可信的预言了）。游戏规则制定者就是人类生活的预言家，就是真正知道游戏底牌和最可能结局的先知。真正的先知只能预言自己所主创的事情，于是，当做事（facio）、创造（creo）和预言（praedico）有着统一的存在论主语，这个主语就是世界的主人。这个集 facio、creo、praedico 于一身的主语不可能是单数的人，而必定是复数的人（因为共在是存在的条件），但也不可能是所有人而必定是部分人组成的权力集团。游戏规则的制定者总是试图把他人变成可预测的存在，而不对称地让自己自由地存在，这种疯狂的努力蕴含了一切冲突、压迫、剥削、战争、叛乱、革命以及一切社会变迁。

在理想条件下，假如 facio-creo-praedico 三位一体的主语是众心一致的全体人类，那么就会有一个普遍合作并且普遍公正受益的世界。这样的世界是否就是完美世界，不得而知，但可以肯定是一个几乎不可能的世界。这个理想虽不现实，却有理论意义，它为理解和批判现实提供了理论标准。事实上，哪怕是一个人数有限的社会，也难以做到众心一致。由此可知，从来就没有一个宪法是充分正当的，因为没有一个宪法达到人人自愿同意，而宪法的先验合法性就在于它是每个人与每个人的自愿合作契约。在现实可能的条件上，如果 facio-creo-praedico 三位一体的主语是无所偏私的圣王们（儒家的想象）或者以公正为第一原则的哲学王们（柏拉图的想象），那么人类就会有一个大体上人尽其才各得其所的公正和平社会；如果是官家，那么就有一个有秩序但缺乏自由的专制官僚社会；如果真的是多数人民，那么就有一个公平而不公正的民主社会；至于目前的真实世界，游戏规则的制定者们恐怕是金融集团、资源集团和传媒资本集团，这是一个伪装成民主社会的专制社会。

也许这里应该提及老子的一个既深刻又有些幼稚的先见之明。老子意识到有为（facio）的冒险性，于是建议人们"无为"，就是把积极的或创造性的行为减少到最小量，因此生活将是缓慢、稳定而安全的，所谓自然。更有趣的是，老子同时又意识到人们会忍不住贪功谋利，他相信最好的解决办法是建立一个让所有人都无利可图的社会，因为无可争，人们才能做到"不争"，而不争就没有任何危险。这倒是一个真知灼见，但也是一个无用的真知灼见。人们不喜欢一个无利可图的世界，即使那些处境不利的人们可能会强烈批判利欲熏心的"万恶"世界，但其实也不喜欢无利可图的世界，仍然顽强地希望世界能够变成自己的近水楼台。

人们始终对打破各种均衡怀有无限热情，因为只要能够成功地打破均衡，就可能谋得更大利益。因此，任何游戏规则都有可能被颠覆，哪怕是在历史中久经考验的游戏规则（所谓传统），哪怕是经过众人同意的游戏规则（比如说罗尔斯条件下产生的社会契约或者哈贝马斯商议条件下产生的社会契约），哪怕是各得其所的公正游戏规则，也有可能被心怀鸿鹄之志的冒险家、贪得无厌的野心家、海阔天空的理想主义者或者见异思迁的民众所颠覆。问题在于，任何制度或规则本身缺乏自保能力，无法保证"从此"永远生效。显然，制度或规则的实际有效性最终必须由人的行为去解释，因此，什么样的游戏得以存在，什么规则将被接受，规则将被如何解释和运行，这一切都并不取决于制度本身，而取决于人的选择。这里似乎又遇到儒法之争：一方面，根据商鞅—韩非原理，寄希望于自觉性的道德伦理是靠不住的，要解决乱世问题（大概相当于博弈论所发现的各种困境和悲剧的总和），只能依靠暴力支持下的法定可信制度，只有信如日月之行的制度才能够有效地预言未来，把未来变成可以提前使用的可信资源，从而成为博弈的可信变量；另一方面，按照孔孟原理，如果法定制度不能转化为人们的内心制度，也终究是靠不住的，自私的人们对法定制度难免阳奉阴违而解构制度。康德伦理学与孔孟所见略同，但康德考虑得更深刻：假如自由意志有幸服从理性原则，心中律令就必定可靠。可惜康德只能证明理性原则必然正确，却无法论证人们必然对理性唯命是从，因为理性的"绝对命令"既不是无法抗拒的诱惑也不是无力以抗的力量，人们完全可能背弃道德律令，而且事实上经常明知故犯。

7. 关系理性，策略模仿与存在论报应

苏格拉底有个极其重要而有趣的论点，通常被概括为"无人自愿犯错"（no one errs knowingly）。这并非原话，苏格拉底主要在《普罗泰格拉篇》和《高尔吉亚篇》中讨论了这个问题，最为接近的原话大概是《普罗泰格拉篇》里说的："尽管有些人好像是在故意作恶，但我还是相信，没有哪个智慧之人会承认这样的情况：人会自愿犯错误，或者说自愿地作恶或做出颜面扫地的事情。"[1]苏格拉底的道理是，如果人知道了什么是对的、好的、有益的事情，就一定不会愚蠢到故意选择错的、坏的和无益的事情。苏格拉底这个观点就是否认了明知故犯，这听起来有些令人吃惊，因为每天都可以见到有人明知故犯，甚至可以说，明知故犯的行为实在多过糊涂所致的错误。人们太喜欢明知故犯了，因为明知故犯正是利益最大化的一个投机途径，而明知故犯所以能够成功，就是因为另一些人自愿有所不为，于是，道德不对称导致了利益不对称。不过，这些日常经验驳不倒苏格拉底，苏格拉底想的要深刻得多，苏格拉底大概会解释说，那些貌似明知故犯的人只是貌似知道什么是好的或正确的，其实并不真的知道。可是，什么是真正好的？又如何证明？这是一个至今尚未解决的问题。因此，反苏格拉底问题依然成立：人们为什么明知故犯（why do people err knowingly）？这个问题并非对苏格拉底的诘难，而是对苏格拉底

---

[1] Plato: *Protagoras*: 345d-e，英译为："as though there were some who did evil voluntarily. For no wise man, as I believe, will allow that any human being errs voluntarily, or voluntarily does evil and dishonorable actions."

问题的深化，就是说，我相信苏格拉底的洞见应该是正确的，但是，问题在于如何才能证明道德的选择正好是具有博弈优势的选择，或者说，如何才能证明不公正的行为并非真正能够获利的策略。如果不能证明道德行为具有博弈优势，那么道德就没有诱惑力，人们就必定明知故犯。

可是，要证明道德的选择同时正是具有博弈优势的选择是无比困难的。日常经验不断提醒我们，在许多情况下，道德行为并不具有博弈优势，如果不说是博弈劣势的话。艾克斯罗德曾经令人鼓舞地"证明"了道德策略就是成功的博弈策略，可惜他的证明有着太强的约束条件，就像罗尔斯的无知之幕假设回避了霍布斯问题，或者说回避了最坏可能性，艾克斯罗德的非暴力竞技赛假设也同样回避了最坏可能性的挑战，无关生死的竞技赛不能充分表达生存博弈的严酷性，因此，竞技赛的博弈优势策略显然不能逻辑地推出生存博弈的优势策略。我们必须再次强调，有效的理论不能省略最坏可能性，理论不应该假设仁慈的条件。

假如人们自愿选择的行为属于非理性的故意犯错，比如性格异常或一时冲动，那么属于心理学问题，在此不计。我们需要讨论的是在理性情况下的自愿选择。如果一个人是理性的，他是否可能选择对自己不利的事情？这个问题似乎有些荒唐古怪。在某些情况下，有的高贵的人可能会理性地选择牺牲自己的利益甚至生命，这是一种生活事实。义薄云天的高尚行为是高贵人性的一种证明，但此种行为既不普遍，也不是疑难问题。真正的疑难问题是，一个自私的理性人，一心只求自己的利益最大化，是否有可能"理性地"选择一种事实上不利于自己利益的事情？这个问题所以显得有些古怪，甚至自相矛盾，根本原因在于，人们默认的理性概念是混乱的、不智的或误导性的，而人们通常并不反思理性概念。

因此必须澄清什么是理性（reason）——当然指的是实践理性。对于康德来说，理性是心同此理的普遍理性，而普遍理性是无偏私的，因此，符合普遍理性的行为就必定是正确的行为。以普遍理性所定义的正确行为能够解释道德行为，甚至能够部分地解释自我牺牲的高尚行为（高过一般道德标准的行为）。于是康德相信，只要个人意志服从普遍理性，就必定能够选择正确的事情。可是，到底是什么力量能够必然使人服从普遍理性呢？对人性进行彻底的搜索也找不到这样一种必然力量，看来康德忽视了这个严重隐患。康德显然预支了高尚人性，他想象，当人的自由意志超越了一切欲望，就能够自愿符合普遍理性。可是，超越一切自私欲望的自由意志又是从哪里来的？显然又是因为符合了普遍理性，否则自由意志不可能脱俗。不难看出，康德使用了不可接受的循环论证（也许是无意的）。总之，康德理论能够解释伦理的高尚品质，却不能解释生存博弈问题。

为了有效地讨论生存博弈（比如说在经济学、政治学和博弈论中），人们通常默认的理性概念并不是哲学家喜欢谈论的普遍理性（reason），而是个人理性（individual rationality），也就是服务于自私的利益算计的那种理性。个人理性应该理解为普遍理性在谋私方面的特殊应用，而并不是说人另有一种理性。人类的理性只有一种，人们只是把理性的谋私应用称作个人理性。致力于谋私的个人理性虽然无甚光彩，却是生存的一个条件。在这里，我们需要分析的问题是：个人理性是否真的能够满足生存博弈之所需？或者，个人理性真的是生存博弈的唯一理性支点吗？这个问题绝非无端质疑，因为事实证明，个人理性不但不能增进共在所必须的合作，反而加深了冲突，而正如前面所论证的，共在是存在的条件，摧毁共在就等于摧毁自身存在，因此，理性不能够愚蠢到选择自我否定。显然，个人理性肯定在什么地方出了错，一种隐蔽而致命的错误。

当代大多数哲学家、经济学家、政治学家都默认以个人理性去分析一切有关生存的问题，虽然明知个人理性并非没有疑点，之所以一直沿用，是因为尚无更好的理性概念能够取而代之。经济学家和政治学家们已经仔细分析了个人理性所导致的各种难以脱困的困境，诸如囚徒困境、搭便车、公地悲剧和反公地悲剧、过度出卖未来的金融危机、过度预支未来的经济危机和资源危机、不稳定的权力均衡、靠不住的霸权、适得其反的经济制裁、政治遏制或军事干涉、无计可施的国际无政府状态和文明冲突，如此等等，可以说，人类的几乎一切生存困境皆为个人理性所主导的行为所致。于理不通的是，经济学家和政治学家们明知诸种困境之根源在于个人理性，却仍然指望能够通过个人理性找到解决困境的办法。这种执著于个人理性的思想方式就是现代理论通用的所谓作为方法论的个人主义

（methodological individualism）。

方法论的个人主义确实是清楚分析个人行为的一个有效方法，它的最大优点也许是能够建立一个条件清楚的分析模型，简单地说，就是以个人为单位去定义利益，再以个人理性去计算策略优劣，因此就能够"几乎必然地"推论个人行为。这种分析固然清楚，但是人们或许忽略了一件事情：对问题的清楚认识未必能够推出对问题的有效解决，认清困境未必就能够解决困境。这正是方法论的个人主义的局限性。当方法论的个人主义预先设定了人们的行为模式：一切利益以个人为准，排他利益优先。这个设定已经**在逻辑上**直接拒绝了解决冲突的任何可能性。这个设定是难以理解的，既与事实不符，也非先验原理，唯一的理论优点就是能够"数理地"分析行为，可是这个所谓的优点很可能正是现代理论的失效原因。人们已经清楚地看到，生活的诸种困境的共同点是：个人理性很难导致集体理性，或者更坦率地说，个人理性的加总结果往往是集体非理性。因此我们有理由质疑：个人主义的存在论假设是错的，而基于个人存在论的个人理性行为策略也必然是无效的，越是精明的个人理性策略使人们在集体非理性的陷阱中越陷越深，其根本原因非常简单：个人理性是单边主义思维，一心追求排他利益最大化的单边主义必定导致他者的不合作甚至是致命的反击，所以个人理性行为总是事与愿违。

难道真的不可能找到某种精妙无敌的个人理性策略，或者说能够确保成功的单边主义策略，去实现自私利益的最大化？难道真的不存在这样的"最佳"自私策略吗？这正是一切自我中心的存在者的梦想，也就是一切贪得无厌的人、绝对自私的人、帝国主义者、征服者、侵略者、剥削者、奴役者一直试图寻找的妙计。显而易见，任何单边主义的利益最大化行为的最大障碍（也许是唯一障碍）就是他人的不合作和报复，因此，解决单边利益最大化问题的办法就是征服、奴役或消灭一切不合作的异己（利益敌人、精神敌人、文化敌人、政治敌人、异教徒等等），以存在论的词汇来说，就是使异己无法发挥其超越性，拒绝让异己成为共同当事人，使异己成为被支配的存在。这个策略虽然简单粗暴甚至疯狂，但却非常合乎个人主义逻辑，因此是"理性的"（个人理性意义上的理性），而正因为这个与人为敌的逻辑似乎是理性的，因此人们千百年来对战争乐此不疲——如果允许在广义上使用战争概念，这就是战争的逻辑，有时候也被伪善地说成是竞争的逻辑——尽管战争从来没有能够解决冲突。与此类似，人们还喜欢以学术概念把贪婪说成利益最大化，把损人利己说成风险规避，把见利忘义说成个人理性，如此等等，就好像学术化的表达能够掩盖罪恶。

可是，单边主义的个人理性真的是理性的吗？真的能够实现自己利益的最大化吗？真的是保护自己存在的最优策略吗？假如个人存在能够完全独立于共在，或者能够完全征服和奴役所有异己，那么个人理性就是充分理性的。但是，独立的个人存在是一个虚假概念，并非事实，如前所论，个人的物理之在（is）确实是独立自足的，但个人的生活之在（exist）却不可能独立自足，对于生活而言，共在先于存在，共在是存在的条件，每个存在都是在共在状态中才成为可能的，这才是人类的生活事实。既然共在是存在的必要条件，个人理性就不可能是充分的理性了，因为个人理性策略有可能损害共在而最终损害自身存在，由此可以看出个人理性所隐含的非理性。

个人理性强调每个人都优先考虑自身利益的最大化，这个假设表面上看是理性的，但其中的利益概念却是非理性的，正是这个非理性的利益概念严重误导了理性的应用。个人理性所理解的"利益"概念是优先考虑个人可独占的排他利益，往往轻视对个人存在同样有利甚至更为有利的无法独占的共享利益，就是说，个人利益概念默认了排他利益优先于共享利益。对利益的这种排序就是非理性的，因为我们无法证明排他利益必然优于或总是优于共享利益。人人追求最大利益，这一点是理性的，但如果错误理解了利益的概念，以非理性的利益概念去指导理性选择，结果难免是非理性的。根据通常的理解，个人理性的一个主要含义是说个人能够逻辑协调地进行利益排序。较大利益优于较小利益，这个理所当然的判断无疑是理性的，可是，到底什么是"较大利益"，这却并非先验自明的概念，人们完全有可能不懂什么才真正是更大的利益。比如说，排他利益优于共享利益，这个判断就不是先验自明的，因为并非所有最大的利益都是排他利益。事实上，每个人可望获得的大多数最大利益都属于无法独占的共享利益，一旦试图独占，那些最大利益就反而烟消云散，例如家庭、爱情、友谊、信任、交流、互相理解、互相承认、互相尊重、互相帮助等等都是无法单边独占的共享利益。换句话说，人梦寐以求的那些最大利益往往属于共在而不属于个人存在，可见，个人利益概念的覆盖面太小，漏掉了许多真正的最大利益，因此，利益的概念不能狭隘地理解为"个人利益"而应该理解为一切可能的"可及利益"（accessible interests）。这个重新界定的利益概念能够无所遗漏地覆盖好生活所需要的一切利益，与此相关，单边主义的个人利益最大化也应该重新定义为每个人的"可及利益最大化"，这才是能够保证更好存在的理性选择。

个人理性的利益概念所指范围过窄的另一个表现是，个人利益往往指的是可以交易的、可以量化计算的或可以在法律上清楚界定的利益，基本上就是物质利益和政治权利，而一切精神利益就似乎销声匿迹了。这样的利益概念显然与真实的生活追求相去甚远，对于任何人期望的好生活来说，精神利益绝不可忽略不计。物质利益也许是基本需要，但精神利益却也必不可少，否则生活就没有意义。所谓精神利益，就是能够让人感受到幸福的那些事情。如果不把幸福考虑在内，人的许多行为将变得不可理解。尤其重要的是，假如把幸福忽略不计，不把幸福当成生活的一个必要变量，那么，生活的所有困境都将注定是无解的。很显然，人们因为物质利益而对立，却为了幸福而相聚。假如物质利益是唯一的计算对象，利益追求就必定是排他的，生活游戏的唯一内容就是冲突，而唯此无他的冲突也必定是无解困境。我愿意再次提起苏格拉底问题"无人自愿犯错"，难以理解的是，人们明明知道冲突是个致命的错误，却仍然坚持错误的选择（动物都不至于如此愚蠢）。人们为什么宁愿明知故犯是个最难解释的问题。

人性天生利己，所以利己不是错误，错的是人们往往没有意识到自私最大化并不等于个人幸福最大化，而且，自私最大化也不能达到个人幸福最大化。如前所论，最大最重的幸福都是无法私自独占的，一旦试图独占，就反而失去幸福。幸福的不可独占性颠覆了个人原则的绝对性和优先性，同时证明了共在原则的绝对性和优先性。以个人原则为准的存在方式注定陷入事与愿违的困境：自私最大化却达不到幸福最大化，自私求福却变成对幸福的否定。自私个体的一切痛苦、孤独、无助、受挫感、失望、迷茫、绝望等等这些"存在论上"的深刻经验，都是因为个人原则拒绝了幸福。试图独得幸福就注定失去幸福，舍不得给人幸福就必定得不到幸福，人们对这个显然真理视而不见，这个思维障碍从根本上说是因为个体存在论的预先排除了共在的幸福，而个人、个人理性、个人利益最大化这些概念已经不幸地成为信仰而一叶障目。

幸福的可能性只在共在存在论的关系原则中才能显现出来。背离了共在和幸福概念的理性不可能是充分的理性，而只是一种算术式的理性。既然共在是存在的条件，人类所需要的理性就必定是一个与共在兼容一致的理性概念，而不可能是一个基于孤独存在的理性概念，因此，我们必须发现一个新的理性概念。只有当人们能够以共在原则为准去重新定义利益、价值和幸福，才有可能解决冲突问题，并且建立稳定可信的合作。人们难以合作的原因与其说是自私，不如说是愚蠢（我愿意相信苏格拉底的猜想是对的），而这种愚蠢源于错把普遍理性简单还原为个人理性，殊不知在普遍理性的名下，至少还有与个人理性并列存在的另一种理性，我愿意称为关系理性（relational rationality），或者说是共在理性（coexistential rationality）。只有将个人理性和关系理性一起使用，才有望如实地理解生活问题，并且有望有效地解决人类的冲突、合作和制度问题。

关系理性所以不可或缺，甚至比个人理性更重要，是因为共在是存在的必要条件，也是存在的未来性的保证。未来性是存在的根本问题，如果失去未来性，就是存在的终结，因此，存在的直接意图就是创造未来（make future）而不是创造历史（make history），只有当存在创造出了未来，历史才有意义。理性的根本性质就在于保证未来性，或者说，凡是对未来性的否定都是非理性的。显然，假如不去优先考虑建立良好的共在状态，每个人的存在环境就将变得无比险恶（就像霍布斯所描述的那样），每个人的存在甚至将失去未来。他人的选择与每个人的未来高度相关，因此，否定他人就是否定自己的未来。可见，即使以自私之心去考虑自身的未来，单边利益最大化也绝非最优策略而是高度风险策略，因此，我们必须求助于关系理性去选择更为可信的未来。关系理性优先考虑的是共在，而共在是存在的条件，因此，关系理性最能够保证每个存在都成为善在。个人利益最大化并不必然能够善在，因为善在的关键不在于个人利益最大化，而首先在于存在不被否定，也就是存在的"无敌"状态（在此使用的是孟子的"仁者无敌"的意思。孟子的无敌概念有时候被误读为胜过一切敌人，其实正确的意思是"没有敌人"），显然，只有当存在没有敌人，才能够得以善在。善在的存在论意义就是：我所选择的可能生活不包含任何存在论报应。

存在论的回报分析（retribution）是对存在有效性的唯一普遍必然分析方式。存在的回报是价值无涉的单纯存在论标准，它仅仅显示了当下选择的未来回应。虽然无人能够预知未来的具体可能性，但是我们仍然可以迂回地知道未来的可能限度，这就需要把未来可能性转换为能够直接分析的在场可能性。把不在场的可能性转换成在场的可能性，这是存在论回报分析的第一步骤。我们已知，共在状态下的行为（facio）必定引入他人成为共同当事人，无论我还是他人都不可能单边决定任何事情的未来可能性，但是我与他人的互动选择所形成的约束性却构成了任何事情的未来可能限度，因此，共在状态中的每个当事人都逻辑地代表了未来的一个可能限度，由此就可以把未来可能性转换为他人的可能选择，因此，未来之不在场可能性就被转换为逻辑的在场可能性而成为直接可及的分析对象。显而易见，每个人所做的选择可能招致的未来回应等价于他人的可能回应，或者说，他人对我的选择的可能回应就是存在论回报。

存在论回报可能是正面的也可能是负面的回报，这取决于我和他人选择了何种共在关系。正面的存在论回报就是善报，善报多多益善，无须多论。需要分析的是负面的存在论回报，也就是报应，这是问题的关键。存在论报应表现为：X做a而导致他人做b，而b对X的存在不利，甚至是对X存在的否定，那么，a就是存在论上的无效行为。这意味着如果一种行为非常可能导致自身否定（self-negation），那么此种行为就是自我挫败的（self-defeating）。自我挫败行为就是对存在未来性的否定，这是关于行为无效性的无可怀疑的直接证据（evidence），无论什么样的价值观都无法为自我挫败的行为进行辩护。根据共在原则,对于任何一个主动行为(facio)来说,未来的反制就是他人的反制,因此,他人的反制就是导致一个行为自我挫败的根本原因。

为了证明存在论回报的普遍有效性以及关系理性的必要性,我们可以通过一个"普遍模仿"的理论实验给予证明。假定存在一个荀子—霍布斯博弈语境(这是解释力最大的语境),在其中每个人都具有个人理性,都追求自身利益最大化,都漠视他人的利益,而且每个人都有足够的学习能力。在这样的条件下,人人都能在博弈过程中互相学习别人更高明的优势谋利策略,并且在接下来的博弈中模仿所习得的优势策略以便同样能够谋利。毫无疑问,为了维持谋利优势,能力更强的人就必须不断推出更高明的策略以确保优势,但任何策略的领先总是暂时的,那些高明的策略很快就变成了公开知识而被大家所模仿,而策略的对称性总是很快消除了博弈优势。假定可能策略是一个有限量的策略集合,那么将出现黔驴技穷的状态;假定可能策略是一个无限量的集合,由于策略创新的速度赶不上模仿的速度(模仿的成本低于创新成本),因此也会出现黔驴技穷的状态。总之,策略创新的领先性必定不断递减,当各种优势策略都已经出现并且被大家普遍模仿,人们拥有了足够饱和的共同知识和对称知识(对称的知己知彼),这时就将出现"集体黔驴技穷"现象,所有人都一致模仿被证明为最具优势的策略,于是达到普遍的策略均衡,此种稳定策略就非常可能转化为稳定制度和普遍价值观。

关键在于,普遍采取的稳定策略不一定都是善在策略。一个被普遍模仿的稳定策略有可能是人人受益的普遍善在策略,也可能是人人利益受损的普遍恶在策略。一个行为策略是否是善在的普遍策略,唯一的客观检验标准就是存在论回报。如果一个行为策略在被普遍模仿的情况下具有**无报应性**,就是一个普遍善在的行为策略。可以这样解释:如果一个行为策略被众人普遍模仿而不会形成作法自毙的反身报应,那么,这个策略就是经得起普遍模仿考验的善在策略,或反过来说,如果一个行为策略被众人普遍模仿,而别人的模仿形成以其人之道还治其人之身的效果而导致始作俑者自取其祸,就被证明为恶在策略。显然,能够通得过普遍模仿考验的行为策略、制度和价值观就被存在论地证明为普遍有效的善在方式。根据这个标准容易看出，见利忘义、忘恩负义、强加于人、坑蒙拐骗之类的个人行为，以及战争、屠杀、压迫、侵略、剥削之类的集体行为，都经不起普遍模仿的考验，此类行为一旦被普遍模仿，每个人都将利益受损，始于害人终于害己，甚至共同毁灭；另一方面，真理、仁义、救助、和谐、自由、公正、公平、互惠、共享等等将被证明为普遍价值和制度正当性的根据。

由此可以获得两个推论：（1）如果一个行为策略必定引发他人的存在论报应，这个策略就通不过普遍模仿的考验，那么，这种行为策略其实是非理性的或者非充分理性的，并且，由于这种行为策略必定引发对称的报复策略，因此，这种行为策略的集体加总就必定形成集体非理性。这说明，仅仅满足个人理性并不能保证行为策略是充分理性的；（2）能够经得起普遍模仿的策略创新就是最优策略，而模仿可被普遍模仿的策略是次优策略，其他所有行为策略都是非理性的无效率策略（下策）。这意味着，如果人的创世行为是能够成事的，这种创世行为就必定是可被普遍模仿的行为，也就必定是充分理性的行为。

普遍模仿很可能是对任何行为、任何价值以及任何游戏规则的唯一客观检验标准。我们可以把普遍模仿标准与负有盛名的康德先验标准略加比较。康德相信，从理性出发，任意一个人都会同意这样一个行为标准：我愿意这样做，并且同意每个人都这样做，或者说，如果我承认原则 x，那么我同意 x 对每个人普遍有效。康德标准足以证明一种行为原则是**普遍的**，即具有一视同仁的普遍性，却无法保证人们选中的行为原则必定是**普遍好的**，即具有人人同意的普惠性。与此相比，普遍模仿的检验能够从形式到内容都确保一种普遍原则是普遍好的原则。

通过普遍模仿的测试，我们可以确信，个人理性（individual rationality）不足以充分表达理性（reason）的概念，而一种能够经受普遍模仿考验的行为策略必定在个人理性之外还使用了另一种未被觉察或未被研究的理性，否则几乎不可能自动超越个人理性的局限性。按照个人理性的逻辑，一个单纯使用个人理性的行为策略几乎不可能考虑共享的利益，个人理性所理解的利益排序仅仅是个人利益的排序，而不是可及利益的排序，很显然，个人利益的集合小于可及利益的集合，因此，单纯的个人理性必定对某些更大的可及利益视而不见，从而错过真正的最大利益，诸如囚徒困境、公地悲剧或者搭便车问题。如果个人理性不足以创造和谐合作而相反加深了敌意和冲突，个人理性就是有缺陷的；如果个人理性增强了互相怀疑和伤害，而不是增进互相信任和幸福，个人理性就是可疑的；如果个人理性导致了作法自毙的行为，就意味着理性的不成熟。既然个人理性是不成熟的理性，按照康德的思路，我们就需要新的启蒙，寻找新的理性概念。既然个人理性不能充分表达理性的概念，就必须引入关系理性的概念。关系理性就是在共在状态下采取具有普遍可模仿性的行为策略的理性，更清楚地说，关系理性意味着：（1）优先考虑可被普遍模仿的行为；（2）优先考虑相互安全而不是单边支配；（3）优先考虑可及利益最大化而不是排他利益最大化。

　　谋求个人利益最大化的个人理性制造了许多问题却不能解决问题，而交往理性开诚布公地谈论了问题却无法在实践上解决问题，显然只有通过关系理性才能够最终解决问题，因为只有关系理性能够获得行为有效性的存在论证明。可以想象，假如人们是充分理性的（以关系理性为前提的个人理性），就将选择相互安全的共在关系以便创造最大可及利益。如前所言，以个人存在作为计算单位去定义的个人利益其实是一个非理性概念，单边独享的利益最大化是一厢情愿而缺乏远见的非理性幻想，在自我中心的非理性概念指引下，即使人们每个行动的算计方式都是理性的，仍然必定形成集体非理性的不良结果，反而使每个人追求利益最大化的行为事与愿违。反映个人理性失败的最典型模型就是错过了唾手可得的双边帕累托改进机会的囚徒困境，而囚徒困境的错误不是源于理性本身，而是源于被非理性的利益概念所误导的个人理性。也许囚徒困境就其给定语境而言是无解的，这意味着，要解决以囚徒困境为代表的一切合作难题，就只能从根本处入手，颠覆以个人为准的存在论和个人理性，代之以共在存在论和关系理性，从而改变人类的行为方式和游戏规则。

　　我们知道，任何一种游戏规则都是某种均衡，而既然任何一种均衡都是现实生成的，因此，任何均衡都是"合理的"（这听起来有些类似黑格尔的想法）。不过，这种貌似合理的解释其实无济于事，否则人们在冲突的较量中所形成的所有均衡就都是合理的。假如真的如此，那么人类就应该满足于所有的不良均衡，偃旗息鼓，不再试图破坏游戏规则。事实显然相反，并非任何均衡都能让人满意，由于大多数均衡事实上没有能够创造人人满意的共在关系，因此，人们总有无穷的热情去打破均衡，发动战争、叛乱、革命等等。可见问题的关键不在于是否存在均衡，而在于是否存在人们乐意接受或无人愿意打破的均衡。

人人乐意维护的均衡就是所谓的和谐。和谐是先秦思想的一个核心概念，被定义为不同存在之间相辅相成的互相最优化共在关系[1]。这意味着，和谐是体现了合作最大化并且冲突最小化的共在原则的共在均衡。按照先秦理论，存在的多样性是每个存在能够生存的必要条件，一种存在单靠自身不可能生存，而必须与另一些存在互相配合而共存，单一性是一种存在论灾难，因为单调化的存在方式必定失去存在的创造性乃至失去活力，所谓"同则不继"。而且，各种存在只在能够形成相辅相成的互相配合时，才能够达到每个存在的最优可能状态，如果多样而不能兼容，则必定导致不可化解的冲突，这同样是一种存在论灾难，所谓"争则乱"。有利于一切存在的最优存在状况就是多样存在的兼容互惠，也就是和谐。

和谐的共在关系意味着每个人的利益都获得连锁的必然改善：当事人 X 获得利益改进 X+，当且仅当，当事人 Y 必定同时获得利益改进 Y+，反之亦然。于是，促成 X+ 的出现是 Y 的有利策略，因为 Y 为了达到 Y+ 就必须承认并促成 X+，反之亦然。这个"和谐改善"可以理解为一个强化为普遍受益的"帕累托改进"升级版，它能够排除帕累托改进所蕴含的（事实上经常出现的）单边受益问题。帕累托改进足以表达集体利益总量的改进，但帕累托改进并不要求每个人的利益都得到改进，而仅仅要求无人利益减损，因此，帕累托改进并不必然改善人们的共在关系，未必能够达到普遍满意或普遍同意。显然，只有和谐改善才能产生普遍满意的普遍

---

[1] 参见《左传·昭公二十年》、《晏子春秋·外篇·第五》、《国语·郑语》。

利益改进，因此只有和谐改善有可能成为稳定可信的持续均衡，进而成为稳定可信的制度基础。我愿意将这里所论证的和谐改善称为"孔子改善"（Confucian Improvement）以纪念孔子的一个简练优美的表述[1]。

如果共在成为利益的计算单位，同时，关系理性成为建构共在状态的理性原则，人们就非常可能建构一个普遍受惠的生活世界，一个满足最优共在原则的世界，也就是一个合作最大化并且冲突最小化的世界。这样的理想美虽美矣，却不可能在人们追求利益的活动中自动实现，不可能通过人们喜欢想象的"看不见的手"而实现。这又是一个无法回避的难题。其中的困难在于，只要承认一切行动的充分市场条件或充分自由竞争条件，人们就更可能听从个人理性和私利最大化的欲求，而不可能自动自愿地去选择关系理性和共在原则，其中至少有两个根本原因：（1）人性天然自私，因此，追求私利的个人理性是行为的**默认设置**，这种默认设置不可能无缘无故地自动更改；（2）由于生活语境过于复杂，强取豪夺、坑蒙拐骗、见利忘义的存在论报应相对滞后，甚至无限期延迟，因此，存在论报应的威胁往往弱于当前利益的诱惑。所谓搭便车困境就是一个典型，人们往往宁愿服从个人理性去寻找一切机会让他人承受艰难困苦的成本而让自己无本万利。简单地说，由于存在论报应并非现报，所以人们没有积极性听从关系理性。我们再次遇到孔子—康德问题：如果人们听从心中的道德律令，冲突问题就迎刃而解。可是，人们为什么要听从道德律令？道德律令本身并无必然之力，只有存在论报应才具必然之威，假如存在论报应总是迟迟不至，良好的共在就恐怕遥遥无期。这一点可以部分地解释"反苏格拉底"问题，即人们为什么明知故犯。

既然道德缺乏必然之力，那么几乎可以肯定，如果不借助制度之力，存在论报应就难以成为普遍有效的现实威慑。对于形成稳定可信的合作关系，法律以及其他具有必然约束力的制度化游戏规则很可能就是最有效的方式（法家把一切具有必然约束力的制度统称为法，似乎有道理），就是说，存在论报应必须制度化，而制度的根本功能就是使存在论报应成为**现**

---

[1] 孔子的原始表述是："己欲立而立人，己欲达而达人。"见《论语·雍也》。

世现报。只有当制度能够落实存在论报应的现世现报，制度才具有存在意义，否则制度就缺乏存在正当性，也失去必要性。事实上，使存在论报应落实为现世现报，这也正是文明的最基本条件，如果缺乏这个条件，就是无法无天的自然状态。甚至，存在论报应成为现世现报也是道德伦理的保证，是一切游戏规则有效性的保证。商鞅—韩非原理是对"现世现报"问题的最早关注，他们相信，制度的有效性在于对赏罚的明确界定和必然可信的执行，至于赏罚内容是否正当，则不很重要。不过，这个冷酷而深刻的原理仍然只发现了真理的一面，而没有看到同样重要的另一面。毫无疑问，现世现报的可信性是任何制度的必要条件，但现世现报的正确性也是任何制度不能回避的另一个必要条件。这里谈论的制度正确性是存在论上的有效性，是价值无涉的，不以任何道德伦理或政治价值观为依据。商鞅和韩非没有意识到现世现报的正确性对于制度的必要性，这一点说明，商鞅和韩非所想象的制度不具有宪法性。

古代制度可以不需要表达为宪法，但这并不意味着制度不需要宪法性。我们不能以一种虚构的进步论去轻率地批评古代制度，事实上，古代制度虽然不是宪法，但不能说古代制度都没有宪法性。由于古代社会有着明显普遍一致的价值共识，因此宪法可以被省略——普遍默认的价值共识在功能上相当于宪法。制度化的宪法在现代之所以成为根本问题，是因为现代社会失去了价值共识。总之，宪法性是制度的普遍正确性，这是一个理论问题。假如一个制度只具备现世现报的可信性，而不考虑现世现报的正确性，就是缺乏宪法性，那么这个制度仍然是不可靠的，不是在伦理或政治上不可靠，而是存在论上不可靠，因为一个缺乏现世现报的正确性的制度也会被质疑，也有可能面对存在论报应的挑战。

与任何行为的存在论正确性一样，制度的正确性也是**无报应性**。无报应性不仅是行为有效性的存在论原则，同时也是制度有效性的存在论原则，或者说，无报应性是一切普遍有效的制度或游戏规则的生成理由。于是，无报应性就是一切宪法的宪法性（constitutionality），它可以解释一种宪法、一种法律或一种制度是否具备普遍必然的正确性。宪法必须是必然之理，凡是与无报应性逻辑一致的制度或游戏规则就必定是普遍有效的，就具有宪法性（不一定需要被宣布为宪法）。无报应性意味着无人反对，但这不是说所有当事人一致同意（这个要求太低了），而是说，任何人（包括在场的所有人和未来的人们）都无法提出理性的反对理由，因此，无报应性也意味着造反无理。如果一个制度只考虑当下人们的利益而不考虑未来人们的利益，那么仍然缺乏宪法性。我们固然不可能预知未来人们的具体意愿，但至少能够在逻辑上排除可能无理伤害任何人的制度安排，这样就等于排除了对未来人们的利益损害。这意味着，制度的宪法性必须来自理性分析，而不可能来自偏好加总，也就是说，宪法性的根据是真理而不是民主，宪法性不是来自众人或多数人的主观同意，而只能来自普遍理性的证明，即在理性上不存在反对理由的证明。事实上迄今为止尚无一个制度具备充分的宪法性，至多具有某些方面或某种程度的正确性，因此人类制度尚有很大的创新余地。

至少在理论上，我们有理由认为，任何一个具备存在论正确性的制度，或者说具备宪法性的制度，必须把逻辑上的所有人考虑在内，并且使其制度安排在逻辑上不存在理性的反对理由，这意味着，此种制度所赞同的行为都经得起普遍模仿的考验，并且任何与之相反的行为都通不过普遍模仿测试，就是说，任何相反的行为一旦被普遍模仿就必定导致自我挫败。于是，一个必然有利于共在的制度至少需要两个最简版的条件：（1）现世现报的可信性。相当于商鞅—韩非条件，或相当于有效的法治；（2）现世现报的正确性，包括两个方面：能够保证每个人利益获得普遍公正改善的经济制度，相当于孔子改善；能够保证人义（human obligations）和人权（human rights）形成对称均衡的政治制度。任何一种人权都先验地承诺了与之对应的人义，人义与人权的对称均衡能够保证对人义和人权的理性解释，能够防止以义务压倒权利或者反过来以权利压倒义务所导致的罪恶，因为任何无条件的义务或无条件的权利必定因为失控而导致罪恶。

8. 存在的高贵化

我们还应该讨论存在的至善性。与存在之善在不同，存在的至善性虽然不是存在论的基本问题，却是存在论的理想问题。如果存在缺乏理想性，终究是存在的一种缺憾。存在的至善性是存在的高贵化努力，这种努力来自完美生活的诱惑，而不是来自存活的需要，是来自为事而在（exist）的极端诱惑，而不是来自苟存于世（is）的基本需求。存在试图使存在高贵化的自由意志超越了利益或苟活的目的，从而使生存具有了超越生存的绝对意义，因此，存在的高贵化是对存在的存在论限度的超越。

假如存在之最高目的仅仅就是存在，那么，存在的目的就只不过是存在的重言式含义，而如果存在的目的被限制在其重言式含义之中，存在就只是一个自然事实，毫无超出存在本身的意图，这样的话，人的存在就毫无价值光辉。确实，存在之高贵化并不是存在所必需，这种努力甚至往往陷人于种种痛苦，但这种努力并非不可理喻，事实上确实是一部分人（也许不多）义无反顾的行为。高贵的行为是对自由的最终证明。假如不存在高贵行为，人类就无法充分证明自由的意义。假如自我或主体性的自由意志只不过表现为能够进行利益选择或成功地苟活于世，那么，这种自由仅仅证明了自由的能力，却没有证明自由的意义。

假如人的自由只是神意的表现（神学曾经热情地论证此种理解），那么，人的存在就不具有自身的意义，而只是神意的道具，所表现的都是神的意义而不是人的意义，这样的话，人的存在对于人自身来说仍然是无意义的。现代以来，人们相信人的存在意义在于自足自治的自由，这种自由似乎是属于人的意义，可是，假如一个人的自由是对他人自由的否定，或者说，假如每个人的自由都有可能是对每个人自由的否定，那么，每个人的存在意义都将可能被否定，这样的话，自由就无法证明人的意义，反而变成了对人的存在意义的否定。这是个令人不安的问题。每个人是自由的，这意味着每个人都是超越的存在，而且任何人都不可能取消他人的超越性，但这种无法取消的超越性却不是每个人的高贵意义的证明，相反，人们的互为超越性只是证明了人们容易陷于难以化解的卑鄙冲突。整个现代性奉为神圣的自由与其说证明了人的尊严还不如说是证明了人的渺小。假如人的自由，还有理性，仅仅用来谋求个人利益，就实在难以证明其高贵。人的自由与神的自由显然不能随便类比，神的自由不仅无限而且无私。很显然，要证明人的尊严，其证据不在于人是自由的，而在于人的自由用于何处。

在逻辑上说，人们可以不过问存在的意义，可以虚无主义地理解存在，也可以低俗丑陋地理解生活，但是，存在的至善问题不会因此消失。虽然自由并不能必然通向至善性，但必然蕴含至善性，而且，至善性正是自由的极端可能性。既然生活不是单纯的存活，自由存在的意义就在于使自身重复的存活变成创造性的生活。既然存在面对多种可能生活，那么就有理由追问，什么是我们真正在乎的事情？或者说，什么是虽死而在所不惜的事情？在此我愿意再次提起莎士比亚问题：to be or not to be。当存在遇到极端选择就触及了存在论限度，而触及存在论限度就是一个考验存在是否高贵的问题。莎士比亚问题的哲学意义在于：如果选择 not to be，就是对 to be 的否定，可是，在某些特殊时刻，只有选择 not to be，才能够使 to be 具有意义，才能够证明存在的意义，才能够使存在成为值得存在的事情。这里有个关键问题：如果通过否定他人的存在去保护自身的存在，这并没有赋予自身存在任何超出存在概念的意义，或者说，没有给自身存在增加任何在存在概念之外的创造性意义，因此，只有当通过否定自身的存在去保护某种存在，无论是他人的存在还是其他存在，才能够使存在获得超出存在的重言式含义的意义。超越了存在的重言式含义的自由存在就是存在高贵化。

生活中的大多数事情并非极端选择，并非事关生死存亡的莎士比亚问题，但其中隐含的存在论抉择是同质的：选择苟活还是选择高贵的存在？这个选择看上去似乎很简单，其实是个艰难选择，因为存在高贵化的一个基本性质就是牺牲，就是在不同程度上牺牲个人存在的利益，其极端表现则是牺牲自己的生命。牺牲的本质在于承认某些超越了个人存在的绝对价值。为什么高贵在于牺牲？为什么牺牲永远令人震撼？就是因为牺牲是唯一能够超越（transcend）自身存在的超越性（transcendence）的壮举。只有人对自身超越性的自由超越——也就是牺牲自身存在的超越性——才能够发挥自由之极致而达到绝对自由。

康德使自由摆脱了欲望而成为纯粹的自由，可是纯粹自由仍然并非绝对自由，因为纯粹自由并没有超越个人存在的超越性。康德所追求的自由是平等的自由，每个人把每个人看作目的而非手段，这种对称性把自由约束为平等，而平等就不再有任何高贵的事情，平等能够保证每个人不被歧视，但也不再被赋予值得为之牺牲的价值。康德的纯粹自由使得主体的意志自愿服从理性的道德义务，这种自由足以解释一切伦理行为，能够解释伦理学意义上的高尚，但仍然不能解释存在论意义上的高贵，就是说，康德充分解释了作为在世者的纯粹自由，但仍然不能解释作为创世者的绝对自由。如果人的行为能够具有一种存在论上的高贵，就必须是一种创造性的行为，不是服从某种义务的行为（无论是神学的或伦理学的义务），而是主动创造某种义务的行为。创造义务的行为意味着：作为创世者，人立意去创造一个具有幸福品质的世界，并且把创造一个幸福的世界看作创世者的义务。这才是属于创世者的绝对自由。绝对自由是给自己创造一种义务，自由地超越自身存在的超越性，也就是把自身存在的价值赠送给所爱的人、真理、正义或者美的事情（所谓献身），因此世界具有了幸福的品质，出现了爱情、友谊、信任、仗义和拯救等等事情。

人类各种古典道德体系和各种宗教所理解的高尚或高贵，都不约而同地指向无私的牺牲，牺牲自己的利益乃至生命，其中最典型的故事无过于基督教讲述的基督牺牲，基督的牺牲正是其神性的证明。这个不约而同的精神聚点（focal point。借用托马斯·谢林的概念）绝非巧合，而正是共同的直观。不过，宗教把一切完美或高贵的德性归于神性，这却是一种不完美的解释。假如高贵的奇迹不属于人间的可能性，那么，这反而证明了神迹毫无意义，因为，假如人间不可能产生奇迹，所有奇迹都是神迹，人间就是本质坏透而不可救药的世界，那么，任何神迹也不可能成为榜样和拯救，人学不了也不值得拯救。换句话说，如果此地世界不蕴含任何美好的可能性，那么，任何来自彼岸世界的拯救也不可能把一个先验注定坏的世界变成好世界。人只能反思人所创造的世界，如果不是人的创世行为所产生的问题，就是无法解答的问题，因此，无论是幸福还是不幸都只能在人的世界内部去解释，幸福和拯救必须是可望而可及之事，必须是能够兑现的承诺，否则就是不完满的——我们知道，完满性蕴含了真实性。

尽管各种道德伦理都推崇舍生取义舍己救人之类的高贵行为，但道德伦理的目的却不是为了创造高贵的行为，而是为了促进合理的生活秩序。把高尚行为看作伦理行为是对伦理行为的误读。伦理规则是抑制冲突的理性原则（荀子早就看清了这一点），因此，伦理规则的元定理是公正（justice）、公平（fair）和平等（这些元定理同时也是法律的元定理）。凡是低于公正标准的行为都是不道德的行为，凡是高于公正的行为都是高贵的行为，而伦理行为既不高于也不低于公正行为。高贵的行为与道德行为并无矛盾，但道德行为并不必然蕴含高贵行为，或者说不能必然推出高贵行为。伦理并不高尚，只是合理而已。

选择高贵的行为是一个存在论的选择，而不是伦理学的选择。理性的公正是伦理学的尺子，而高贵的牺牲行为已经超出了这个尺子而无法被衡量。把伦理学无法承担的事情归入伦理学是导致伦理学混乱的一个根源。牺牲明显超出了公正范畴，而超出公正概念的行为不可能成为普遍律令，否则将反而可能导致灾难性的后果，比如说以道德之名把许多牺牲强加于人。在公正概念之外滥用伦理观念的严重例子还有宽恕。只有神才有资格宽恕罪行，人以伦理之名去宽恕罪行，这是假冒神性，是对自然报应法则的冒犯，是假装比自然更伟大。如果是慷他人之慨去替他人宽恕罪行，则不仅渎神而且践踏受害人之人权。

很显然，凡是超越了公正概念的事情都不能成为伦理的普遍原则，更不能成为法律或任何制度的普遍原则，否则将破坏生活游戏的正当性和有效性。尽管牺牲、至善和幸福这些事情与道德是兼容的,甚至好过伦理道德,但不可能成为伦理的普遍原则,尤其不可能成为绝对的普遍律令(catagorical imperative)。牺牲、至善和幸福作为存在方式的诱惑并非对所有人有效(许多人不受高贵的诱惑),也并非每个人所能做到(许多人没有幸福的能力)。然而,高贵的事情定义了一个好世界的存在品质,所以它是一个存在论问题,也许可以被定义为与通常意义完全不同的伦理学问题,就像维特根斯坦所领悟的那种"真正的"伦理学,一种关于世界品质的问题。维特根斯坦对此所言不多,但他显然深刻领会了这个问题,所以他说:"世界和人生是一回事",而且"幸福的人的世界与不幸的人的世界是不同的世界。幸福的人的世界是一个幸福的世界"[1]。幸福的世界与不幸的世界无法沟通,这一点可以解释为什么幸福的世界对于某些人来说不是一种存在的诱惑,因为幸福的世界是另一个世界。

最高的存在,假定是造物主,与人在存在论上绝对不平等,造物主可以高高在上恩泽于人,但造物主的高贵不能证明人的高贵,因为造物主不需要为人做出任何牺牲。人也没有能力使造物主变得更高贵,因为造物主已经至高无上,不需要来自人的华而不实的赞美和微不足道的贡献,因此,造物主的至高品质与人的高贵之间毫无关系。每个人的自由如果仅仅在于追求自身利益,这无非证明了自由受制于自身存在的有限性而否定了自由的无限性。很显然,高贵者必须在自身之外创造高贵的事情才能够证明其存在之高贵品质,人的存在高贵化唯有一途:把他人高贵化从而把自己高贵化。当人把与自己具有同等存在论地位的他人高贵化,自己也就因为创造了高贵的存在而成为高贵的存在。

如果一个人把自己的生命和利益看作高于一切,那么他的存在就没有任何超出重言式存在的意义,他的生活世界里就不存在任何高贵的事情(因为一切都低于自己的存在),既然他的世界毫无高贵品质,他自己也就毫无高贵品质,因此他对别人而言也毫无精神意义。人们所以敬重舍生取义舍己救人的行为,就在于此类行为把他人高贵化,并且也因此把自己高

---

[1] 维特根斯坦:《1914—1916年笔记》,1916 - 07 - 24;1916 - 07 - 29。

贵化。尊重某些高贵的事情是幸福世界的基本品质。

在这里有必要讨论儒家的仁义概念所提供的一种将存在高贵化的思想线索。仁义通常被理解为伦理学概念，这种理解虽然不是错误，但是从根本上说，仁义是存在论概念，仁义行为不是对强制性的伦理规范的服从，而是创造一种善在的可能生活的自由行为，是开拓善在的共在关系。仁意味着任意两人互尊其存在的共在关系，而仁的共在性是人所以为人的存在论条件。假如人而"不仁"，就不是人，而只是某物。这一点意味着，人的概念是 ought to be 所蕴含的 to be，而不是单纯的 to be，或者说，人的概念是一个价值概念而不是一个物理概念。由此可以理解孔子所谓仁者爱人并非爱一切生物学的人，而是只爱仁人，所以说"唯仁者能好人能恶人"[1]。因此，仁是做人方式，人必须通过做人才成为人，或者说，仁就是人化过程（humanization），仁而成人（humanization makes human being）。在这个意义上，人性（humanity）并不是自然人性（human nature）而是文化人性（human culture）。

仁不能止步于做人的意图。如果有意无行，仁就无所实现也无所证明，所以仁心必须落实为义举。仁的实现方式就是义，仁为体义为用，仁为人心，义为人路[2]。义就是以实际行动承认、支持、帮助和成全他人或拯救他人。仁义就是人义（human obligations），但仁义并不意味着普遍之爱（universal love），并非无条件地爱一切人（所以儒家不同意墨家兼爱之论），尽管仁义概念总是事先假定应该拯救任何人，但如果发现某人不配为人，那么就不值得去拯救，于是仁义的拯救只是拯救符合人的概念的人，而所谓符合人的概念的人就是仁义之人。这里似乎是但其实不是一个循环论证，而是一个互动的存在论考验：在对他人的品质一无所知的情况下，是否能够先行仁义对人，这是对自己的存在论考验；另一方面，受恩者是否忘恩负义，则是对他人的存在论考验。就是说，施恩证明自己的仁义，而报恩证明他人的仁义，互动的仁义关系构成了恩情的循环性和再生

---

[1]《论语·颜渊》；《论语·里仁》。
[2]《孟子·告子上》。

性。如果施恩是第一人义，那么报恩就是第二人义（报恩是心意对称而不是利益对称），只受恩而不报恩是对仁义关系的背叛，而对仁义关系的背叛就是对他人存在的否定，这种背叛不只是一个具体事件，而是对人的存在意义的形而上学否定。如果情义总是付诸流水，情义用完之时就是人的意义终结之日。

仁义概念的意义在于指出了存在高贵化的一种朴实方式，这种存在的高贵化不需要无证据的神学假设，仅仅需要现实可望可及的情义循环，就是说，不需要把他人神化为绝对至尊（像列维纳斯那样），也不需要把善待他人看作神学化的使命（像宗教使命那样），而仅仅需要互动的情义，也就是首先舍得给他人幸福。仁义不是绝对命令，而只是试图使一个生活世界具有幸福品质的创造行为。幸福是来自他人心灵的高贵礼物，最重要的生活奇迹就是给予他人幸福，如果舍不得给他人幸福，就不能得到来自他人给予的幸福，自己就自绝于幸福世界。一个拒绝幸福世界的人不可能是高贵的人，因为他没有给过别人高贵的幸福，也没有得到过别人给予的高贵幸福，他根本就没见识过高贵和幸福。

幸福的存在与高贵的存在是一回事——我不知道这是否是维特根斯坦想象的关于幸福的正确答案，但我希望是。

"当代学术" 第一辑

美的历程
李泽厚 著

中国古代思想史论
李泽厚 著

古代宗教与伦理
陈 来 著

从爵本位到官本位（增补本）
阎步克 著

天朝的崩溃（修订本）
茅海建 著

晚清的士人与世相（增订本）
杨国强 著

傅斯年
中国近代历史与政治中的个体生命
王汎森 著

法律与文学
以中国传统戏剧为材料
朱苏力 著

刺桐城
滨海中国的地方与世界
王铭铭 著

第一哲学的支点
赵汀阳 著

生活·讀書·新知 三联书店 刊行